제품디자인이
기업경쟁력에
미치는 영향

제품디자인이
기업경쟁력에
미치는 영향

임 채 숙 지음

KSI 한국학술정보[주]

|차 례|

제1장 |

서　론

제1절 연구의 필요성 및 목적

1. 연구의 필요성

본 연구의 필요성을 제기하기 전에, 우선 디자인 역할의 시대적 변화 과정을 경영전략의 단계적 발전과정과 관련지어 개관해 보면 다음과 같다.[1] 18세기 이전의 중세 시대에서는 장인에 의해 상품이 생산되었다. 즉 디자인과 생산은 분리되어 있지 않았다. 상품의 생산자로서 장인은 상품의 생산과 디자인을 모두 수행하였다. 그러나 18세기 산업혁명 이후, 대량생산 체제하에서의 디자이너는 상품이 기술적으로 완성된 다음에 상품의 외형을 모양내기(styling)하는 기능을 수행하였다. 즉 상품의 개발은 디자인과는 상관없이 별도로 진행되었다. 디자인 부서는 기업이 보유한 기술과 생산능력에 맞추어 상품을 디자인하고, 생산 부서는 이를 바탕으로 제품을 생산하였으며, 마케팅 부서는 생산된 상품의 판매 활동을 수행하였다. 상기의 프로세스는 생산을 중심으로 각 기능의 내부 효율성을 중요시하였으나 심미적 기능에 대한 소비자의 욕구에 부합되는 상품 개발은 도외시되었다(현대경제개발연

---

1) 임채숙·임양택(2004), "품질경쟁력 평가모형에서 제품디자인의 인과관계와 디자인 경영에 관한 실증적 분석: 한국 제조업 부문을 중심으로", 기술경영경제학회, 제25회 하계학술발표회 논문집, pp.170~213.

구원, 1996.).

과거 대량생산 체제의 특성은 상품의 동질화와 표준화, 제품수명 주기(product life cycle)의 장기화 기대에 따른 예측 생산, 일회성 상품 판매에 그친 고객과의 관계 그리고 제조비용에다 이윤을 더하는 가격 정책 등이었다. 그러나 최근 선진 기업들은 상품의 다양성과 개별성 확보에 주력하고 있으며, 제품수명 주기의 단축화에 대응한 주문생산 방식을 도입 운영하고 있고, 고객과의 관계를 평생 개념으로 설정하고 있다.

소품종 대량생산 체제하에서의 상품가치는 기업의 생산 활동, 즉 투입과 산출의 비율에 의해서 결정되었다. 이와 반면에 다품종 소량생산 체제하에서의 상품가치는 고객에 의하여 인지된 가치로서 결정된다. 이 결과 고객의 추상적인 욕구를 구체적인 상품으로 표현하는 제품디자인(product design)은 다른 기능(제품개발, 제조, 마케팅, 판매 등)과 더불어 중요한 기능으로 인식되어 가고 있다.

특히 고객 중심의 경영 시대에서 제품디자인은 소비자의 모든 관심 사항(예로서, 제품의 기능, 심미성, A/S, 분해·조립의 용이성 그리고 환경보호문제 등)과 관련되어 있다. 또한 제품디자인은 기업의 수익성을 증대시킬 뿐만 아니라 기업혁신의 원동력으로서 기업 이미지(CI: corporate identity) 전반에 걸친 변화를 유발하고 있다.

전술한 바와 같이 생산자 중심에서 소비자 중심으로의 경영 패러다임이 변화함에 따라, 이제 디자인 경영(design management)의 시대가 왔다. 즉 제반 기능의 활동이 독립적이고 순차적으로 이루어지는 기존 경영방식(즉 제품개발→제품디자인→제조→마케팅→판매)과는 달리, 디자인 경영은 디자인을 중심으로 제반 기능 간의 통합과 조정을 이룬다. 이 결과 디자인 경영은 조직 간의 커뮤니케이션을 활성화시키며 소비자의 추상적인 욕구가 구체적으로 상품에 표현되도록 노력한다. 이렇게 함으로써 디자인 경영은 기업 이미지 창조의 역할을 적극적으로 수행하는 것이다. 이와 같은 소비자 중심의 경영은 과거 제품의 판매(sales)지향적이던 기업 활동을 소비자와의 관계(relationship)지향적으로 변화시키고 있다.

상기와 같은 경영 패러다임하에서 본 연구의 필요성은 다음과 같다.

① WHAT: 기업경영 시스템에서 제품디자인의 실증적 위치는 무엇이며 기업경영 성과를 제고하기 위해서 제품디자인의 규범적 역할은 무엇인가이다.

② HOW: 주어진 기업경영 시스템에서 어떻게 제품디자인을 포지셔닝(positioning)할 것인가이다. 즉 어떻게 제품디자인과 기업경영 시스템의 기능적 관계를 이론적으로 규명할 것인가이다.

2. 연구의 목적

본 연구의 목적은 주어진 기업경영 시스템에서 제품디자인의 기능적 관계를 이론적으로 규명함으로써 제품디자인의 자리매김(positioning)을 할 것이며 기업의 경영성과를 제고하는 데 있어서 제품디자인의 역할/기여를 측정 및 평가할 수 있는 모형을 제시함과 동시에 이를 실증적으로 분석하는 것이다. 이 분석결과를 바탕으로 우리나라 디자인 경쟁력 수준을 제고할 수 있는 방향을 제시하는 것이다.

상기의 분석 목적을 위하여 본 연구는 품질경쟁력이 도입된 기업의 종합경쟁력 평가모형을 개발하고 품질경쟁력과 제품디자인의 상관관계에 대한 가설검정을 통하여 제품디자인 및 디자인 경영의 기능적 역할을 규명하고, 디자인 경쟁력 수준을 평가 및 측정할 수 있는 모형을 정립하고자 한다. 즉 제품디자인이 기업 경쟁력에 미치는 영향에 대하여 실증적으로 분석하고자 하는 것이다. 이로써 본 연구는 제품의 개발과정에서 어떻게 제품디자인이 연구개발, 제조, 고객만족, 판매 등의 제반 기능들과 상호 작용하며 이들 기능들의 통합과 조정을 추구할 수 있는가를 보여줄 것으로 기대한다.

제2절 연구 방법 및 범위

상기와 같은 연구목적과 분석목표를 위한 이론적 모형은, 현대적 성과 측정 및 평가 체계(PMES: performance measurement evaluation system)에 기초를 둔, 기업의 종합경쟁력(corporate comprehensive competitiveness) 평가모형이다. 이 평가모형을 실증적으로 분석하기 위한 통계적 추정방법은 구조방정식 모형(structural equation model)의 PLS(partial least squares) 추정방식이며 이에 사용될 통계적 기법은 LISREL(ver. 8.5), SYSTAT(ver. 10.0), SAS(ver. 8.0), SPSS(ver.7.5)이다. 본 연구는 한양대학교 신뢰성분석센터(RARC)에서 실시한 한국 제조업 부문의 400개 표본기업에 대하여 소정의 설문조사(2003년 8월~10월: 우리나라 기업의 제품신뢰성 및 경쟁력 평가를 위한 실태조사)를 통해 측정변수들을 추출한다. 본 연구에서 2003년의 설문조사 결과를 사용한 이유는 다음과 같다.

본 연구자가 참여한 상기의 설문조사 연구를 통해 얻은 설문조사 결과를 단순히 기업의 제품신뢰성에 관한 분석뿐만 아니라 기업의 경쟁력 평가에 관한 분석으로 활용하고자 하였다. 본 연구를 위하여 특별히 설문조사를 다시 하지 않은 이유는 비용, 인력, 시간 등의 제약

조건도 있지만 동일한 표본을 갖고 다양한 연구를 함으로써 보다 의미 있는 분석결과를 도출하고자 하였다. 특히 스위스의 국제경영연구원(IMD)의 발표에 따르면, 2003년도 당시에는 우리나라의 기업 경쟁력이 지속적으로 추락하고 있음을 지적한 바 있기 때문에 기업의 경쟁력을 높이기 위해서는 디자인 경쟁력이 무엇보다 중요함을 가설검정을 통해 증명하고자 한다.

제3절 연구 구성 및 연구 내용

1. 연구의 구성

상기의 연구목적을 위하여 본 연구는 제2장에서는 경쟁력 및 성과의 측정 및 평가를 위한 기존 모형들을 개관하고자 한다. 이것은 기존연구에 대한 본 연구의 차별성과 상대적 필요성을 부각시킬 것이다.

제3장에서는 기업의 경쟁력 평가를 위한 기본 모형을 다룰 것이다. 이를 위한 본 연구의 설문조사 내용의 타당성 분석, 산업별 표본기업의 분포, 본 연구의 측정변수에 관하여 설명할 것이다.

제4장은 본 연구의 종합경쟁력 평가모형을 제시하고 이를 실증적으로 분석하고자 한다. 이를 위하여 사전적으로 필요한 인과관계 분석을 위한 본 연구의 구조방정식 모형의 분석방법을 설명할 것이다. 또한 본 연구의 실증적 분석을 위해 서술적 분석, 다항목 측정변수들에 대한 신뢰도 분석, 상관관계 분석, 요인분석, 회귀분석, 구조방정식 모형 분석, 산업 부문별 및 제품유형별 경쟁력 분석을 각각 실시하고자 한다. 그리고 이를 토대로 종합경쟁력 지수(CCI)를 도출하여 하고자 한다.

제5장에서는 전술한 본 연구의 종합경쟁력 평가모형에 도입할 품질경쟁력 측정 및 평가모형을 실증적으로 분석한 후, 제품디자인이 품질경쟁력에 미치는 영향에 관한 가설검정을 실시하고자 한다. 이를 위하여 본 연구의 품질경쟁력 측정 및 평가모형을 제시하고 이를 토대로 품질경쟁력 지수를 도출하고자 한다. 그리고 품질경쟁력의 결정요인과 상관관계를 분석하여 품질함수를 추정하고자 한다. 마지막으로, 제품디자인의 파급효과 및 품질경쟁력과의 상관관계에 관한 가설검정을 실시할 것이다.

마지막으로 제6장에서 본 연구의 결론을 내리고자 한다.

2. 연구의 내용

상기와 같은 연구목적과 분석목표를 위한 본 연구의 내용은 다음과 같이 정리하였다(〈그림 1-1〉 참조).

경쟁력 및 성과의 측정 및 평가를 위한 기존 연구들의 특징을 파악하여 본 연구의 기업경쟁력 평가를 위한 기본 모형을 세운 후, 이를 위한 본 설문조사를 실시하여 본 연구의 측정변수들을 추출한다. 제시한 종합경쟁력 평가모형을 실증적으로 분석하여 종합경쟁력 지수(CCI)를 도출한다.

본 연구의 핵심 연구인 제품디자인이 품질경쟁력에 미치는 영향에 관한 실증적 분석을 하기 위해 본 연구의 종합경쟁력 평가모형에 품질경쟁력 측정 및 평가모형을 도입하고 이를 실증적으로 분석한 후, 제품디자인이 품질경쟁력에 미치는 영향에 관한 가설검정을 실시한다.

16

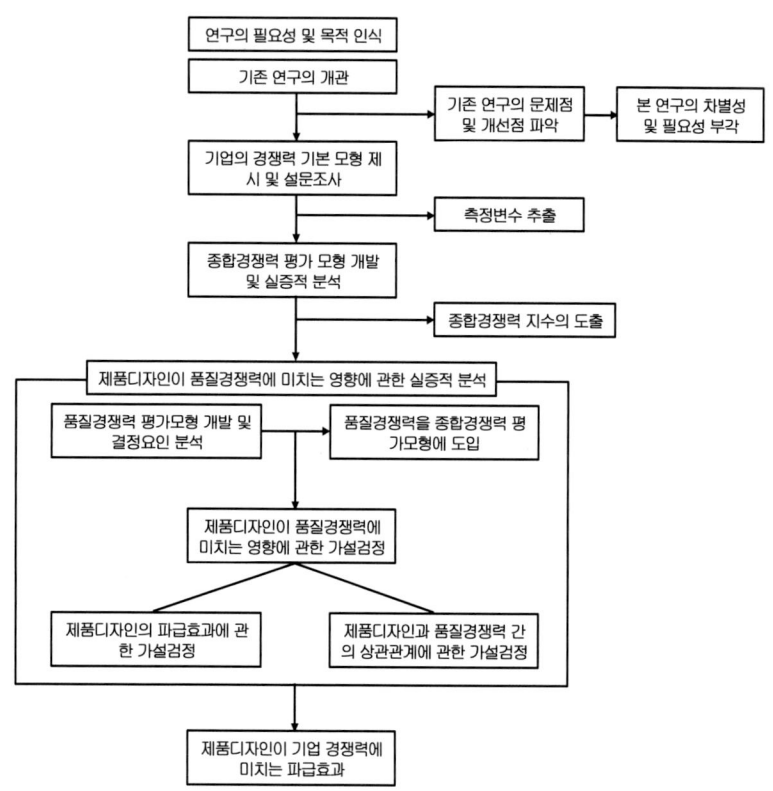

〈그림 1-1〉 본 연구의 내용

연구의 필요성 및 목적 인식

기존 연구의 개관

기존 연구의 문제점 및 개선점 파악

본 연구의 차별성 및 필요성 부각

기업의 경쟁력 기본 모형 제시 및 설문조사

측정변수 추출

종합경쟁력 평가 모형 개발 및 실증적 분석

종합경쟁력 지수의 도출

제품디자인이 품질경쟁력에 미치는 영향에 관한 실증적 분석

품질경쟁력 평가모형 개발 및 결정요인 분석

품질경쟁력을 종합경쟁력 평가모형에 도입

제품디자인이 품질경쟁력에 미치는 영향에 관한 가설검정

제품디자인의 파급효과에 관한 가설검정

제품디자인과 품질경쟁력 간의 상관관계에 관한 가설검정

제품디자인이 기업 경쟁력에 미치는 파급효과

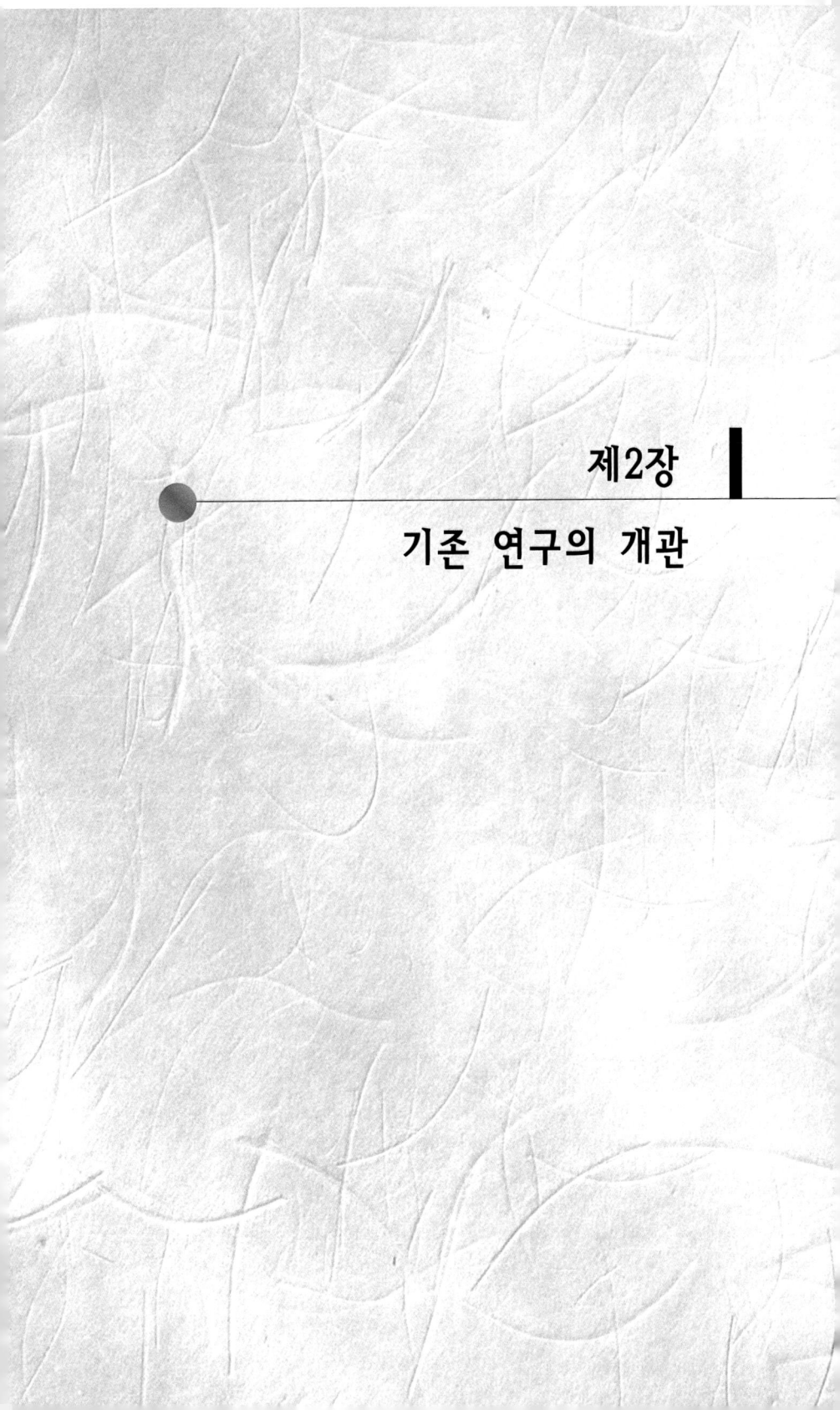

제2장

기존 연구의 개관

제1절 성과 측정 및 평가 체계(PMES)

성과 측정 및 평가 체계(PMES: Performance Measurement and Evaluation System)는 모든 경쟁력 평가의 이론적 근간이 된다. 성과의 측정 및 평가 체계(PMES)는 기업의 전략을 일선 현장의 활동과 연계하는 주요한 조정 메커니즘이며(이승규 외, 1998), 초경쟁 환경에서 조직의 안정성과 동태적 변화를 가늠하고, 조직이 나아갈 방향을 밝혀주는 '나침반이자 계기판'으로 활용할 수 있다(Kaplan and Norton, 1992).

Ghalyyivini and Noble(1996)는 성과 측정을 크게 두 가지, 즉 전통적인 성과 측정(traditional performance measures)과 통합적인 성과 측정 시스템(integrated performance measurement system)으로 분류하였다. 전통적인 성과 측정과 통합적인 성과 측정 사이의 중요한 차이점은 후자는 시간을 전략적 성과 측정 기준으로 삼고 있다는 점이다(Stalk, 1988).[2]

그러나 Azzone, Masella and Bertele(1991)[3]은 상기한 시간기반 성과

---

2) Stalk(1988)는 생산, 신제품개발 및 출시, 판매 및 유통에 있어서 시간을 새로운 경쟁력의 원천으로 다루어야 한다고 주장하면서 이러한 시간기반 제조기업의 전형적인 예로서 일본 기업을 제시하고 이들 기업들은 다른 경쟁력 기업들보다 3배나 빠르게 그들의 제품을 출시하였다고 지적하였다.

3) Azzone, G. et al.(1991)은 시간기반 기업(time-based companies)의 성과 측정을 위한 틀을 제시하면서, 시간 측정을 연구개발(R & D), 기능, 판매 및 마케팅에 적용하였다. 이들의 시간기반 기업(time-based companies)의 성과 측정 모형은 행렬 형태로 되어 있는데, 열(column)은 경쟁력을 창출하

측정 시스템(Time-based performance measurement systems)이 시간의 중요성을 지나치게 강조한 나머지, 품질, 비용, 납품과 같은 다른 중요한 성과 측정들을 간과하고 있다고 비판하였다. 또한 Ghalyyivini and Noble(1996)은 상기와 같은 다른 성과(품질, 비용, 납품)들이 관리 및 개선되지 않는 한, 시간기반 기업(time-based companies)은 시간을 단축할 수 없을 것이라고 지적하였다.

〈표 2-1〉는 전통적인 PMES와 현대적인 PMES의 특성을 비교한 것이다.

〈표 2-1〉 전통적인 PMES와 현대적 PMES의 비교

특 성	전통적인 성과지표	현대적인 성과지표
분석 단위	회계 기준	기업 전략
지표 형태	재무 지표	재무 및 운영성과
활용 주체	상위 및 중간 관리자	전체 종업원
활용 빈도	사후적	실시간
실제 현실성	간접적, 정보왜곡	단순, 정확, 직접적
현장 연계(Shop floor)	무 시	사 용
형 태	고 정	유연, 다양, 변화
안정성	정태적	동태적, 상황 의존적
목 적	모니터링	개 선
새로운 실무관행 통합 (JIT, TQM, CIM, FMS 등)	어려움	적용 가능
지속적 개선	장애물	개선 지원

출처: Ghalayini and Noble(1996).

는 시간으로부터 창출되는 혜택을, 행(row)은 이러한 경쟁력의 개발에 필수적인 경제적 활동을 각각 나타낸다. 이 모형하에서 의사결정 과정은 세 가지 단계, 즉 ① 시간의 전략적 역할이 무엇인가를 설정하고, ② 시간을 통하여 경쟁력을 창출하는 데 있어서 필수적인 역할을 하는 기업 활동이 무엇인지를 결정하고, ③ 중요한 기업 활동을 위해서 전략적 개선 프로그램이 무엇인가를 결정하는 것이라고 주장하였다.

1. 전통적 PMES의 한계

전통적인 회계 시스템에 기반을 둔 PMES는 실제 원가 구조와 현금흐름을 왜곡하는 등 전략적 기업경영에 커다란 장애가 되어 왔다. 기존의 PMES의 가장 큰 문제는 재무지표 중심의 성과지표에 치중하고 있다는 점이다. 그 결과 기업 운영에서 단기적인 성과를 강조하게 되고, 전략방향으로의 동기 부여를 어렵게 하고 오히려 기능부서별 장벽을 높이는 부작용을 낳았다(Ghalayini and Noble, 1996).

1980년대 후반 이후, 전통적인 PMES가 지닌 문제점에 대한 공감대가 형성되면서 새로운 대안에 관한 다양한 연구가 수행되어 왔다(Ghalayini and Noble, 1996; Dixon, et al., 1996; Kaplan and Norton, 1992; Cross and Lynch, 1991.). 현대적인 PMES는 전통적인 PMES와 달리 회계 기준보다는 기업전략의 성공에 초점을 두면서 재무성과와 경영성과를 동시에 강조하고 있으며 상위 경영자뿐만 아니라 모든 종업원을 대상으로 성과 측정을 시도하고 있다.

2. 현대적 PMES에 관한 연구

1990년대에 들어서서, 전통적인 PMES가 지나치게 재무적 지표에 치중하여 전략적인 시사점을 제공하지 못한다는 지적과 함께 다양한 차원의 비(非)재무적인 지표를 도입해야 한다는 논의가 활발하였다.

그럼에도 불구하고, 어떤 성과지표가 필요한지에 대한 이론적 합의는 아직까지 이루어지고 있지 못하고 있다(White, 1996.). 그 이유는 다양한 차원을 동시에 고려하는 것은 바람직하지만, 성과의 평가 및 측정 지표 체계가 간결(compact)해야 하고 지표의 사용이 쉬워야 한다는 제약이 있기 때문이다(박상범, 1998; Kaplan and Norton, 1992.).

White(1996)는 생산 부문의 성과 측정 지표를 정리하면서 성과 측정체계는 '무엇을 측정할 것인가(측정대상)'와 '어떻게 측정할 것인가(측정방법)'에 대한 답을 제공하는 것이라고 하면서 전통적 성과지표와 전략에 기반을 둔 성과 측정체계를 비교하였다〈표 2-2〉.

〈표 2-2〉 전략적 성과 측정체계의 대상과 방법

	전통적 성과지표	전략에 기반을 둔 성과지표
측정 대상	원가 관련 척도 (노동효율성, 기계 활용성)	경쟁역량 (품질, 비용, 유연성, 납기, 스피드)
측정 방법	회계부서의 원가회계시스템	경쟁성과의 개선을 위하여 필요한 정보의 형태에 따른 네 가지 요인: 자료의 가능한 원천, 수집되는 자료의 형태, 사용되는 참고지표, 측정위치

출처: White(1996).

박상범(1998)은 성과 측정체계가 갖추어야 할 바람직한 속성을 정리하면서 성과지표의 전략과의 연계 측면을 가장 중요하게 고려해야 한다고 주장하였다. 전략이란 시장에서의 경쟁 우선순위에 맞추어 기업역량을 집중하는 것인데 많은 기업들이 실제 경영전략을 실천하는데 현실적으로 어려움을 겪고 있다(이승규 외, 1998.). 이들의 주장에 의하면 기능부서 간 의도적인 전략이 실제 현장의 활동으로 이어질 수 있도록 성과 측정체계가 조정 및 통제의 역할을 해야 한다는 것이다.

1990년대 이후 논의되어 온 PMES를 정리하면 〈표 2-3〉과 같다.

〈표 2-3〉 현대적 PMES에 관한 주요 연구

성과 측정체계	의 의	한 계	관련 연구자
SMART (Strategic Measurement Analysis and Reporting Technique)	기업의 목표와 운영적 성과지표의 연계	주요 경쟁 우선순위 (원가, 품질, 시간, 유연성)에 대한 핵심 지표를 제공하지 못함	Cross and Lynch (1991) Bittici et al.(1997)
Integrated Dynamics PMS	구체적인 PMS 구축방법 제시 개선 영역과 성과지 표의 연계	다양한 성과 차원 고려 부족	Ghalyyivini et al. (1997) Fitzgerald et al. (1991)
BSC (Balanced Scorecard)	다양한 성과 차원의 종합적 고려 전략적 연계 강조	주로 상위 경영자를 위한 성과지표	Kaplan and Norton (1992) 최정혁(1998)
SPMES (Strategic Performance Measurement Evaluation System)	다양한 성과 차원의 종합적 고려 전략적 연계 강조 상하위 부서 및 프로세스 통합	제조 사업부 단위의 성과 측정체계	이승규 외(1998)[4]
Triad of Business Function	다양한 성과 차원의 종합적 고려 기능부서 간 상호 요구와 역량 평가	구체적인 구축 방법을 제시하지 못함	Cox and Lockamy (1994)

제2절 경쟁력 평가모형 관련 연구

세계적으로 널리 알려져 있는 경쟁력 평가모형으로서 IMD, ACSI, MBNQA, BFA, ECRS, SCOR, IPPD 등을 들 수 있다(NIST, 1998.). 한국의 제조업 관련 시상제도를 보면 외국의 경쟁력 평가모형을 도입한

---

4) Neely et al.(2000)는 MSPM(Manufacturing Strategy and Performance Measurement) project를 제시하였는데, 이것은 성과 측정체계의 설계, 구축, 운영, 개선의 전 과정을 사례연구를 통해 체계적으로 정리한 것이다. 그러나 MSPM은 경쟁력 진단 및 평가 체계로 발전하지 못하였다.

경우가 많다. 예를 들어, 국가고객만족지수(NCSI: National Customer Satisfaction Index)는 미국의 ACSI(American Customer Satisfaction Index)를, 한국생산성본부의 한국경영생산성 대상은 말콤 볼드리지 품질 대상(MBNQA)을 각각 도입한 것이다.

한편 우리나라가 독자적으로 개발한 경쟁력 평가모형의 예로서 한국능률협회컨설팅과 한국과학기술원의 대한민국우수제조공장인증(KMA), 한국능률협회 컨설팅의 WBA, 한국산업기술진흥협회의 장영실 대상, 한국생산성본부의 균형경쟁력 지수 등이 있다. 전술한 바와 같은 국내·외 경쟁력 평가모형을 종합적으로 정리하면 〈표 2-4〉과 같다.

〈표 2-4〉 주요 경쟁력 평가모형

모 형	평가 범위	지표 특성	용 도
IMD[5]	경제적 측면의 국가 경쟁력 평가, 기업 활동을 지원하는 사회적 환경 평가	정략적 지표 등간 척도 (전문가 응답)	외부 평가용
ACSI[6]	종합적인 고객만족도 측정을 통해 고객 재구매율과 기업성과 예측	등간 척도 (일반 고객에 대한 기대 대비 인지 품질 측정)	외부 평가용 인과모형 통합
MBNQA[7]	고객만족 경영을 위한 기업조직의 경영품질 평가	서술식 보고서 작성, 현장실사 중심	외부 평가용 내부 진단용
한국경영 생산성대상 (KPC)	기업의 경영품질에 관한 질적 평가	MBNQA와 유사, 조직의 경영품질에 관한 기술식 평가, 전문가의 현장실사	외부 평가용
ECRS[8]	기업의 전략, 운영, 조직에 관한 종합적 성과 측정	정량적 지표, 등간 척도 병행	내부 진단용
품질경쟁력모형 (기술표준원)[9]	기업의 경영품질에 관한 종합적인 측정. 경영성과, 기술력, 품질경쟁력 동시 평가	발전단계형 지표 작위적이고 형식적임	외부 평가용 내부 진단용
BFA	공장의 생산성과, 내부경영 시스템의 운영성과, 제품혁신, 시장성과 등에 대한 종합적 성과 측정	정량적 지표	외부 평가용

---

5) www.imd.ch

모 형	평가 범위	지표 특성	용 도
KMA(한국능률협회컨설팅 및 한국과학기술원)[10]	제조 사업부의 전략 프로세스와 신제품, 생산, 물류 프로세스를 평가	정량적 성과지표 발전단계형 지표 심사위원의 현장실사	외부 평가용 내부 진단용 균형성과 강조
SCOR[11]	기업의 전략 수립 및 시스템설계/구축 프로세서에 따른 평가모형	기업의 전략, 설계 운영차원의 정량지표 제시	내부 진단용
IPPD[12]	제품 및 공정 개발프로세스에 대한 기업경영 진단 프로그램	발전단계형 지표 비교적 정확한 가이드라인 제시	내부 진단용
WBA(한국능률협회컨설팅)	제조 사업부의 제품력, 개발력, 생산기술력을 진단평가	등간형 진단 척도 심사위원의 현장실사	외부 평가용
장영실 상 (한국산업기술진흥협회)	우수 신기술 제품의 경제성, 기술적 중요성/독창성/자립도 평가	분야별 전문가의 실사 및 질적 평가	외부 평가용
균형 경쟁력 지수(KPC)	제조 사업부 단위에서 개발 및 생산프로세서의 자원 및 역량, 시장성과와 재무성과 동시 평가	등간 척도(동종 산업 내 비교, 5점 척도), 정량적 지표, 발전단계형 지표(진단용, 추후개발)	외부평가용 내부진단용 인과모형 통합 균형성과 강조

그럼에도 불구하고, 어떤 성과지표가 필요한지에 대한 이론적 합의는 아직까지 이루어지고 있지 못하고 있다(White, 1996). 그 이유는 다양한 차원을 동시에 고려하는 것은 바람직하지만, 성과의 평가 및 측정 지표 체계가 간결해야 하고 지표의 사용이 쉬워야 한다는 제약이 있기 때문이다(Kaplan and Norton, 1992.).

6) Fornell et al., 1996.
7) www.quality.nist.gov
8) www.globalscorecard.net
9) 산업자원부 기술표준원, 1999.
10) 한국과학기술원, 2000.
11) www.supply-chain.org
12) Jackson, 1996.

제3절 기존의 연구모형에 대한 본 연구모형의 비교

이제, 본 연구는 상기의 많은 PMES 모형 중에서 본 연구와 직접적으로 관련되어 있는 모형, 즉 Kaplan and Norton(1996)의 균형점수표(BSC), 이승규 외(1998)의 SPMES, 한국생산성본부(2002)의 모형에 관한 특징을 구체적으로 밝힘으로써 본 연구의 기본 모형과의 차이점을 규명하고자 한다.

1. Kaplan and Norton(1992, 1996.)의 균형성과표(BSC)

Kaplan and Norton(1992, 1996.)의 균형성과표(BSC: Balanced ScoreCard)는 1990년대 가장 주목받는 PMES이다. 이 모형은 경영자로 하여금 회사를 다음과 같은 네 가지 측면에서 바라볼 수 있게 한다. 〈그림 2-1〉에 나타나 있는 바와 같이, ① 고객의 관점(customer perspective)에서 고객은 회사를 어떻게 바라보는가, ② 기업 내부의 관점(internal business perspective)에서 회사는 비교우위를 무엇에 둘 것인가, ③ 혁신과 학습의 관점(innovation and learning perspective)에서 회사는 지속적으로 가치를 증진 및 창출할 수 있는가, ④ 재무적 측면(financial perspective)에서 주주들은 회사를 어떻게 바라보는가이다. 이러한 네 가지 성과지표, 즉 재무 및 시장성과, 고객만족, 내부 운영성과, 학습 및 성장을 균형 있게 관찰하고 이를 기업경영에 활용하자는 것이다.

균형성과표(BSC)는 재무지표 중심의 전통적인 성과 측정체계의 문제점을 비판하면서 재무 및 시장성과, 고객만족, 내부 운영성과, 학습 및 성장의 관점을 고르게 성과 차원에 포함시켰다. 초기의 균형성과표

(BSC)는 성과지표의 전략적 연계 및 지표 간 인과관계보다는 균형에 초점을 맞추고 재무성과와 비(非)재무성과, 시간적 선·후 관계상의 선행지표(leading indicator)와 후행지표(lagging indicator), 외부적 성과와 내부적 성과 사이의 균형을 강조한다.

〈그림 2-1〉 균형성과표(BSC)에 의한 PMES

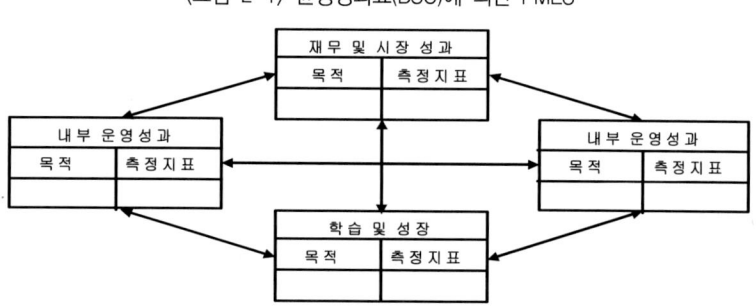

1990년대 중반을 거치면서 균형성과표(BSC)가 강조한 균형 개념은 기업경영 현장에서 전폭적인 지지를 받으며 전략경영의 유용한 도구로 널리 활용되었다. 그 이후 균형성과표(BSC)는 전략개발 및 조직혁신 과정을 균형성과표 개발 과정과 통합하는 방향으로 발전해 왔다. 즉 재무성과→고객성과→내부 프로세스 역량→학습 및 성장으로 이어지는 수직적인 전략적 연계가 강조되었다. 이러한 수직적 연계와 함께 균형성과표(BSC)를 부서별, 계층별로 전개하여 단일한 전략 목표를 중심으로 부서별 목표와 계층별 목표를 일치시키는 수평적 연계 및 통합을 강조한다. 그리고 균형성과표(BSC)의 각 차원별로 선행지표와 후행지표를 명시하여 지표 간 인과관계를 밝힘으로써 조직 혁신 및 지속적 개선의 구체적인 동인과 이를 관리하는 성과지표를 제시할 수 있게 하였다. 그러나 균형성과표(BSC)는 일반적으로 주로 중·상위 경영자들이 이용하는 성과 평가 체계로서 10여 개의 지표만을 압축적으로 사용할 것을 제안하고 있다. 따라서 기업의 내부 경쟁역량을 객관적으로 측정하고 진단할 수 있는 도구로 활용하기에는 무리가 따른다.

Kerssen-Van Drongelen & Pearson(1997)과 최정혁(1998)은 균형성과표(BSC)의 개념을 도입하여 네 가지 관점, 즉 재무적 관점, 고객 관점, 내부사업 관점, 혁신 및 학습 관점의 평가항목별로 연구개발 활동을 평가하였다.

〈표 2-5〉는 이러한 측면에서 균형성과표(BSC)의 각 관점이 기존 연구자들의 분류 차원을 어떻게 포괄하고 있는지를 보여준다. 이와 같이 기술경영 분야에서도 균형성과표(BSC)는 다양한 성과 차원을 포괄적으로 측정하는 데 활용될 수 있다. 균형성과표(BSC)는 재무적 및 비(非)재무적 척도를 모두 포함하여 미래 지향적인 통합적 접근방법을 취할 수 있다. 이러한 비(非)재무적인 관점은 연구개발에서의 기술적 성과나 프로세스적인 측면 그리고 성장을 위한 포트폴리오 차원까지를 모두 포함할 수 있다.

〈표 2-5〉 균형성과표(BSC)에 따른 기존 연구의 차원 분류

균형성과표의 관점	기존 연구자들에 의한 분류				
재무적 관점	과거성과	기술의 자산가치	상업적 성과	재무성과	생산성
고객 관점		가치의 창조		고객성과	총체적 품질
내부 프로세스 관점	현재성과	지원체제 사업에의 통합성			리드타임
학습 및 성장의 관점	미래성과	포트폴리오 평가	기술적 성과 전체적 성과	기술적 성과	

최정혁(1998)은 제품수명 주기에 따라 개발조직의 핵심 성과 측정 지
표가 달라져야 한다고 주장하면서 균형성과표의 네 가지 차원별 성과지
표를 수명 주기 단계별로 조합을 달리하여 제시하였다(〈표 2-6〉 참조).

〈표 2-6〉 제품수명 주기에 따른 개발조직 성과지표

	도입기	성장기	성숙기
재무적 관점	원가 절감률	개발 효과성 목표원가 달성도 개발예산 준수도 신상품 판매액 비율	원가 절감액 개발예산 준수도 개발 효과성
고객 관점	최적설계 구현 정도 (가격, 성능) 고객수용도 생산에의 기술이전 제품신뢰성 (MTBF)	고객만족도(내부, 외부) 고객화의 정도 시장점유율 개발 리드타임 시장품질(설계 관련) 생산품질(설계 관련)	고객만족도 기본 성능 달성 정도 시장점유율 시장품질(설계 관련) 생산품질(설계 관련)
내부프로 세스 관점	QFD 활용 단계별 확인	QFD 활용 동시 개발 다기능팀 동시 개발	단계별 확인
학습 및 성장 관점	관련 특허 출원 정보탐색, 공급자 의사소통의 정도	포트폴리오 평가 설계변경 수 관련 특허 출원 신규성(차별화 정도) 개발유연성	부품 수 절감률 표준화 정도 새로운 사업에의 기여도

출처: 최정혁(1998).

2. 이승규 외(1998)의 SPMES

이승규 외(1998)는 1990년대의 대안들이 전략과의 연계 측면, 다양
한 성과 차원의 고려 등에서 나름의 성과가 있다고 인정하면서도, 다
양한 성과 차원을 고려하면서 전략과 세부지표와의 통합을 동시에 추
구하지 못하고 단편적으로 접근하고 있다고 비판하였다. 이들은 〈그림

2-2〉과 같이 SPMES를 제시하면서 전략적 성과 측정 및 평가 체계와 운영적 성과 측정 및 평가 체계의 통합을 강조하였다. 즉 제조 사업부의 경쟁력을 진단하고 평가하기 위한 전략적 성과지표를 부서 계층별 세부 운영성과로 세부적으로 전개하여 전략과 운영의 통합을 시도하였다. 아울러 성과 동인-경쟁역량-시장성과-재무성과의 성과 차원을 제시함으로써 기업 활동의 동인이 되는 장기적 성과와 단기적 성과를 통합하고, 기업의 외부성과와 내부성과를 구분하여 균형성과표의 개념을 살리고자 하였다.

이와 같이 이승규 외(1998)는 전술한 균형성과표(BSC) 패러다임을 적극 수용하고 전략적 성과지표와 운영적 성과지표를 체계적으로 통합하여 기업의 다양한 성과 차원을 체계적으로 분석할 수 있는 전략적 성과 측정 및 평가 체계(SPMES: Strategic Performance Measurement and Evaluation System)를 개발하였다.

〈그림 2-2〉 경쟁역량과 경쟁우위성과

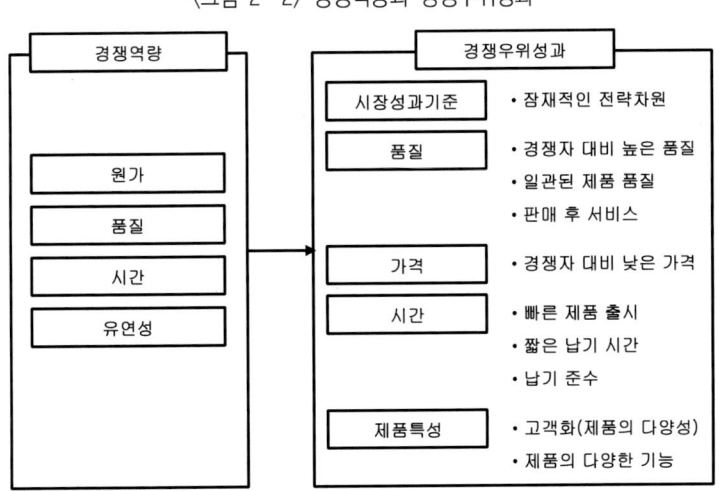

출처: 이승규 외(1998).

SPMES는 주로 기업단위에서 사용되는 균형성과표(BSC)와 달리 사업부(manufacturing business unit) 수준에서 사용하도록 개발되었는데, 균형성과표(BSC)의 네 가지 관점을 제조 사업부의 특성에 맞도록 재구성하여 네 가지 차원, 즉 성과 동인 - 경쟁역량 - 시장성과 - 재무성과로 성과 차원을 정리하였다(〈그림 2-3〉 참조).

이승규 외(1998)는 경쟁력 평가의 관점에서 보면 기업의 내부성과인 경쟁역량 지표와 시장에서의 경쟁우위를 표현하는 경쟁우위 성과를 명확히 구분하였다. 이를 통해 기업 경쟁력을 기업의 내외적 관점에서 균형 있게 제시하였으며 기업 경쟁력을 구성하는 인자들 간의 인과관계를 분명히 하였다.

SPMES의 성과 동인은 균형성과표(BSC)의 학습 및 성장 관점에 대응하며 경쟁역량은 내부 프로세스 관점과 관련성이 높다. 그러나 이에 사용되는 성과지표는 제조 사업부용 지표답게 균형성과표(BSC)보다 훨씬 다양하며 성과지표에 대한 생산경영과 기술경영 분야의 이론 및 실무 성과들을 포괄하고 있다.

SPMES는 운영 측면에서 프로세스 성과평가와 기능부서별 성과평가 체계를 통합하여 운영할 수 있는 방법론을 제시하였다. 또한 사업부의 전략적 목표와 연계하여 새로운 성과 측정체계를 새롭게 개발하는 절차와 함께 사업부의 경쟁력을 주기적으로 진단 평가할 수 있는 방법론을 제시하였다. 그러나 SPMES는 이질적인 다양한 사업부 및 산업단위의 경쟁력평가 도구로 활용하는 데까지 나아가지는 못했다. 이는 SPMES를 사업부 단위에서 전략적 경영관리 도구로 응용범위를 한정한 결과이다.

〈그림 2-3〉전략적 성과 측정 및 평가 체계(SPMES)

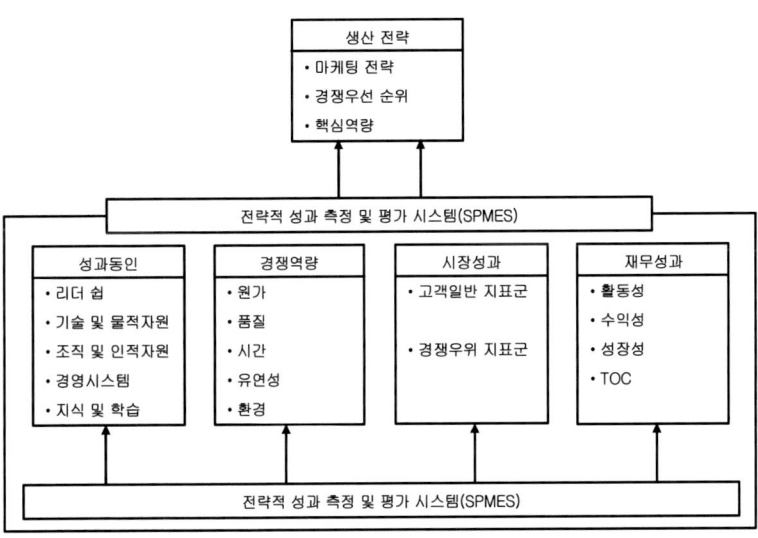

출처: 이승규 외(1998).

　PMES에 대한 학계의 연구는 대부분 기업조직의 전략도구 및 내부
관리용을 대상으로 하고 있다. 그럼에도 불구하고, 1990년대 초중반에
는 주로 성과 측정체계의 기본 틀과 구성 차원, 새로운 성과지표에 대
해서 광범위하게 논의되었고 균형성과표(BSC)를 정점으로 체계적으
로 정리된 바 있다.[13]

　균형성과표(BSC)의 성공적인 확산 이후 내부성과와 외부성과, 단기
성과와 중장기 성과를 균형 있게 다루는 것이 성과 측정 및 평가 체
계(PMES)의 주류 패러다임이 되고 있다.

---

13) Neely et al.(2000)는 MSPM(Manufacturing Strategy and Performance
　　Measurement) project를 제시하였는데, 이것은 성과 측정체계의 설계,
　　구축, 운영, 개선의 전 과정을 사례연구를 통해 체계적으로 정리한 것이
　　다. 그러나 MSPM은 경쟁력 진단 및 평가 체계로 발전하지 못하였다.

3. 한국생산성본부(2002)의 균형경쟁력 모형

한국생산성본부(KPC: Korea Productivity Center)는 기업경쟁력 평
가 및 인과관계 분석의 통합 모형을 개발하였는데, 그 기본 모형은 〈그
림 2-4〉과 같다.

〈그림 2-4〉 한국생산성본부(2002)의 기업경쟁력 평가를 위한 기본 모형

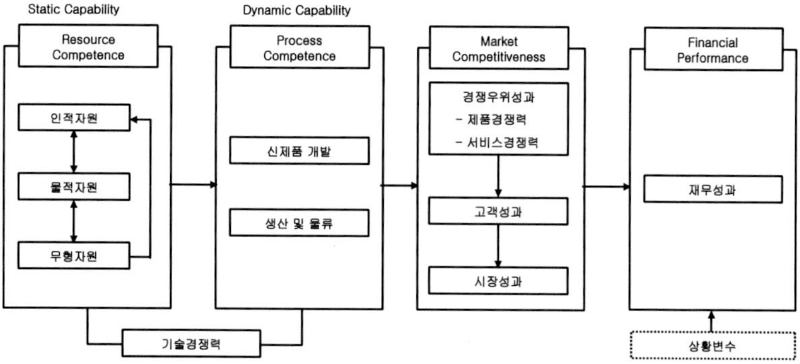

Static Capability	Dynamic Capability		
Resource Competence	Process Competence	Market Competitiveness	Financial Performance
인적자원	신제품 개발	경쟁우위성과 - 제품경쟁력 - 서비스경쟁력	재무성과
물적자원	생산 및 물류	고객성과	
무형자원		시장성과	
	기술경쟁력		상황변수

출처: 한국생산성본부(2002).

한국생산성본부(KPC)는, 기업경쟁력 진단 프로세스가 아니라, 기업
경쟁력 평가와 인과관계 분석을 통합할 수 있는 기본 모형을 개발하기
위하여 MBNQA(말콤 볼드리지 국가 품질 대상)[14]의 내부 성과, 고객

---

14) 말콤 볼드리지 국가 품질 대상(MBNQA: Malcolm Baldrige National
Quality Award)은 1980년대 미국의 상품 및 서비스가 급격히 경쟁력을 상
실함에 따라 공·사적 부문의 협력을 통해 미국 기업의 경쟁력을 높이고자
1987년에 제정된 포상제도이다.
MBNQA의 기업 경쟁력 평가 기준은 TQM(Total Quality Management)
의 개념을 수용하였으며 크게 내부적 성과, 고객성과, 재무성과로 나뉘며 7
개 분야의 대분류 평가 체계로 구성된다. MBNQA의 평가서 작성 지침은
평가 항목이 직접 서술 방식이고 평가 절차가 상당히 복잡하여 작성자에 대

성과, 재무성과로 구성된 세부 평가 차원을 기본 모형의 세부 차원 개발 과정에서 활용하였다. 또한 한국생산성본부(KPC)는, IMD(International Management Development)15)가 경쟁력을 평가하기 위하여 측정 항목의 1/2를 질적인 설문을 통해 필요한 자료를 추출하였던 것과 마찬가지로, 그러한 자료 추출 방법을 선택하였다. 그리고 한국생산성본부(KPC)는, ACSI(미국고객만족지수)16)가 PLS 모형을 이용해 고객만족도 평가모형과 예측모형을 통합하였듯이, PLS 모형을 경쟁력 평가와 인과관계 분석의 통합모형 개발에 사용하였다.

한 교육과정이 필수적이며 작성에 소요되는 비용과 시간이 상당한다. 그러나 MBNQA는 품질상 수상을 위한 평가서 작성과정을 내부의 일상적 성과 평가 체계와 통합 운영하도록 장려함으로써 기업 내부 프로세스의 개선과 정과 연계시키려 하고 있다.

15) 스위스의 국제경제연구소 IMD(International Management Development) 의 국가경쟁력 지수란 경제적 측면에서의 국가경쟁력으로서 기업이 경쟁력을 확보하고 성장하는 데 국내의 정치, 경제, 사회적 조건이 얼마나 효율적이고 효과적인가를 평가한다. IMD의 경쟁력 평가 체계는 4대 분야, 즉 평가대상 국가의 경제적 성과(economic performance), 정부 효율성(government efficiency), 기업 효율성(business efficiency), 사회 기반 자원(infrastructure)을 측정한다.

16) 미국고객만족지수(ACSI: American Customer Satisfaction Index)는 주로 Parasuraman et al.(1988)의 서비스 품질 정의를 활용하여 제품과 서비스에 대한 고객의 기대품질과 고객 인지품질의 일치 여부를 측정함으로써 고객만족도를 평가하는 평가 체계이다.
ACSI는 상품별, 산업별, 국가별로 비교 가능하도록 설계되어 있으며 ACSI 모형은 6개 지표들, 즉 고객기대, 고객인지 품질, 고객인지 가치, 고객만족도, 고객 불만, 고객충성도 등의 인과관계로 구성되어 있다. 이를 측정하기 위해 세 가지 구성요소, 즉 고객화(customization), 신뢰도(reliability), 전반적인 품질에 대한 평가를 측정한다. 그러나 개별 고객의 주관적인 만족도를 측정하는 것이므로 가장 추상화된 형태의 경쟁력 측정이라 할 수 있으며 경쟁 기업 간 실제적 경쟁우위를 평가하는 데는 일면적이라는 한계가 있다.

한국생산성본부(KPC)는 BFA(최우수 공장 대상)[17]의 산업별 표준화를 고려하면서 정량지표 중심의 경쟁력 측정 관점을 최대한 수용하였다. 또한 한국생산성본부(KPC)는 균형성과표(BSC)의 균형 개념을 최대한 수용하면서 제조 사업부 수준에서 균형성과표(BSC) 개념을 추구한 SPMES의 결과를 활용하였으며 SPMES의 기본 틀과 성과 차원, 성과지표 후보군을 경쟁력평가 및 인과관계 분석용으로 재구성하여 기본 연구모형을 수립하였다. 다시 말하면, 균형성과표(BSC)는 재무적 성과뿐만 아니라 궁극적으로 재무적 성과를 결정하는 기업의 내부역량과 시장의 고객성과를 동시에 측정해야 한다고 주장하였는데, 한국생산성본부(KPC)는 균형성과표(BSC)의 정신을 제조업의 현실에 맞게 발전적으로 계승한 SPMES의 성과 차원 구성을 참고하여 외부 평가용 경쟁력 평가모형의 특성에 부합하도록 기본 모형을 재구성하였다.

한국생산성본부(KPC)는 주로 제조 사업부의 가장 상위 수준인 경쟁력 차원의 성과지표를 다루기 위하여 기존 생산 부문의 성과 측정 체계 중에서 운영성과 차원의 성과지표보다는 전략 성과 차원의 성과지표를 주요 경쟁력 지표로 활용하였다. 경쟁력을 두 가지, 즉 기업

---

17) 최우수 공장 대상(BFA: Best Factory Award)은 영국 제조업이 세계적 수준의 경쟁력을 달성하기 위해 개별 기업에게 자체적인 혁신 프로그램을 기획할 수 있는 평가기준을 제공할 목적으로 제정된 시상 제도이다. BFA의 성과 측정 지표는 원가, 품질, 납기, 시간 등의 생산성과, 내부 경영 시스템의 운영성과, 제품 혁신, 시장성과 등의 지표로 구성된다. BFA의 정량 성과지표는 거시적인 추상지표나 대표지표를 사용하는 다른 어떤 평가제도보다 세부적이며 정밀하다.
BFA는 공장에서 일상적으로 사용하고 있는 정량지표만으로 경쟁력을 평가했다는 점에서 의미가 있다. 그러나 지표가 너무 상세하여 해당 지표를 관리하지 않는 기업의 경우 설문서 작성이 쉽지 않을 뿐만 아니라 점과 산업별 공정 특성별 표준화의 어려움으로 인해 산업 간 비교가 어렵다는 문제가 있다.

내부 관점의 경쟁력과 시장 관점의 경쟁력으로 구분하여 내부 프로세스의 경쟁력을 측정하는 경쟁역량 지표와, 시장에서 고객이 체험할 수 있는 기업 간 경쟁우위를 측정하는 경쟁우위 지표를 구분하고 경쟁우위 지표를 고객성과와 함께 시장성과로 새롭게 정의하였다.

그리고 주로 산업 내 횡단 분석을 주목적으로 하는 외부 평가용 모형의 경우 설문형 평가 체계를 주로 사용하는 반면에, 시상을 목적으로 하는 외부 평가용의 경우 평가의 객관성을 높이기 위해 전문가들의 현장실사 방식을 선택하였다. 시상용 외부평가의 경우 많은 자원이 소요되며 산업 분석을 수행할 수 있는 충분한 크기의 표본을 확보하지 못하는 경우가 많다. 그러나 한국생산성본부(KPC)는 외부 평가용 모형으로서 산업 내 횡단 분석을 통한 일반 모형을 개발하였는데 전문가들의 현장실사를 배제하고 설문조사 방식을 통해 충분한 크기의 표본을 확보하여 평가하였다.

전술한 모형들과 한국생산성본부(KPC)의 모형을 비교해 보면 다음과 같다. 한국생산성본부(KPC)는 경영 프로세스의 과정보다는 경영자원의 투입과 산출(프로세스성과, 시장성과, 재무성과) 위주로 객관적인 성과 중심의 평가 체계를 개발하였다. 사실, BSC, BFA, ACSI를 제외하면, 전체적으로 프로세스의 실제 운영성과, 경영성과보다는 기업 내부 프로세스의 경영품질에 대한 질적인 평가를 강조하는 경향이 강하다. 한국생산성본부(KPC)는, 과정을 주로 묻는 MBNQA류의 경영품질 평가모형 대신에, 정량적 성과지표 중심의 BFA 모형과 KMA(한국 우수제조공장 인증)[18] 모형의 지표를 적극 활용하고 ECRS(효율적 고

---

18) 한국능률협회컨설팅과 한국과학기술원(2000)은 한국 우수제조공장 인증 (KMA: Korea Manufacturing Award) 제도를 운영하면서 제조 사업부의 경쟁력을 평가할 수 있는 독자적인 평가모형을 개발하였다.

　　KMA는 정량적인 생산성과를 측정하는 설문조사와 전문가의 현장실사

객반응 점수 카드)19)와 SCOR(공급사슬 기능 참조모형)20) 모형의 정량지표들을 프로세스 성과지표로 활용하였다.

또한 한국생산성본부(KPC)는 ACSI의 단순한 인과관계를 넘어서서 자원→프로세스→시장성과→재무성과의 인과관계를 포괄적으로 파악할 수 있는 모형을 제시하였다. ACSI 모형을 제외하면, 경쟁력 평가와 성과 간 인과관계를 동시에 분석한 모형은 알려진 바가 없다. 그러나 ACSI는 주로 고객성과 중심의 평가로서 기업 내부 자원 및 프로세스의 운영성과를 반영하지 못했다는 한계가 있다.

를 통해 공장의 경영역량을 질적으로 평가하는 진단평가의 두 부분으로 구성된다. KMA 모형은 전략→경영 프로세스→성과로 이어지는 인과관계를 개념적인 수준에서 고려하면서 사업부의 전략적 지향 및 고객만족과 연계된 경영 프로세스의 경쟁력을 강조하였다.

KMA 모형은 전략과 연계된 경영 프로세스의 역량을 질적으로 평가할 수 있다는 점에서 주목할 만하다. 그러나 발전단계형 지표로 구성된 다른 평가모형들과 마찬가지로 작성자 교육, 전문가들의 현장 진단에 드는 시간 및 비용 부담 등이 문제로 지적되고 있다.

19) 효율적 고객반응 점수 카드(ECR: Efficient Customer Response Scorecard)는 공급사슬의 효율적인 운영을 통한 신속한 제품 및 서비스 공급과 고객만족을 목적으로 개발된 역량 진단 및 경영성과 측정체계이다.

ECR은 제품개발 프로세스를 포괄하고 있지 않기 때문에 본 연구의 종합경쟁력 평가모형에는 적합하지 않다. 그러나 ECR의 핵심 성과지표와 일부 5점 척도는 본 연구에서는 생산 및 물류 프로세스와 관련된 기반 역량, 내부 역량, 고객성과의 성과지표를 구성할 때 반영될 것이다.

20) 공급사슬 기능 참조모형(Supply Chain Operations Reference Model)은 전체 산업에 일반적으로 적용할 수 있는 공급사슬 관리 프로그램을 만드는 것을 목표로 하고 있다.

SCOR 모형은 전형적인 하향식(top-down) 공급사슬 설계 방식을 취하면서 크게 4단계, 즉 Plan-Source-Make-Deliver로 구성되어 있다.

4. 본 연구모형

본 연구의 종합경쟁력 평가모형은 기존의 PMES가 추구하는 성과지표의 전략적 연계 및 측정지표 간 인과관계뿐만 아니라 Kaplan and Norton(1992)의 균형성과표(BSC: Balanced Scorecard)의 균형 가치관을 추구함과 동시에, 전술한 한국생산성본부(KPC)의 모형(2002)을 더욱 발전시키고자 한다. 이로써 본 연구의 종합경쟁력 평가모형은 자원 및 조직 역량과 프로세스(개발·제조) 경쟁력이 시장경쟁력과 고객성과의 향상에 기여할 수 있는지의 여부를[21] 진단하고 그 괴리를 조정할 수 있는 정책방향과 전략적 수단을 제시할 수 있을 것으로 기대한다.

여기서 유의할 것은 본 연구의 목적은, 단순히 Kaplan-Norton의 균형성과표(BSC)를 사용한 전략경영 시스템을 분석하는 것이 아니라, 기업의 종합경쟁력 평가를 위한 인과모형을 개발하여, 이 모형하에서 제품디자인의 기능적 위치(positioning)와 다른 성과 혹은 기능들과의 관계를 분석함으로써 기업경쟁력을 효율적으로 제고할 수 있는 정책방향과 전략적 수단을 모색하는 것이다.

---

21) Acur and Bititci(2004)에 의하면, 전자는 자원기반 전략경영(resource-based strategy management)으로, 후자는 시장기반 전략경영(market-based strategy management)으로 각각 명명할 수 있다.

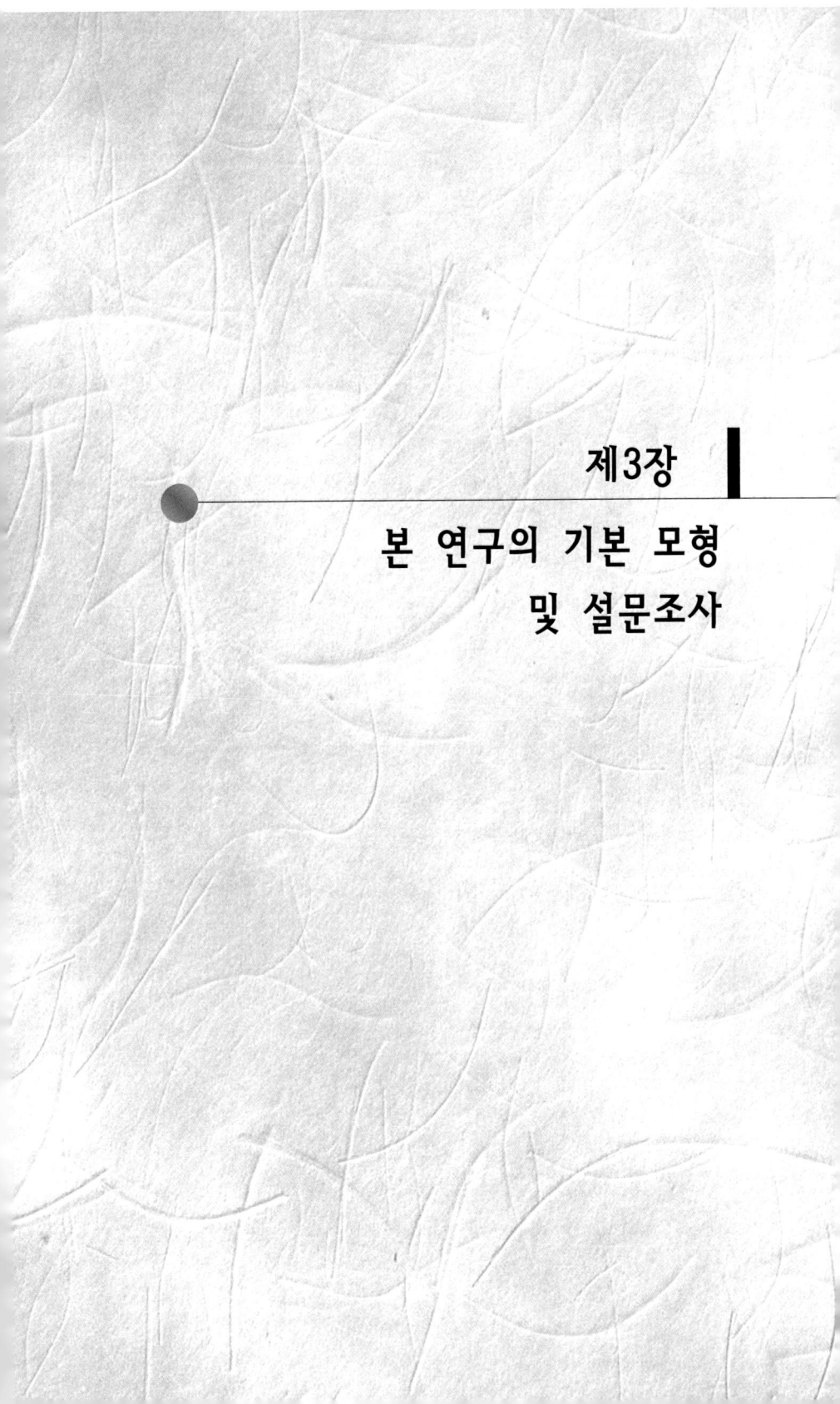

제3장

본 연구의 기본 모형 및 설문조사

제1절 기본 모형

본 연구가 종합경쟁력 평가모형을 개발하기 위한 기본 모형은 〈그림 3-1〉과 같다. 이 기본 모형은 본 연구의 측정지표와 설문조사 항목을 개발하기 위한 기본 틀로 활용된다.

〈그림 3-1〉 본 연구의 기본 모형

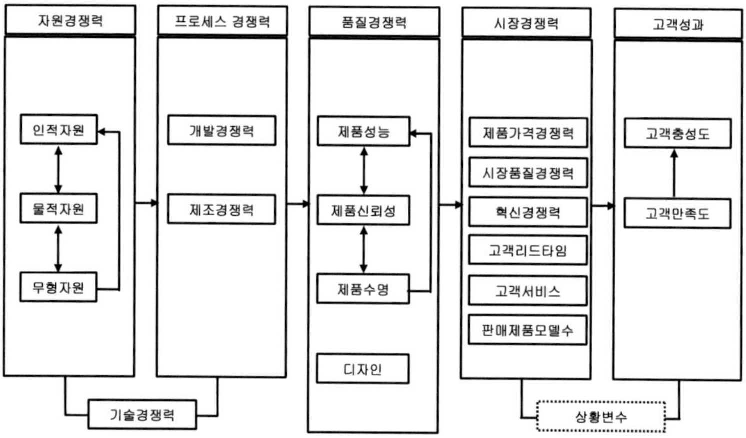

본 연구의 기본 모형은 네 가지 성과 차원, 즉 ① 프로세스의 경쟁역량 (Process Competence), ② 이를 궁극적으로 결정하는 자원역량(Resource Competence), ③ 이 역량을 기반으로 시장에서 경쟁우위로 표현되는 시장

경쟁력(Market Competitiveness), ④ 궁극적인 성과 목표인 고객성과로 구성된다.

1. 자원경쟁력(Resource Competence)

기업의 성과향상을 위한 조직적 역량, 잠재적인 능력으로 장기적인 성과를 추구할 수 있는 기저역량에 관한 성과 차원이다. 신제품 개발과 생산 및 물류 프로세스경쟁력의 근간이 되는 조직 및 인적자원, 물적자원, 기술 및 무형자원의 질적 수준을 평가한다. 경영성과와의 인과관계가 가장 장기적으로 나타나는 성과 차원이다.

〈그림 3-2〉 자원경쟁력의 지표

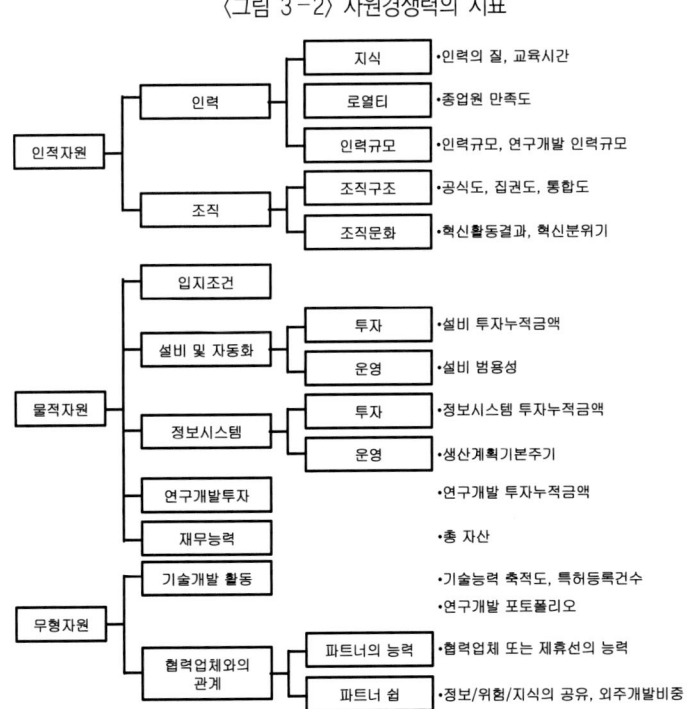

본 연구는 균형성과표(BSC)에서 제시한 학습 및 성장 차원[22]과 SPMES의 성과 동인 차원에서 사용하고 있는 분석 틀을 참고하여 세 가지 차원, 즉 인적자원,[23] 물적자원, 무형자원으로 자원경쟁력을 구분하였다(〈그림 3-2〉 참조).

1-1. 인적자원

인적자원은 크게 두 가지, 즉 인력자원과 조직자원으로 구성된다. 우선 인력자원의 질을 평가하는 기준으로 인력 규모 및 인력 구성, 개별 구성원에 체화되어 있는 지식수준, 종업원 만족도가 사용된다. 인력 규모 및 구성의 중요한 변수로서 전체 인력 중 연구개발 인력의 비중을 들 수 있다.

개별 구성원에 체화되어 있는 지식수준을 측정하기 위하여 종업원 교육시간을 대리지표(surrogate measure)로 사용한다. 그리고 연구개발 인력의 질을 평가할 수 있는 대리지표로 석·박사 연구개발 인력 수를 측정한다.

일반적으로 종업원 만족도는 기업 성과와 간접적인 인과관계가 있음이 밝혀졌다(Heskett et al., 1997.). 본 연구는 종업원 만족도를 인적자원 특성으로 측정한다. 종업원 만족도가 높을수록 종업원 충성도가 높고 그만큼 지식 및 노하우의 질적 수준이 높아질 것으로 가정한다.

조직은 크게 조직구조와 조직문화를 반영한다. 우선, 조직구조에서는 전통적인 측정항목인 조직구조의 계층성과 절차성, 종업원 권한 위임의 정도를 측정한다. 대량생산 메커니즘에서 가장 크게 문제시되고 있는 기

---

22) Kaplan and Norton(1992)은 이러한 기저역량의 중요성을 간파하여 주요 성과 차원으로 학습과 성장을 고려해야 한다고 주장하였다.
23) Heskett et al., 1997.

능 부서 간 장벽을 측정하는 의미에서 내부 고객 연계를 평가한다. 기업 활동의 내부 고객인 마케팅, 영업, 생산, 연구개발 간의 연계가 얼마나 잘 되어 있는지를 평가하고 상시적인 기능횡단팀(cross functional team)이 효과적으로 운영되는지를 평가한다.

한편 조직문화에서는 종업원 의사결정의 자율성, 팀워크 목표 달성을 위한 긴장감, 실패 및 창조적 도전 장려, 성과급제의 운영 등이 측정된다. 또한 지속적인 개선 및 혁신활동을 측정하는 대리지표로서 연간 혁신활동 개선 금액이 측정된다.

1-2. 물적자원

물적자원은 크게 설비 및 자동화 시스템, 정보시스템, 연구개발 투자 등 직접 생산 및 개발 활동에 투여되는 물적 투입 자원과 공장이나 연구소의 지리적 입지 등 물적 환경 변수로 구성된다. 산업과 시장 특성에 따라 설비의 우수성이 경쟁역량에 직결되는 경우가 많다. 따라서 설비의 규모 및 신규성, 제공되는 기능의 수, 자동화 정도 등 다양한 척도를 공장 특성에 따라 조합해서 측정해야 한다.

본 연구는 경쟁역량을 포괄적으로 측정하는 것이 목적이므로 설비 및 자동화 시스템에 대한 연간 투자금액을 설비 및 자동화 시스템의 질적 수준을 나타내는 대리지표로 사용하고자 한다. 즉 투자금액이 많을수록 설비 투자가 왕성하여 최신 설비가 갖추어졌다고 간주된다. 정보시스템도 동일한 논리로 정보시스템의 질적 수준을 항목별로 직접 측정하기보다 투자금액을 대리지표로 하여 정보시스템의 최신성을 평가한다.

1990년대 이후 프로세스 성과의 새로운 성과 차원인 유연성과 시간 경쟁력의 원천으로서 설비의 다품종 유연성과 생산계획 기본 주기가 측정된다. 설비의 다품종 유연성이 높을수록 프로세스의 다품종 생산 능력이 증대될 수 있으며 생산계획 기본 주기가 빠를수록 긴급 주문, 물량 변동 등의 시장 변동에 신속하게 대응할 수 있다. 이로써 설비 및 정보시스템의 최신성과 함께 질적 능력을 동시에 측정할 수 있다.

공장입지는 공업용수 및 에너지 공급, 교통 및 물류 기능의 우수성, 부품 산업 인프라 등의 직접적인 생산 활동에 관련된 항목과 인력확보, 생활여건, 교육환경 등의 질 좋은 인적자원의 확보 및 유지에 관련된 항목을 각각 측정한다.

연구소 입지에 따라 개발 인력의 질적 수준이 결정되는 경우가 많다. 많은 연구소들이 수도권에 위치해 있는 것도 이와 같은 이유 때문이다. 연구소 입지를 연구 인력 확보, 기술 정보, 지식 공유 및 확보 측면에서 얼마나 유리한가를 측정한다.

1-3. 무형 자산

무형자원은 기술역량과 관계역량으로 구성된다. 우선, 기술역량은 기본적으로 제품의 핵심기술을 표현하는 주요 특성치를 객관적으로 비교해야 한다. 그러나 본 연구는 이질적인 기업을 비교하는 것이므로 조직 차원의 기술성과와 기술능력을 평가한다.

기술개발 활동의 성과를 평가하기 위하여 특허 및 논문발표 건수를 사용하고, 기술개발 활동의 혁신성을 평가하기 위하여 기술개발 프로젝트를 네 가지, 즉 기초 연구과제, 혁신적 제품(breakthrough) 개발과제, 기반제품(platform) 개발과제, 파생제품(derivative) 개발과제로 분류해서 평가한다.

조직 차원의 기술 역량을 평가하기 위해 도입할 기술의 선택 및 설치·시운전 능력을 측정하며 운영 및 유지보수 능력, 기술의 소화 및 흡수·적응능력, 새로운 혁신기술의 설계·개발능력을 단계적으로 평가한다.

1990년대 이후 경쟁전략 분야에서는 협력업체나 제휴업체와의 협력관계를 경쟁역량의 주요 원천으로 간주되어 왔다. 우선, 협력 및 제휴업체의 경쟁력이 중요하다. 제품 및 기술 개발 분야에서 제휴업체의 기술 및 제품 개발력, 생산 분야에서 협력업체의 원가, 품질, 납기 경쟁력을 우선적으로 평가한다. 우수한 협력 및 제휴업체를 선택하는 것과 함께 이들과의 장기적인 협력관계를 유지하는 것이 필요하다. 왜냐하면 안정적인 협력 및 제휴업체의 경쟁력을 바탕으로 지속적인 경쟁우위를 확보할 수 있기 때문이다. 따라서 협력 및 제휴업체와 정보공유(수요정보, 생산정보, 판매정보, 가격정보, 기술정보), 위험 및 이익 공유(개발 및 설비 투자 지원, 경영 자금 지원, 개선성과보상, 공동혁신활동 이익 공유), 지식 공유(기술 및 혁신 활동 지원) 등의 다양한 협력관계 프로그램이 필요하다. 본 연구는 협력 및 제휴업체의 경쟁력과 함께 협력관계의 질적 수준을 평가하고자 한다.

2. 프로세스 경쟁력(Process Competence)

기업의 성과 차원 중에서 프로세스 경쟁력은 제조업의 핵심 가치 창출 프로세스인 기술 및 신제품 개발 프로세스와 생산 및 물류 프로세스의 경쟁역량을 나타내는 성과지표로서 기업의 경쟁력을 대표하는 성과 차원이다.

프로세스 경쟁역량은 크게 원가, 품질, 시간, 유연성 차원으로 구성된다. 전통적으로 이들 경쟁역량의 세부 차원 간의 관계는 경합관계(trade-off)인 것으로 알려져 있다(Skinner, 1969). 그러나 Ferdows and

46

DeMeyer(1990)는 품질→시간·유연성→원가 역량의 순으로 제조업의
프로세스 경쟁력이 축적된다는 이론을 제시하면서 이들 역량 간의 경합
관계를 부인하였다. 즉 제조업의 프로세스 경쟁력을 어느 정도 갖춘 업체
들은 원가, 품질, 시간, 유연성의 역량을 동시에 보유하고 있다는 것이다.
본 연구는 Ferdows and DeMeyer(1990)의 경쟁역량의 축적 이론을
수용하여 프로세스 경쟁력의 차원별 경합관계를 고려하지 않고 이승
규 외(1998)의 네 가지 차원, 즉 원가, 품질, 시간, 유연성을 동시에
평가한다.

〈그림 3-3〉 프로세스 경쟁력의 지표

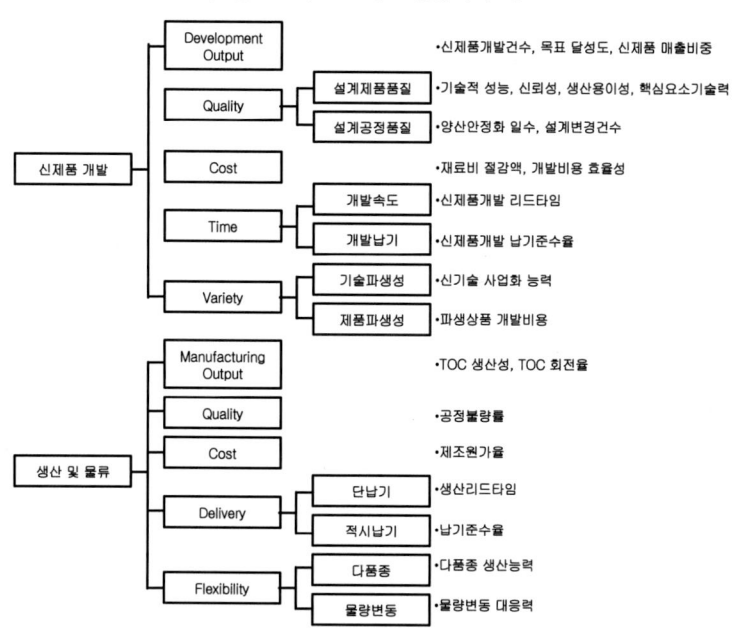

본 연구는 신제품 개발 프로세스와 생산 및 물류 프로세스로 나누
고 원가, 품질, 시간,[24] 유연성[25] 역량을 프로세스별 지표로 각기 구

분하여 평가하고자 한다(〈그림 3-3〉 참조).

이승규 외(1998)는 경쟁력 평가의 관점에서 보면 기업의 내부성과
인 경쟁역량 지표와 시장에서의 경쟁우위를 표현하는 경쟁우위 성과
를 명확히 구분하였다. 이를 통해 기업 경쟁력을 기업의 내외적 관점
에서 균형 있게 제시하였으며 기업 경쟁력을 구성하는 인자들 간의
인과관계를 분명히 하였다(〈표 3-1〉 참조).

〈표 3-1〉 생산역량의 기존 성과지표

성과차원	하부성과	특 징	성과지표
생산 역량	원 가	· 통일된 객관적인 지표 · 투입에 대한 산출의 비율 · 프로세스 투입에 초점 · 훈련비용, 공정재설계 등의 성과지표 추가	· 불량비용 · 노무비/경비/재료비
	품 질	· Garvin(1988)의 여덟 가지 성과 차원에 기반 · 다차원 척도 선정에 대한 합의가 어려움 · 프로세스 산출에 초점	MTBF, 보장비용, 투입 품질 수준, 고객 불만건 수, 로트불량률
	유연성	· 구체적인 성과지표는 미(未)개발 · 다른 생산역량의 성과동인의 측면으로 지표개발이 어려움	· 재료품질 · 제품믹스 다양성 · 납기 준수율
	납 기	· 내부적, 목적 지향적 척도로 구성 · 납기 준수를 주요한 지표로 측정	· 납기 준수율
	스피드	· 단 납기와 신제품 조기출시로 구분됨 · 측정시점과 방법결정이 중요 · 경쟁자와의 비교는 어려움	· 생산리드타임 · 조달 리드타임
재무성과		· 일반 재무지표의 생산 부문 축소 적용 · 일반적인 성과를 평가하나 의사결정 목적으로 사용하지 않음	· 종업원 당 총 매출액 · 이익에 대한 판매의 한계증가율

---

24) Azzone et al., 1991; Kuzar & Notwani, 1993; Stalk, 1988; Garvin,
1988; White, 1996; Baker, 1993.

25) Sethi and Sethi, 1990; Hyun and Ahn, 1992; Upton, 1994; Suarez et
al, 1995.

원가와 관련된 성과지표는 외부그룹이 빈번하게 요청하는 성과지표이기 때문에 조직 내에 축적된 지표가 많다. 투입에 대한 산출의 비율 형태가 가장 많으며 프로세스 투입물 형태의 자료도 사용되고 있다.

품질에 대한 성과지표는 가장 일반적인 성과지표 중 하나이다. 그러나 품질 자체가 다차원적이어서 척도선정에 대한 합의를 이루는 데 어려움이 많다. 대부분의 성과지표는 Garvin(1988)이 제시한 여덟 가지 품질 차원에 기반을 둔 지표라고 할 수 있다. 품질 지표 역시 대부분의 지표가 생산프로세스의 산출차원에 집중되어 있다.

유연성 역량에 대한 성과 측정은 개념적인 언급만 하고 구체적인 성과지표는 아직 요원한 상태이다. 또한 유연성은 그 자체가 성과라기 보다는 다른 생산역량의 기반이 되기 때문에 측정하기가 더욱 어려운 측면이 있다.

납기는 본질적으로 내부척도이기 때문에 대부분의 연구에서는 납기 준수율을 측정하고 있다.

시간 역량 중에서 스피드 차원은 기존 제품의 단 납기와 신제품의 시장도입 스피드를 측정하고 있다. 스피드는 측정시점과 방법의 결정이 매우 중요하며 아직 다른 경쟁자와의 스피드 경쟁력을 측정할 수 있는 도구는 개발되지 못하고 있다.

2-1. 시 간

다양한 고객의 요구, 짧은 제품의 수명 주기, 심화되는 경쟁 환경에서 신제품의 신속한 출시, 제품의 납기 준수, 고객요구에의 신속한 대응 등과 같이 시간과 관련된 사안은 직접적으로 기업성과의 현재와 미래에 영향을 미치고 있다. 이와 같이 시간은 기업이 급변하는 경쟁 시장에서 지속적인 경쟁우위의 확보를 위해서 갖추어야 할 능력으로

기업으로 하여금 시간에 대한 측정 및 관리와 지속적인 개선을 필요
로 한다.

〈표 3-2〉 시간 역량의 하부 차원에 대한 분류

분류기준	시간 역량의 하부 차원	연구자
기능 부문	· R & D Engineering · Operations · Sales and Marketing	Azzone et al.(1991)
	· Product & Design Engineering · Prototyping & Process Developing · Productionizing · Manufacturing · Delivery	Azzone et al.(1991) Kuzar & Notwani(1993)
	· New Product Development · Decision Making · Processing and Production · Customer Service	Stalk(1989)
속 성	· Delivery Service	Garvin(1988)
	· Delivery Speed	White(1996)
기여도	· Value-Added Activity · Not Value-Added Activity	Baker(1993)

경쟁역량으로서 시간은 시장에서의 제품에 대한 요구사항을 파악하
여 이를 충족시키는 제품을 고객에게 제공하는 모든 활동을 수행하는
데 소요되는 총체적인 시간으로 정의할 수 있다. 이는 총괄적 개념으
로 실제적인 기업의 현상을 분석하고 실무적인 차원에서 활용하기 위
해서는 시간 역량에 대한 하부 차원의 분류와 정의가 필요하다. 시간
에 기반을 둔 경쟁에 대한 관심이 증가하면서 시간 역량의 세부 차원
에 관한 연구가 활발하였다(Azzone et al., 1991; Stalk, 1988; Garvin,

1988; White, 1996; Baker, 1993.).

시간 역량에 관한 기존 연구는 시간 역량의 하부 차원을 세 가지 측면, 즉 시간 역량을 측정할 수 있는 관련 기능 부문의 측면, 전통적인 시간성과 차원인 속성의 측면, 가치를 부과할 수 있는 기여도의 측면에서 분류될 수 있다(〈표 3-2〉 참조).

또한 시간과 관련된 활동들이 부가가치와 관련되어 평가할 수 있으므로 부가가치를 기준으로 분류할 수 있다. 그러나 본 연구는 시간 경쟁력의 측정과 평가에 관하여 기능 부문별 구분과 속성을 따르고자 하며 속성별 분류는 시장경쟁력의 경쟁우위 성과에서 활용하고자 한다.

2-2. 유연성

기술의 발전 속도가 빠르고 고객의 요구가 더욱 다양하고 복잡해지며 제품수명 주기가 더욱 짧아지는 등 최근 기업환경이 동태적으로 변화하고 있다. 기업 내부의 안정적인 통제 시스템을 최소한으로 희생시키면서 급격한 환경변화에 능동적으로 대응하는 능력이 전략적으로 매우 중요하게 되었다. 1990년대에 대량생산의 효율성을 유지하면서 고객의 요구를 다양하게 수용할 수 있는 대량 고객화(mass customization)의 개념이 등장하면서 생산 부문의 유연성에 대한 관심이 고조되고 있다.

유연성은 품질, 원가 등 다른 경쟁역량에 비해 보다 포괄적인 환경요인을 다루고 있어 개념의 정의에 있어 학자들 간에 다소 상이한 점이 있다. 그러나 일반적으로 외부환경 및 내부자원의 불확실한 변화를 대상으로 시간, 품질, 비용 등의 다른 경쟁역량의 손실을 최소화하면서 효과적이고 효율적으로 대처하는 경쟁역량으로 정의할 수 있다(Sethi and Sethi, 1990; Hyun and Ahn, 1992; Upton, 1994.).

유연성은 차원(dimension), 시간범위(time horizon), 구성요소(elements)

에 따라 다양하게 구분할 수 있고 조직의 유연성, 기능 부문의 유연성, 생산 공정의 유연성 등 수준과 대상에 차이가 있으나 제조 사업부의 유연성 역량은 제품과 생산 공정에 관련된 유연성만을 대상으로 한다.

불확실한 외부환경 및 내부자원 변화의 형태 그리고 변화에 대한 대응형태에 따라 유연성의 차원에 대한 다양한 분류가 가능하다(Sethi & Sethi, 1990; Hyun & Ahn, 1992; Upton, 1994.). 이들 연구에서 제시한 유연성의 분류는 Suarez et al.(1995)이 제시한 제품 유연성, 물량 유연성, 공정 유연성, 시간 유연성의 차원으로 재구성이 가능하다. 따라서 시간 유연성[26]을 제외하고, 본 연구는 제품에 관련된 혼합 유연성, 물량 유연성, 공정 유연성 등 세 가지 차원으로 크게 재분류하였다(〈표 3-3〉 참조).

〈표 3-3〉 유연성 차원에 대한 기존 연구

차 원	정 의	유연성 분류에 대한 기존 연구		
		Sethi and Sethi (1990)	Hyun and Ahn (1992)	Garvin (1993)
제품 유연성	제품 혼합의 변경 능력 디자인 변화의 수용 능력 신제품 다양성	Product Market Production	Product	Product
물량 유연성	제품 수요의 변화에 대한 총괄적인 용량 조정 능력	Volume Expansion	Volume Expansion	Volume
공정 유연성	작업 준비시간의 조정 능력 공정 및 기계의 용도 변경 능력 경로나 계획의 변동에 대한 제어 능력	Process Machine Material Handling Operation Routing Program	Process Program	Process

---

26) 유연성 역량은 다른 역량에 미치는 영향이 크므로 자원경쟁력으로 이해하기도 한다.

신제품 개발 프로세스의 유연성 역량으로 다양성을 측정할 수 있다. 다양성의 첫 번째 차원은 단위개발 프로젝트에서 파생상품이 동시에 개발되는 정도를 표현하는 파생상품 다양성 지수이다. 단위개발 프로젝트에서 기반제품(platform product) 설계를 통해 다양한 세대별 파생상품을 적은 추가비용으로 출시할 수 있다면 개발 프로세스의 유연성이 대단히 높다고 할 수 있다.

이러한 파생상품 다양성 지수가 제품차원의 다양성을 표현한 것이라면 신기술 사업화 능력은 기술 차원의 다양성을 표현한 것이다. 신기술 사업화 능력이란 개발된 기술결과를 다양한 제품에 응용하는 능력으로 정의된다. 만약 동일한 기술을 보다 많은 제품개발에 응용할 수 있다면 개발기술의 유연성이 대단히 높다고 할 수 있다. 즉 한 번 개발한 기술과 신제품으로 다양한 제품을 추가적으로 개발할 수 있으므로 비용 측면에서 보면 개발비용이 효과적으로 사용되었다고 할 수 있다.

생산 및 물류 프로세스의 유연성 지표로는 생산 부문의 다양성 성과 차원인 다품종 생산능력과 긴급 주문 또는 급격한 물량변동에 대한 생산 부문의 대응능력을 표현하는 물량 변동 유연성을 측정한다.

2-3. 종합성과

프로세스 경쟁력에서 품질, 원가, 시간, 유연성 차원과는 별개로 프로세스의 최종 성과를 종합적으로 표현할 수 있는 지표로서 종합성과 지표를 개발할 수 있다. 종합성과 지표는 기본 역량 지표와 동시적으로 사용하기보다는, 필요에 따라 선택적으로 사용하는 것이 바람직하다. 예를 들어 인과관계 분석에서 유의한 경로계수가 발견되지 않을 때, 종합성과 지표를 사용하여 인과관계 분석을 시도할 수 있다. 신제품 개발 프로세스에서는 종합성과 지표로서 신제품 개발 건수와 신제품 매출 비중, 기술 목표 달성도를 선택적으로 사용할 수 있다.

3. 시장경쟁력(Market Competitiveness)

기업의 프로세스 경쟁력은 시장에서의 경쟁우위로 이어진다. 그러나 내부 경쟁역량인 프로세스 경쟁력 차원과 시장에서 고객이 경험하는 기업의 시장경쟁력은 상당한 차이가 있다. Gelder et al.(1994)는 기업의 내부성과가 시장성과로 이어져야 진정한 역량이라 할 수 있으며 생산성과와 시장성과는 일관성이 있어야 한다고 주장하였다.

품질역량은 시장에서 품질이나 서비스 경쟁력으로, 원가 역량은 가격경쟁력으로, 시간 역량은 납기경쟁력으로, 유연성 역량은 납기나 고객화 경쟁력으로 각각 나타나게 된다. 내부성과와 시장성과의 일관성이란 기업 내부에서 중요하게 여기는 역량 차원이 시장에서도 주요한 경쟁 우선순위가 되어야 한다는 의미이다.

SPMES에서는 시장성과를 "기업이 세분화한 시장에서 고객에게 전달하고자 하는 제품 및 서비스의 가치에 대한 고객 관점에서의 기업성과"라고 정의한다(이승규 외, 1998). 그리고 시장성과의 차원을 두 가지, 즉 내부 기업역량을 기반으로 하여 시장에서 획득할 수 있는 1차적인 시장성과인 경쟁우위 시장성과와 경쟁우위의 결과로 나타나는 일반적인 시장성과인 고객일반 시장성과로 구분하였다.

본 연구의 시장경쟁력 지표는 경쟁우위 성과→고객성과→시장성과의 인과관계를 전제로 〈그림 3-4〉와 같다.

〈그림 3-4〉 시장경쟁력의 지표 구성

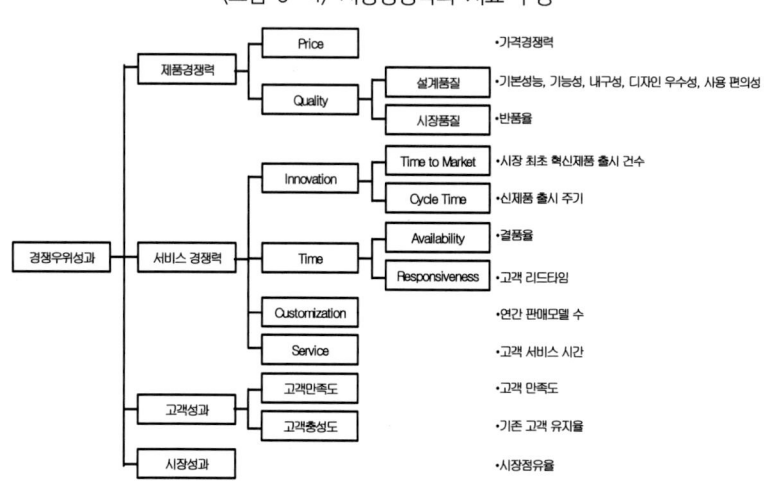

경쟁우위 성과는 크게 두 가지, 즉 제품경쟁력과 서비스경쟁력으로 구성된다. 전자는 제품에 내재된 속성인 가격과 품질로, 후자는 제품 외부의 운영성과와 관련된 속성인 혁신성, 시간, 고객화, 서비스로 각각 구성된다. 여기서 유의할 것은 시장경쟁력의 구성요소인 품질은 설계품질과 일치품질로 구성되는데, 이것은 프로세스 경쟁력의 구성요소인 품질과 달리 인지품질을 강조한다는 점이다. 설계품질은 주로 고객이 체험하는 제품의 기본 성능, 기능성, 내구성, 디자인 우수성, 사용 편의성 등을 측정한다. 또한 시장품질은 반품률을 지표로 사용한다.

한편 서비스 경쟁력의 구성요소인 혁신성은 주로 시장에서 고객이 체험하는 신제품 관련 경쟁력으로서 시장 최초 혁신제품 출시 건수와 신제품을 출시하는 주기를 측정한다. 그리고 시간 경쟁력은 고객이 제품 주문 후, 제품을 인도받는 시점까지의 고객 리드타임을 측정한다. 고객화는 고객이 선택할 수 있는 제품의 다양성을 측정하며 서비스 만족도는 고객서비스 시간을 측정한다. 고객서비스 시간이 빠를수록 서비스 만족도가 높은 것으로 간주한다.

다른 한편으로, 본 연구에서 고객성과는 두 가지 즉 고객만족도와 고객충성도로 구성되며 시장성과는 시장점유율을 대리변수로써 측정한다. 고객만족이란 그 자체가 매우 다차원적인(multi-dimensional) 개념으로서 제품이나 서비스의 품질과 관련되어 있을 뿐만 아니라 고객유지와, 더 나아가 기업의 수익성에 기여하는 측면을 가지고 있다 (Yi 1991; Zeithmal 2000.).

고객만족은 최고의사결정자의 최우선 관심사항 중의 하나이다. 이것은 고객 제일주의 및 고객을 위한 가치창조 등의 경영이념으로 나타나고 있다. 최근에 들어, 기업의 생존을 위한 경영전략은 고객만족에서 한 걸음 더 나아가 고객감동을 유발하는 데 집중되고 있다(Oliver, Rust, and Varki 1997.). 미국고객만족지수(ACSI: American Customer Satisfaction Index)와 국가고객만족지수(NCSI: National Customer Satisfaction Index)는 이러한 추세를 단면적으로 반영하고 있다.

4. 고객성과

기존의 고객성과에 대한 연구는 고객만족과 수익/시장점유율 간의 관계에 대해 일관된 방향성을 제시하지 못하고 있다.[27] 고객만족과

---

[27] 지난 과거 몇 년 동안, 연구자들은 고객만족과 수익 혹은 고객만족과 시장점유율 간의 관계를 분석하였다(Anderson and Sullivan 1993; Bearden and Teel 1983; Boulding et al. 1993; Fornell 1992; LaBarbera and Mazursky 1983; Oliver and Swan 1989.). 그러나 이에 대한 실증연구들의 결과들은 혼재해 있다(Aaker 1982; Anderson, Fornell, and Lehmann, 1994; Bass 1969; Bass and Clarke 1972; Bass and Leone 1983; Blattberg and Jeuland 1981.).

기업성과의 관계가 불분명한 이유에 대해서, 기존 연구들은 대체로 시장의 이질성을 들고 있다. 그러나 본 연구는 시장의 이질성이 높을 때는 고객의 욕구를 만족시켜서 기업의 성과를 달성할 수 없다는 설명은 마케팅 상식으로 받아들이기가 어렵다.

고객만족도는 그것을 결정짓는 품질요인들, 그 결과로서 나타나는 고객충성도 그리고 가능하면 궁극적인 목표인 시장성과까지 함께 측정이 되어야 한다. 이러한 측정 모형의 골격을 간단히 도식화하면 〈그림 3-5〉와 같다.

〈그림 3-5〉 고객만족도의 요인 및 결과

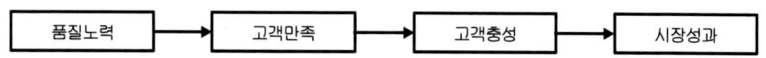

본 연구에서 고객만족의 결과변수인 기업성과로 시장점유율을 채택하였다. 그 이유는 다음과 같다.

첫째, 시장점유율은 다른 기업성과 측정치들에 비해 객관적인 자료의 수집이 용이하기 때문이다. 특히 제품별 수익성의 경우, 기업들의 비공개 등으로 인해 자료수집에 어려움이 있다.

둘째, 고객만족과 수익성의 관계보다는 고객만족과 시장점유율 간의 관계가 더욱 강할 것으로 예측했기 때문이다. 수익성의 경우, 고객만족에 투입되는 금전적 노력이 비용으로 계상되어 수익성을 상쇄시킬 가능성이 존재할 수 있다. 그러나 시장점유율의 경우 개별소비자들의 선택과 관련되어 있다. 이는 고객만족을 제고시킬 경우, 구매의도 및 구전 등 여러 가지 긍정적인 효과로 인해 개별소비자들의 선택을 증가시킬 수 있기 때문이다.

4-1. 고객만족과 수익의 관계

최근 품질, 고객만족 그리고 수익과의 연결고리를 이해하려는 데 많은 관심이 고조되고 있다. 지난 과거 몇 년간, 연구자들은 높은 품질의 재화와 서비스가 고객만족을 제고시키고, 이는 다시 수익성에 영향을 미치는 과정 분석에 몰두해 왔다.

Oliver(1980)에 의해 제안된 개별수준의 고객만족 모델을 필두로, 몇몇 연구들이 고객만족과 충성도와의 강한 관련성을 관찰하거나 논의하였다(Anderson and Sullivan 1993; Bearden and Teel 1983; Boulding et al. 1993; Fornell 1992; LaBarbera and Mazursky 1983; Oliver and Swan 1989.). Reicheld and Sasser(1990)는 고객충성도를 증가시키면 왜 높은 수익을 가질 수 있는지를 분석하였고, Rust and Zahorik(1993)은 고객만족과 수익 간의 관계를 분석하였다.

Fornell(1992)은 기업이 고객만족 수준을 높이면, 증가된 고객충성도, 감소된 가격탄력성, 경쟁자의 노력으로부터의 방어, 낮은 미래의 거래비용, 낮은 신규고객 유치비용, 상대적으로 절감된 제품 혹은 서비스의 실패비용, 기업의 증가된 명성[28]과 같은 혜택을 얻을 수 있다고 주장하였다.

그러나 고객만족과 수익 간의 관계에 대한 실증연구들의 결과들은 혼재해 있다. 직관적으로 볼 때, 이러한 관계는 양(+)의 관계인 것처럼 보이며 높은 수준의 고객만족은 우호적인 성과들을 낳아야 할 것처럼 보인다. 실제로, Nelson et al.(1992)의 연구에서는 이러한 양(+)의 관계를 실증적으로 검증하였으며, 이러한 고객만족이 모든 수익성

---

28) 고객만족은 상표자산과 같은 여러 중요한 자산들을 구축하는 데 중요한 역할을 담당하는 것은 틀림이 없는 것처럼 보인다(Aaker 1992; Keller 1993.).

측정치(수입, 순수익, 자산이익)에 영향을 미치는 것으로 나타났다. Capon, Farkley and Hoenig(1990)는 품질과 경제적 성과 간의 긍정적인 관계를 밝힌 20개의 연구를 규명하였다. Buzzell and Gale(1987), Philips, Chang and Buzzell(1983) 또한 그들의 연구에서 상대적 품질과 투자수익률(ROI) 간의 유의적인 관계를 밝혀냈다.

그러나 몇몇 연구들은 고객만족과 수익 간의 관계가 항상 유의적이지는 않다고 주장하고 있다. Schneider(1991)는 고객의 서비스품질 지각과 수익성을 검토한 논문에서 고객의 서비스품질 지각과 만족은 항상 그렇지는 않지만 때때로 수익에 반영된다고 가정하였다. Tornow and Wiley(1991)는 고객만족과 총수익 간의 부정적인 상관관계가 존재함을 검증하였다. 그러므로 상기 연구들을 종합해 보면 고객만족과 수익성과의 관계에 대해서는 일관된 방향성을 보이지 않으며, 그 결들이 혼재해 있음을 알 수 있다.

4-2. 고객만족과 시장점유율의 관계

고객만족의 실질적인 매력은 선택과의 관계, 또는 시장점유율과의 관계에 달려 있다. 이러한 관계를 고려하는 것은 방어적 마케팅 패러다임(defensive marketing paradigm) 영역에 포함된다. 시장점유율에 관한 전통적 관점은 판매량과 시장점유율을 공격적 마케팅활동(offensive marketing action)의 산물로 보며, 이는 판매량이 광고 및 다른 공격적 마케팅 변수들의 결과물이라고 본다(Aaker 1982; Bass 1969; Bass and Clarke 1972; Bass and Leone 1983; Blattberg and Jeuland 1981.). 즉 판매량을 촉진활동 및 그 외 다른 변수들의 결과물로 보기도 한다(Fader and McAlister 1990; Guadagni and Little 1983; Lattin and Bucklin 1989; Neslin 1990.).

그러나 이러한 관점들은 고객만족과 고객유지가 시장점유율과 수익성에 미치는 효과를 강조하고 있지 않다. 이와 반면에 방어적 마케팅(Fornell and Wernerfelt 1987, 1988.)에서는 새로운 고객을 유치하는 것보다 현 고객들을 유지하는 데 마케팅 자원들을 소비하는 것이 더 낫다는 것을 강조함으로써 이러한 효과들을 인식하고 있다. 예를 들면, U.S. Office of Consumer Affairs의 한 조사에 의하면, 고객 한 명을 유치하는 것이 유지하는 것보다 5배 정도의 비용을 초래할 것이라고 제시하고 있다(Peters 1988).

직관적으로 볼 때, 고객만족과 시장점유율은 인과관계가 있는 것처럼 보인다. 고객만족에 대한 기존 연구들을 살펴보면 고객만족의 반응유형으로 재구매 및 상표충성도 그리고 긍정적인 구전활동 등이 실증적으로 검증되었는데, 이는 곧 시장점유율 제고로 이어질 수 있다. Newman and Werbel(1973)은 만족한 고객이 불만족한 고객보다 재구매할 가능성이 높다는 것을 보여주었다.

Oliver(1980)는 고객만족이 태도에 영향을 미치며, 이러한 태도는 재구매 의도에 영향을 미친다는 것을 입증하였다. 이렇듯 많은 연구들에서 고객만족이 재구매와 상표충성도를 증가시킬 수 있으며, 상표전환을 줄일 수 있다는 것을 내포하고 있다(Bearden and Teel 1983; LaBarbera and Mazursky 1983; Oliver and Swan 1989.). 또한 이러한 고객만족은 긍정적인 구전을 초래하며, 이러한 구전은 기업에 의해 창출되는 것이 아니고 소비자들에 의해 발생하므로 더욱 신뢰적인 정보의 원천으로 이해될 수 있기 때문에, 결국 소비자들의 선택을 증가시키는 결과를 가져오게 될 수도 있다. 즉 높은 고객만족 수준은 당사자뿐만 아니라, 다른 소비자들에게까지 영향을 미쳐 선택을 유도하고 결국 그 제품의 시장점유율을 제고시킬 것으로 예상된다는 것이다.

그러나 고객만족이 높다고 해서 시장점유율이 반드시 높다는 결정적인 증거는 없다. Fornell(1992)과 Griffin and Hauser(1993)는 고객만족과 시장점유율 간의 부정적인 관계가 존재할 가능성을 분석하였다. Anderson, Fornell and Lehmann(1994) 또한 고객만족과 시장점유율 간에 음(-)의 상관관계가 존재함을 제시하였고, 연도별 변화량에 대한 회귀분석에도 고객만족이 시장점유율에 음(-)의 영향을 미치는 것으로 분석하였다. 이상의 논의들에서 알 수 있듯이, 고객만족과 수익과의 관계에서와 같이 고객만족과 시장점유율 간의 관계 또한 명확한 방향성을 제시하지 못하고 있음을 알 수 있다.

Fornell(1992)은 시장의 이질성 정도가 높을 때, 고객만족도와 시장점유율은 음(-)의 관계를 가질 가능성이 높다고 제시하고 있다. 즉 시장수요가 이질적인데 동일한 제품 및 서비스를 공급할 경우, 시장점유율이 높더라도 고객만족도는 낮게 나타날 수 있다고 설명하고 있다.

Anderson, Fornell and Lehmann(1994)은 고객만족도와 시장점유율의 관계가 긍정적인가, 아니면 부정적인가는 최소한 두 가지 요인에 의해 결정된다고 보았다. 첫째, 시장점유율의 증가는 규모의 경제를 초래할 수 있기 때문에, 이로 인한 가격인하는 그 기업의 제공물의 가치를 증대시킬 수 있고, 결과적으로 고객만족을 향상시킨다는 것이다.

이와는 달리, 증가된 고객이나 세분시장으로 인해 고객만족의 정도는 반대로 움직일 수 있다는 관점이다. 그러므로 고객만족 노력은 고객의 증가와 고객 이질성의 증가를 가져오고, 이것은 다시 낮은 품질지각을 초래할 수 있다는 것이다. 반대로 동질적인 소비자 선호를 지닌 차별화되지 않은 산업에서 고객만족과 시장점유율의 관계는 긍정적으로 관련될 가능성이 크다는 것이다.

이와 더불어, Anderson, Fornell and Lehmann(1994)은 동질적인

욕구를 가지고 있는 산업이더라도 가격민감도에 따라 달라질 수 있다고 언급하였다. 가격민감도가 높은 산업의 경우, 저원가 선도 기업이 상대적으로 고객만족 수준을 높일 수 있다고 설명하였다.

제2절 설문조사 개요

1. 자료 수집 방법

본 연구는 종합경쟁력 평가모형 개발을 위하여 국내 제조업 분야의 기업들을 대상으로 기업 활동 현황에 대한 설문서를 배포 및 수집한 응답 자료를 통계적으로 분석하고자 한다.
- ○ 조사방법: 구조화된 설문지를 통한 우편조사 및 인터뷰
- ○ 조사대상: 부품/소재 제조기업
    또는 부품/소재를 납품 받아 조립 가공하는 기업
- ○ 표본추출 방법: 리스트에 의한 무작위 추출
- ○ 표본크기: 400개 업체[29]
- ○ 조사 기간: 2003년 8~10월

본 연구의 설문지인 '2003년도 우리나라 기업의 제품신뢰성 및 경쟁력 평가를 위한 실태조사'는 본 연구보고서의 후미에 첨부되어 있다.

---

29) 초기 설문서 배포대상 업체는 전체 산업에 속한 업체로서 공장 매출액 기준 200억 원 이상의 4,000대 사업장으로 한정하였다. 본 연구의 분석에 사용된 표본 수는 총 400개 기업이다. 설문조사에 응답한 부수는 총 411부였으나, 설문에 응답내용이 부실한 설문지 11개는 분석에 이용되지 않았다.

<표 3-4> 산업 부문별 설문서 회수 현황

산업 분류			표본 수	백분율(%)
7개 주요 산업	화학 관련	(1) 화학 및 의약품 산업	43	10.8
	금속 관련	(2) 1차금속/제철/제강 산업	27	6.8
	기계 관련	(3) 조립 금속 산업	28	7.0
		(4) 기계 및 장비 산업	68	17.0
	전기전자 관련	(5) 전기기계/변환장치 산업	25	6.2
		(6) 전자부품/영상/음향/통신산업	49	12.2
	자동차 관련	(7) 자동차/트레일러 부품 제조업	42	10.5
소 계			282	70.5
기타 산업			118	29.5
총 계			400	100.0

<표 3-5> 제품유형별 설문서 회수 현황

제품유형 분류		표본 수	백분율(%)
5개 제품유형	원재료 / 소재	76	19.0
	부품	92	23.0
	시스템	25	6.3
	최종소비재	115	28.7
	최종산업재	92	23.0
소 계		400	100.0

4,000개의 기업 중에서 400개의 설문서를 수거하여 약 10%의 설문서 회수율을 보였다. 설문서 회수율이 비교적 낮은 것은 본 연구에서 사용한 설문서가 개발 및 생산 활동에 대한 구체적이고 기업 내부적인 자료를 요구하고 있어 응답시간이 많이 소요되고, 자료가 축적되어 있지 않은 기업에서는 자료 산출에 어려움이 있었기 때문인 것으로 해석된다. 수거된 유효 설문 400개를 산업별로, 또한 제품유형별로 각각 정리하면 <표 3-4>, <표 3-5>와 같다.

회수된 설문서를 표준산업분류(SIC) 두 자리를 기준으로 하여 산업 부문별로 살펴보면 기계 및 장비 산업이 68개(17.0%)로 가장 많으며, 전자제품 산업(49개, 12.3%), 화학 및 의약품 산업(43개, 10.8%), 자동차부품 제조업(42개, 10.5%), 조립금속 산업(28개, 7.0%), 1차금속/제철/제강 산업(27개, 6.8%), 전기기계 산업(25개, 6.3%)의 순서대로 집계되었다.

다음으로, 제품유형별로 보면 최종소비재가 115개(28.7%)로 가장 많으며, 부품과 최종산업재가 각각 92개(23.0%), 원재료/소재가 76개(19.0%), 시스템이 25개(6.3%)의 순서대로 집계되었다. 이와 같이 25개 이상의 표본 수를 갖는 산업 부문은 총 7개, 제품유형은 총 5개로 각각 나타났다.

이들 7개 산업 부문과 5개 제품유형은 표본 수가 25개 이상으로 중심극한정리(central limit theorem)에 근거하여 표본정규분포를 가정하고 산업 부문별 통계분석을 실시할 수 있으나, 그 외의 표본 수가 25개 이하인 산업 부문에 대해서는 유의적인 산업 부문별 통계 분석을 할 수가 없다.[30] 따라서 본 연구에서는 제조업 전체에 대한 분석에서 400개 표본을 모두 사용하였고, 각 산업별 통계분석은 표본 수가 25개 이상인 주요 7개 산업만을 대상으로 수행하였다.

2. 설문내용의 타당성 분석

새롭게 개발된 설문에 대한 타당성을 검정하기 위해서는 일반적으

---

30) 본 연구에서 기타 산업으로 분류된 표본은 총 118개(29.5%)이다. 기타 산업의 표본 분포를 살펴보면 펄프/종이/종이제품 산업, 비금속 광물제품 산업, 고무/플라스틱 산업, 섬유 및 직물 산업, 기타 운송장비 산업, 광학/의료/시계산업, 가죽/가방/신발산업 등으로 나타나고 있다. 그러나 기타 산업으로 분류된 이들 산업 부문의 표본 수가 모두 25개 미만으로 집계되어 중심극한정리에 의거한 표본정규분포의 가정에 위배되기 때문에 분석의 대상에서 제외되었다.

로 두 가지 타당성, 즉 내용 타당성(content validity)과 개념타당성 (concept validity)의 검정방법이 주로 사용된다. 후자는 요인분석에서 규명될 것이므로, 우선 전자에 대하여 논하고자 한다.

설문 내용의 타당성은 측정도구 자체가 측정하고자 하는 속성이나 개 념을 측정할 수 있도록 되어 있는가를 평가하는 것으로, 측정도구가 측 정대상이 가지고 있는 무수한 속성들 중의 일부를 대표성 있게 포함하고 있으면 그 측정도구는 내용 타당성이 높다고 할 수 있다(채서일, 1992.).

본 연구에서의 내용 타당성은 설문 항목들이 연구대상 간 기업의 자원 및 역량, 프로세스 경쟁력, 시장경쟁력, 고객성과가 현실을 얼마 나 잘 반영하고 있는가의 문제이다. 본 연구에서 사용된 변수들의 측 정지표는 기존 문헌연구에서 제시된 이론적 결과에 기반을 두었다.

3. 표본자료의 분포

본 연구의 설문조사로 얻은 표본자료를 7개 산업 부문과 5 개 제품유형으로 나누어 각각 정리하면 〈그림 3-6〉과 같다.

400개 표본 전체의 매출액 평균은 2,300억 원, 총 종업원 수는 평균 431명, 종업원 1인당 매출액은 5억 3,364만 원으로 각각 나타났다.

〈그림 3-6〉 표본자료의 분포

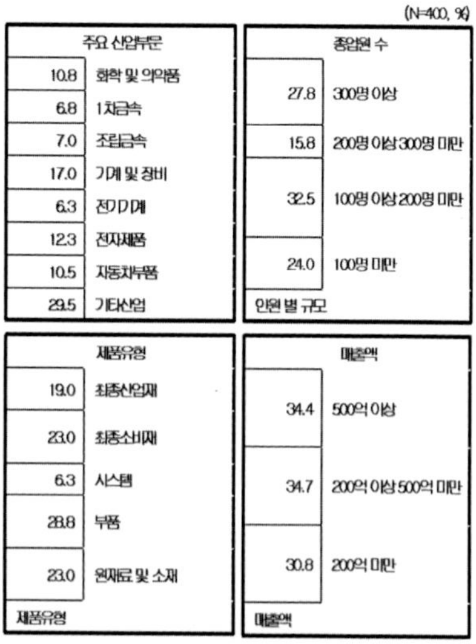

4. 본 연구의 측정변수

종합경쟁력 평가모형을 개발 및 추정하기 위한 본 연구의 측정변수는 모두 162개이다(〈표 3-6〉 참조). 이들 측정변수들은 크게 세 가지 군(群), 즉 ① 응답기업의 일반 현황, ② 기술 및 연구개발 현황, ③ 생산 관련 현황으로 나뉜다. 162개 측정변수들 중에서 경쟁도 수준을 나타내는 주력시장 내 동종 업계 상위 3사의 명단(V46, V47, V48), 이들의 시장점유율(V49, V50, V51), 자사 제품의 시장점유율(V52), 공정 신뢰성을 나타내는 PPM, 즉 공정 중 총 불량 수/생산 제품 수(V133)에 대한 응답은 매우 부실하여 본 연구의 분석에서는 제외되었다.

또한 이 측정변수들은 자료의 특성에 따라 두 가지, 즉 (1)정량자료와 (2)정성자료로 구분된다. 정성자료는 5점 등간척도 기준으로 측정된 것이다. 연구모형에 포함된 주요 변수 측정을 위해 정량지표와 정성지표를 모두 사용하였다. 그러나 정량지표는 유효 응답률이 낮아 구조방정식 모형에는 사용하지 않고 5점 등간척도로 측정한 정성지표만 사용하였다. 정량지표는 산업 부문 간 경쟁력 차이 분석에 사용하였다.

〈표 3-6〉 본 연구의 측정변수

NO	본 연구의 측정변수	측정단위	측정지표	대분류·중분류·소분류	잠재요인	자료구분
A. 응답기업의 일반 현황						
1	회사명		회사명	기업 일반 현황	기업현황	
2	대표사업장		대표사업장	기업 일반 현황		정량자료
3	창업연도		기업 연혁	기업 일반 현황	자원	정량자료
4	사업진출 연도		사업 경험	기업 일반 현황	및 역량	정량자료
5	주요 제품1		주요 제품군	주요 제품		정량자료
6	주요 제품2		주요 제품군	주요 제품		정량자료
7	주요 제품3		주요 제품군	주요 제품	시장상황	정량자료
8	제품유형		제품 유형	주요 제품		정량자료
9	주요 공정유형(주요 제품 기준)		공정 유형	주요 공정유형		정량자료
10	총 종업원 수	명	종업원 현황	인적자원(인력⊃인력규모)		정량자료
11	석/박사 인력 수	명	연구개발 인력 현황	인적자원(인력⊃인력규모)		정량자료
12	연구 및 제품개발기술 인력 수(연구소 및 설계부서)	명	연구개발 인력 현황	인적자원(인력⊃인력규모)		정량자료
13	공정개발 및 생산기술 인력 수(생산기술 및 관리)	명	연구개발 인력 현황	인적자원(인력⊃인력규모)		정량자료
14	사무기술직 인력 수	명	사무요원	인적자원(인력⊃인력규모)		정량자료
15	직접(생산현장) 인력 수	명	생산현장 인력	인적자원(인력⊃인력규모)	자원	정량자료
16	외주 연구개발 용역 인력 수(본사 또는 공정을 아웃소싱한 경우)	명	용역 인력	인적자원(인력⊃인력규모)	및 역량	정량자료
17	1인당 종업원 교육시간(OJT 제외, 집체교육 포함)	시간	종업원 교육	인적자원(인력⊃지식)		정성자료
18	종업원 교육시간 수준	5점 척도	종업원 교육	인적자원(인력⊃지식)		정성자료
19	종업원 만족도 수준	5점 척도	종업원 만족도	인적자원(인력⊃지식)		정성자료
20	업무수행 관련 규정과 제도, 절차 명문화 수준	5점 척도	관리역량	인적자원(조직⊃조직구조)		정성자료

NO	본 연구의 측정변수	측정단위	측정지표	대분류·중분류·소분류	잠재요인	자료구분
21	임직원이 회사의 규정과 제도를 준수하는 수준	5점 척도	관리역량	인적자원(조직⊃조직구조)		정성자료
22	실무진에 대한 의사결정권한 부여 수준	5점 척도	참여적 조직	인적자원(조직⊃조직구조)		정성자료
23	자신의 업무와 관련된 의사결정에 참여 수준	5점 척도	참여적 조직	인적자원(조직⊃조직구조)		정성자료
24	CFT와 같이 각 부서의 기능을 통합하여 문제를 해결하는 수준[1]	5점 척도	참여적 조직	인적자원(조직⊃조직구조)	자원 및 역량	정성자료
25	부서 간 원활한 의사소통 수준	5점 척도	참여적 조직	인적자원(조직⊃조직구조)		정성자료
26	업무상 중요한 의사결정 사안을 종업원이 자율적으로 결정하는 수준	5점 척도	참여적 조직	인적자원(조직⊃조직구조)		정성자료
27	공동체 의식과 서로에 대한 관심의 수준	5점 척도	참여적 조직	인적자원(조직⊃조직문화)		정성자료
28	창조적 아이디어 제시와 위험감수 장려, 실패 허용 수준	5점 척도	참여적 조직	인적자원(조직⊃조직문화)		정성자료
29	종업원들의 긴장감과 양보감의 수준	5점 척도	참여적 조직	인적자원(조직⊃조직문화)		정성자료
30	실제에 따른 성과급 제도를 엄격히 적용하는 수준	5점 척도	참여적 조직	인적자원(조직⊃조직문화)		정성자료
31	자사 제품의 가격경쟁력 수준(주력제품기준)	5점 척도	제품의 경쟁력 및 신뢰성	제품경쟁력(가격)		정성자료
32	자사 제품의 시장품질 수준(주력제품기준)	5점 척도	제품의 경쟁력 및 신뢰성	제품경쟁력(시장품질)		정성자료
33	자사의 신제품 출시 빈도(주력제품기준)	5점 척도	신제품 출시	서비스경쟁력(출시경쟁력)		정성자료
34	시장 최초의 혁신적인 신제품 출시 능력 수준(주력제품기준)	5점 척도	신제품 출시	서비스경쟁력(출시경쟁력)	시장경쟁력	정성자료
35	고객 리드타임 경쟁력 수준(주력제품기준)	5점 척도	고객성과	서비스경쟁력(반응성)		정성자료
36	판매하는 제품 모델 수의 수준(주력제품기준)	5점 척도	판매제품 수	서비스경쟁력(고객화)		정성자료
37	고객서비스(고객응대, AS)의 수준(주력제품 기준)	5점 척도	고객성과	서비스경쟁력(서비스)		정성자료
38	기존고객 유지율 수준(주력제품기준)	5점 척도	고객성과	고객성과(고객충성도)	고객성과	정성자료
39	종합고객만족도 수준(주력제품기준)	5점 척도	고객성과	고객성과(고객만족도)		정성자료
40	반품률(연간 반품 수/연간 총 포장 출하량)	%	제품신뢰성	제품경쟁력(일치 품질)	품질경쟁력	정량자료

주: 1) CFT는 Cross-Functional Team을 의미함.

NO	본 연구의 측정변수	측정단위	측정지표	대분류·중분류·소분류	경쟁요인	자료구분
41	고객 리드타임 - 국내(일)	일	고객만족도	서비스경쟁력(반응성)	시장경쟁력	정량자료
42	고객 리드타임 - 국외(일)	일	고객만족도	서비스경쟁력(반응성)	시장경쟁력	정량자료
43	기존고객 이탈률	%	고객충성도	고객성과(고객충성도)	시장경쟁력	정량자료
44	1인당 평균 서비스 시간	시간	고객서비스	서비스경쟁력(서비스)	시장경쟁력	정량자료
45	주력시장(주력시장 내 동종업계 상위 3사)		주력시장	시장상황	시장상황	정량자료
46	상위 3개사-1(주력시장 내 동종업계 상위 3사)		경쟁대상 기업	시장상황	시장상황	정량자료
47	상위 3개사-2(주력시장 내 동종업계 상위 3사)		경쟁대상 기업	시장상황	시장상황	정량자료
48	상위 3개사-3(주력시장 내 동종업계 상위 3사)		경쟁대상 기업	시장상황	시장상황	정량자료
49	상위 3개사-1의 시장점유율(주력시장 내 동종업계 상위 3사)	%	경쟁도 수준	시장구조(경쟁도)	시장경쟁도	정량자료
50	상위 3개사-2의 시장점유율(주력시장 내 동종업계 상위 3사)	%	경쟁도 수준	시장구조(경쟁도)	시장경쟁도	정량자료
51	상위 3개사-3의 시장점유율(주력시장 내 동종업계 상위 3사)	%	경쟁도 수준	시장구조(경쟁도)	시장경쟁도	정량자료
52	귀사가 상위 3개사에 해당되지 않는 경우, 자사 제품의 시장점유율	%	시장점유율	시장구조(경쟁도)	시장경쟁도	정량자료
53	2001년 매출액	백만 원	매출액	경영성과 지표(매출액)		정량자료
54	2002년 매출액	백만 원	매출액	경영성과 지표(매출액)		정량자료
55	2001년 재료비(원/부재료의 모든 소요자재 포함)	백만 원	재료비	경영성과 지표(원가)	재무성과	정량자료
56	2002년 재료비(원/부재료의 모든 소요자재 포함)	백만 원	재료비	경영성과 지표(원가)		정량자료
57	2001년 노무비	백만 원	노무비	경영성과 지표(원가)		정량자료
58	2002년 노무비	백만 원	노무비	경영성과 지표(원가)		정량자료
59	2001년 제조경비 감가상각	백만 원	감가상각	경영성과 지표(원가)		정량자료
60	2002년 제조경비 감가상각	백만 원	감가상각	경영성과 지표(원가)		정량자료

NO	본 연구의 측정변수	측정단위	측정지표	대분류·중분류·소분류	잠재요인	자료구분
61	2001년 제조경비 일반 경비	백만 원	일반 경비	경쟁력 지표(원가)		정량자료
62	2002년 제조경비 일반 경비	백만 원	일반 경비	경쟁력 지표(원가)		정량자료
63	2001년 총 자산	백만 원	총 자산	물적자원(재무능력)		정량자료
64	2002년 총 자산	백만 원	총 자산	물적자원(재무능력)		정량자료
65	2001년 영업이익	백만 원	영업이익	경쟁력 지표(영업이익)	재무성과	정량자료
66	2002년 영업이익	백만 원	영업이익	경쟁력 지표(영업이익)		정량자료
67	2001년 유동자산	백만 원	유동자산	물적자원(재무능력)		정량자료
68	2002년 유동자산	백만 원	유동자산	물적자원(재무능력)		정량자료
69	2001년 유동부채	백만 원	유동부채	물적자원(재무능력)		정량자료
70	2002년 유동부채	백만 원	유동부채	물적자원(재무능력)		정량자료

B. 기술 및 연구개발 현황

NO	본 연구의 측정변수	측정단위	측정지표	대분류·중분류·소분류	잠재요인	자료구분
71	최근 3년간 연구개발 총 투자비용	백만 원	연구개발투자	물적자원(연구개발투자)		정량자료
72	최근 3년간 총 기술특허 등록 건수	건	연구개발 성과	무형자원(기술)		정량자료
73	최근 3년간 논문발표 건수	건	연구개발 성과	무형자원(기술)	자원 및 역량	정량자료
74	총 제품 판매 수	종	제품개발 성과	무형자원(기술)		정량자료
75	전년대비 재료비 절감액	백만 원	제품개발 성과	경쟁력 지표(원가)		정량자료
76	설계변경 건수 또는 시방변경 건수	건	제품개발 성과	경쟁력 지표(품질⊃설계공정 품질)		정량자료
77	신제품 개발 납기 준수율	%	제품개발 성과	경쟁력 지표(시간⊃개발속도)		정량자료
78	신제품개발 리드타임	년	제품개발 성과	경쟁력 지표(시간⊃개발속도)		정량자료
79	신제품개발 리드타임	개월	신제품 현황	경쟁력 지표(시간⊃개발속도)		정량자료
80	혁신적 개발제품 또는 최초 개발제품 수(최근 3년간 기준)	건	혁신적 개발 제품	종합성과(신제품 개발효과⊃신제품 개발건수)		정량자료
81	신제품 총 모델 수	건	신제품 현황	서비스경쟁력(출시경쟁력)		정량자료

NO	본 연구의 측정변수	측정단위	측정지표	대·중·소 분류	잠재요인	자료구분
82	신제품 매출액(신제품 총 파생모델 기준)	백만 원	신제품 현황	제품개발⊃성과		정량자료
83	평균 신제품 출시 주기(최근 3년간 기준)	개월	신제품 현황	제품개발⊃성과		정량자료
84	외주(아웃소싱)를 통해 수행한 연구개발(최근 3년간 투자 비중)	%	외부연구개발 용역발주	제품개발⊃성과		정량자료
85	2001년 기초연구과제 건수	건	기초연구	기술혁신 현황		정량자료
86	2002년 기초연구과제 건수	건	기초연구	기술혁신 현황		정량자료
87	2001년 혁신적 제품 개발과제 건수	건	혁신적 개발제품	기술혁신 현황		정량자료
88	2002년 혁신적 제품 개발과제 건수	건	혁신적 개발제품	기술혁신 현황		정량자료
89	2001년 기반제품 개발과제 건수	건	기반제품 개발	기술혁신 현황		정량자료
90	2002년 기반제품 개발과제 건수	건	기반제품 개발	기술혁신 현황		정량자료
91	2001년 파생제품 개발과제 건수	건	파생제품 개발	경쟁력지표⊃다.아성⊃제품파생성	자원 및 역량	정량자료
92	2002년 파생제품 개발과제 건수	건	파생제품 개발	경쟁력지표⊃다.아성⊃제품파생성		정량자료
93	기초연구 투자금액 비중	%	기초연구	종합성과⊃신제품 개발효과		정량자료
94	응용연구 투자금액 비중	%	응용연구	종합성과⊃신제품 개발효과		정량자료
95	신제품개발 투자금액 비중	%	신제품개발투자	종합성과⊃신제품 개발효과		정량자료
96	기존제품 개선 투자금액 비중	%	기존제품 개선투자	종합성과⊃신제품 개발효과		정량자료
97	신공정 연구개발 투자금액 비중	%	신공정 개발투자	종합성과⊃신제품 개발효과		정량자료
98	기존공정 개선(연구개발) 투자금액 비중	%	기존공정 개선투자	종합성과⊃신제품 개발효과		정량자료
99	연구개발 투자 수준	5점 척도	연구개발	물적자원⊃연구개발투자		정성자료
100	연구개발 특허 및 논문발표 건수 수준	5점 척도	연구개발	무형자원⊃기술		정성자료
101	연구소 입지 조건(연구개발 기술, 정보, 지식공유 및 확보 수준)	5점 척도	연구개발	물적자원⊃입지 조건		정성자료
102	도입할 기술의 선별 및 설치/시운전 능력 수준(기술도입)	5점 척도	연구개발	무형자원⊃기술		정성자료
103	작동/운영 및 유지보수 능력 수준(운영기술)	5점 척도	기술능력	물적자원⊃설비 및 자동화⊃운영 FAO		정성자료
104	기술의 소화/흡수 및 작용능력 수준(기술개선)	5점 척도	기술능력	무형자원⊃기술		정성자료

NO	본 연구의 변수	측정단위	측정지표	대·중·소 분류	잠재 요인	자료구분
105	새로운 혁신기술의 설계/개발능력 수준(설계/개발 기술)	5점 척도	기술능력	무형자원 ⊃기술		정성자료
106	기술혁신 업체의 기술 및 제품개발력 수준	5점 척도	기술 및 제품개발	무형자원 ⊃관계 ⊃파트너민족도		정성자료
107	신제품 개발 건수 수준	5점 척도	기술 및 제품개발	종합성과 ⊃신제품 개발효과성		정성자료
108	신제품 매출 비중	5점 척도	기술 및 제품개발	종합성과 ⊃신제품 개발효과성		정성자료
109	신제품 파생모델 다양성 수준	5점 척도	기술 및 제품개발	경쟁력지표 ⊃다양성 ⊃제품파생성		정성자료
110	신제품의 제료비 비중	5점 척도	기술 및 제품개발	경쟁력지표 ⊃원가		정성자료
111	양산 후, 품질 안정화 능력 수준	5점 척도	제품 제료비 비중	경쟁력지표 ⊃품질 ⊃설계공정품질	개발경쟁력	정성자료
112	계획했던 연구비 대비 실제연구비용 수준	5점 척도	연구개발	경쟁력지표 ⊃원가		정성자료
113	신제품의 기술적 목표 달성도	5점 척도	기술능력	종합성과 ⊃신제품 개발효과성		정성자료
114	신제품 개발 리드타임 경쟁력 수준	5점 척도	기술 및 제품개발	경쟁력지표 ⊃시간 ⊃개발속도		정성자료
115	신제품 개발 납기 준수율 수준	5점 척도	기술 및 제품개발	경쟁력지표 ⊃시간 ⊃개발 납기		정성자료
116	신기술 사업화 능력 수준	5점 척도	기술 및 제품개발	경쟁력지표 ⊃다양성 ⊃기술혁신성		정성자료
117	제품 성능의 기술적 성과 수준	5점 척도	제품의 신뢰성/품질경쟁력	경쟁력지표 ⊃품질 ⊃설계제품품질		정성자료
118	제품의 신뢰성 수준	5점 척도	제품의 신뢰성/품질경쟁력	경쟁력지표 ⊃품질 ⊃설계제품품질		정성자료
119	제품의 핵심요소 기술력 수준	5점 척도	제품의 신뢰성/품질경쟁력	경쟁력지표 ⊃품질 ⊃설계제품품질	제품신뢰성	정성자료
120	제품의 생산 용이성 수준	5점 척도	제품의 신뢰성/품질경쟁력	경쟁력지표 ⊃품질 ⊃설계제품품질		정성자료
121	서비스 용이성(분해 및 수리) 수준	5점 척도	제품의 신뢰성/품질경쟁력	서비스경쟁력 ⊃서비스		정성자료
122	기본성능 수준(TV화질, 자량용 에어컨출력, 냉각속도)	5점 척도	제품의 신뢰성/품질경쟁력	제품경쟁력 ⊃품질 ⊃시장품질		정성자료
123	기능성 수준	5점 척도	제품의 신뢰성/품질경쟁력	제품경쟁력 ⊃품질 ⊃시장품질		정성자료
124	디자인 수준	5점 척도	제품의 신뢰성/품질경쟁력	제품경쟁력 ⊃품질 ⊃시장품질	표질경쟁력	정성자료
125	내구성 수준	5점 척도	제품의 신뢰성/품질경쟁력	제품경쟁력 ⊃품질 ⊃시장품질		정성자료
126	사용편의성 수준	5점 척도	제품의 신뢰성/품질경쟁력	제품경쟁력 ⊃품질 ⊃시장품질		정성자료

NO	본 연구의 변수	측정단위	측정지표	대·중·소 분류	잠재 요인	자료구분
127	최근 3년간 생산시설 및 장비에 대한 투자비용	백만 원	생산시설 및 장비투자	물적자원⊃설비 및 자동화⊃투자		정량자료
128	최근 3년간 정보시스템에 대한 총 투자비용	백만 원	정보시스템 투자	물적자원⊃설비 및 자동화⊃투자		정량자료
129	확장 생산계획 기본 주기	월.주.일	확장생산계획 기본 주기	물적자원⊃정보시스템⊃운영		정량자료
130	생산 부문의 혁신활동 개선금액	백만 원	생산 부문 혁신활동	물적자원⊃기술혁신		정량자료
131	생산 부문의 혁신활동 총 제안 건수	건	생산 부문 혁신활동	물적자원⊃기술혁신		정량자료
132	공정 불량률(총합 불량률)	%	공정 신뢰성	경영현지표⊃품질⊃일지품질		정량자료
133	PPM(공정 중, 총 불량 수/생산제품 수)	%	공정 신뢰성	경영현지표⊃품질⊃일지품질		정량자료
134	생산제품의 납기 준수율	%	생산리드타임	경영현지표⊃납기⊃정시납기		정량자료
135	생산리드타임(일)	일	생산리드타임	경영현지표⊃납기⊃단납기	자원 및 역량	정량자료
136	생산리드타임(시간)	시간	생산리드타임	경영현지표⊃납기⊃단납기		정량자료
137	일일 생산 제품 수	개월	생산리드타임	경영현지표⊃유연성⊃다품종		정량자료
138	원제품 생산라인 수 또는 작업장 수	개월	생산리드타임	경영현지표⊃유연성⊃다품종		정량자료
139	신제품 양산 안정화 일수(일)	일	생산리드타임	경영현지표⊃품질⊃설계공정		정량자료
140	신제품 양산 안정화 일수(시간)	시간	생산리드타임	경영현지표⊃품질⊃설계공정		정성자료
141	시설 및 장비의 자동화 수준	5점 척도	시설 및 장비	경영현지표⊃유연성⊃다품종		정성자료
142	시설 및 장비의 다품종 생산능력 수준	5점 척도	시설 및 장비	경영현지표⊃유연성⊃다품종		정성자료
143	정보시스템 수준	5점 척도	시설 및 장비	경영현지표⊃정보시스템⊃정보수집		정성자료
144	확장 생산계획 기본 주기 수준	5점 척도	생산주기	경영현지표⊃시간⊃생산주기		정성자료
145	혁신활동의 수준(5S, TDM, 6 Sigma, QC 등)[2]	5점 척도	혁신활동 수준	경영현지표⊃기술혁신	제조경쟁력	정성자료
146	제조원가 경쟁력 수준	5점 척도	원료 및 부품구매 경쟁력	경영현지표⊃원가	경력	정성자료
147	공정품질 수준	5점 척도	공정품질 수준	경영현지표⊃품질⊃일지품질		정성자료
148	납기 준수율 수준	5점 척도	납기 준수율	경영현지표⊃납기⊃정시납기		정성자료
149	생산리드타임 경쟁력 수준	5점 척도	생산리드타임	경영현지표⊃납기⊃단납기		정성자료
150	시설 및 장비의 다품종 생산능력 수준	5점 척도	다품종 생산능력	경영현지표⊃유연성⊃다품종		정성자료

NO	본 연구의 변수	측정단위	측정지표	대·중·소 분류	잠재 요인	자료구분
151	급변한 물량변동에 대한 대응력 수준	5점 척도	물량 변동 대응력	경쟁지표⊃유연성⊃물량변동		정성자료
152	공장입지1:공업용수 및 에너지 공급, 교통, 부품산업 인프라 수준	5점 척도	생산 인프라	물적자원⊃입지조건		정성자료
153	공장입지2:인력확보, 생활환경 수준	5점 척도	생산 인프라	물적자원⊃입지조건		정성자료
154	협력업체의 인도 및 부품 공급 가격 경쟁력 수준	5점 척도	인도 및 부품공급 경쟁력	무형자원⊃관계⊃파트너만족도		정성자료
155	협력업체의 인도 및 부품 품질 수준	5점 척도	인도 및 부품공급 경쟁력	무형자원⊃관계⊃파트너만족도		정성자료
156	협력업체의 납기 준수율 수준	5점 척도	협력업체의 경쟁력	무형자원⊃관계⊃파트너만족도	자원 및 역량	정성자료
157	협력업체의 부품 공급 리드타임 경쟁력 수준	5점 척도	협력업체의 경쟁력	무형자원⊃관계⊃파트너만족도		정성자료
158	물량변동 요구에 대한 협력업체의 대응력 수준	5점 척도	협력업체의 대응력	무형자원⊃관계⊃파트너만족도		정성자료
159	다품종 생산요구에 대한 협력업체의 대응력 수준	5점 척도	협력업체의 경쟁력	무형자원⊃관계⊃파트너만족도		정성자료
160	협력업체와의 정보공유 수준	5점 척도	협력업체와의 관계	무형자원⊃관계⊃파트너협력수준		정성자료
161	협력업체에 대한 기술 및 혁신활동 지원 수준	5점 척도	협력업체와의 관계	무형자원⊃관계⊃파트너협력수준		정성자료
162	협력업체와의 이익 공유 수준	5점 척도	협력업체와의 관계	무형자원⊃관계⊃파트너협력수준		정성자료

주: 1) 분석변수는 설문지에 기재된 컬럼 숫자(설문 NO.)를 그대로 이용함.
2) 6 Sigma는 제조뿐만 아니라 제품개발과 영업 등 기업 활동의 모든 요소를 작업공정별로 개량화하고 품질에 결정적인 영향을 미치는 요소의 오차범위를 6시그마 내에 묶어두는 것을 의미한다(100만 개 중 평균 3.4개 정도의 불량).

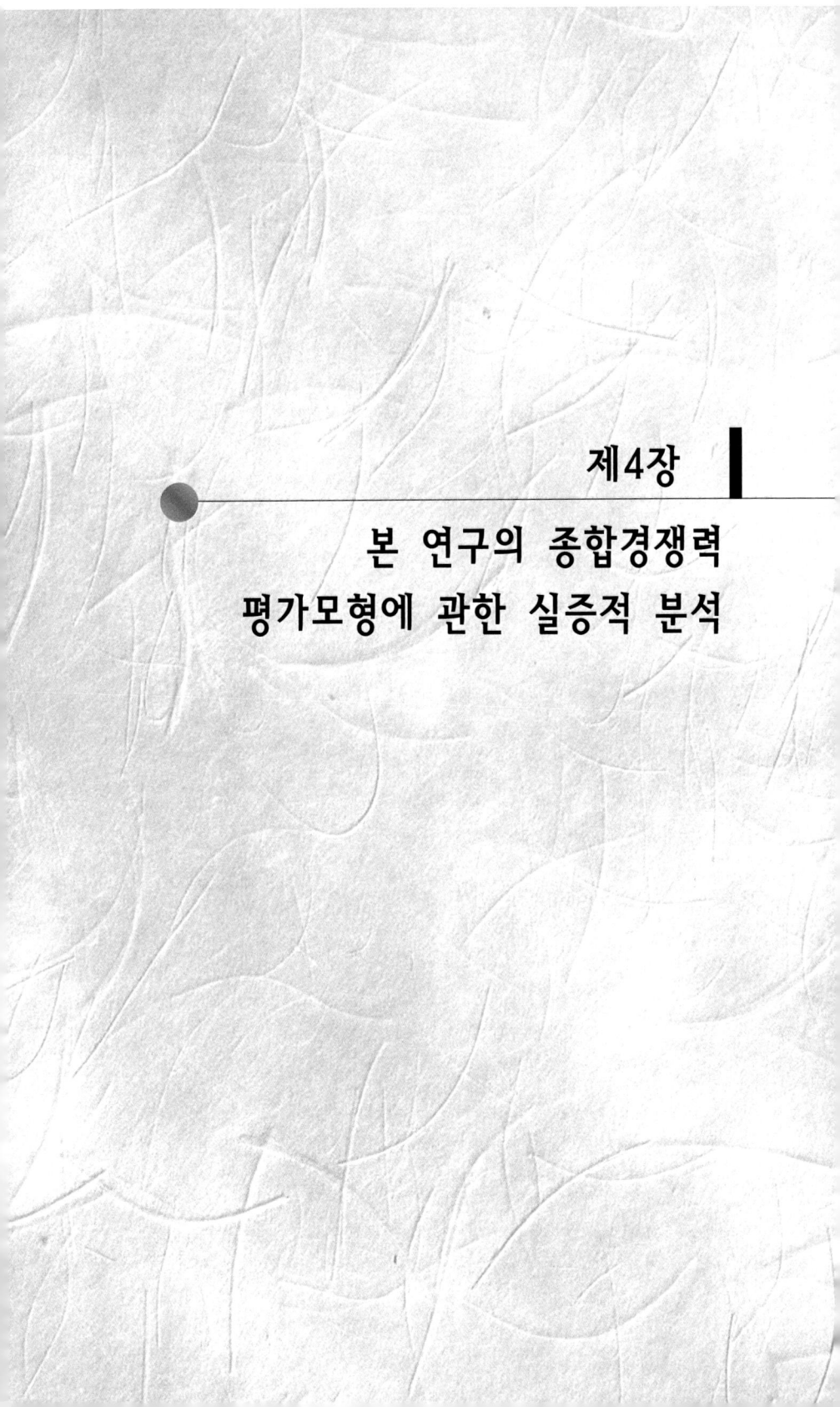

제4장

본 연구의 종합경쟁력
평가모형에 관한 실증적 분석

제1절 인과모형

본 연구의 기본 모형은 구성개념들 간의 원인 및 결과를 규명하는 인과모형(latent variable causal modeling)이다.[31] 인과관계를 분석하기 위해서는 구성개념 간의 상호 관계를 파악해야 한다. 그러나 구성개념은 추상적이고 이론적인 특성을 지니고 있으므로 계량적인 분석을 위해서는 추상적 구성개념을 계량적으로 관찰한 측정지표를 통해 가설적 인과관계를 밝혀내지 않으면 안 된다. 이처럼 구성개념 간의 이론적 인과관계와 측정지표를 통한 경험적 인과관계를 분석할 수 있도록 개발된 통계적 방법이 인과모형이다(조선배 1996; 조현철 1999.).

인과모형은 인과구조의 분석을 위해 회귀분석과 요인분석을 통합하면서 경로분석의 장점인 도형 분석방법을 살린 것이다. 회귀분석에서는 예측변수들이 하나의 회귀방정식 속에 묻혀서 결과변수의 값을 예측하지만, 경로분석에서는 변수들 간의 연결 관계가 가정되고 검증됨으로써 변수들이 어떻게 서로 영향을 미치는가에 대한 설명을 쉽게

---

31) Bagozzi(1980)의 저서 "Causal Models in Marketing"이 출간된 이후, 마케팅 연구 영역에서 구성개념들 간에 어떠한 원인 – 결과 관계가 존재하는가를 규명하기 위해 인과관계 분석이 널리 사용되어 왔다. Blau와 Duncan의 "미국의 직업구조"를 비롯하여 계층론 분야에서 경로분석을 적용한 연구들이 크게 각광을 받으면서 인과모형이 사회학에서 확산되었고, 계량경제학, 계량심리학 및 수리통계학 등 다방면의 학문이 합류하면서 발전하게 되었다.

해준다(조선배 1996).

회귀분석과 경로분석은 예측변수만을 다루는 반면에 인과모형은 측정변수(measurement variable)뿐만 아니라 잠재변수(latent variable)까지 포함하므로 더 복잡하고 다양한 설명기능을 제공할 수 있다(조선배 1996). 인과모형은 직접적 관찰이 곤란한 이론개념을 많이 활용하는 분야에서 보다 과학적인 이론 개발에 유용하다(이순묵 1990).

인과모형(causal modeling)을 추정하는 대표적인 방법으로 LISREL 방법과 PLS 방법이 있다. 이러한 방법론을 이용하면, 여러 관련된 측정요인들이 잠재변수에 미치는 영향력을 측정하여 그 측정오차를 최소화하면서 지수들 간의 인과관계를 측정한다는 장점이 있다(Duncan 1975; 조현철 1999.). 그러나 변수들 간의 공분산구조를 추정하여 지수 간의 구조관계를 설명하는 LISREL과 예측오차를 최소화시키는 지수 간의 구조관계를 파악하는 PLS 간에는 몇 가지 차이점이 있다(Fornell and Cha, 1994; Fornell and Bookstein 1982; Lohmoller, 1989.).

〈표 4-1〉 LISREL과 PLS의 비교[32]

	LISREL	PLS
개발자	Karl Joreskog(1970)	Herman Wold(1977)
활용 분야	이론의 검증	이론이 없거나 부족할 때 적용
분포에 대한 가정	다변량 정규분포	분포에 대한 가정이 없음
모델의 형태	순환 또는 비순환 모델	비순환 모델
측정변수의 척도	비율, 구간, 순서 척도	비율, 구간, 순서, 명목 척도
잠재변수의 척도	비율, 구간 척도	비율, 구간 척도

---

32) Bacon, 1999; Anderson, Gerbing, 1988; Efron, Gong, 1983; Joreskog,

	LISREL	PLS
측정모델의 형태	Reflective, Formative	Reflective, Formative
타당성 검증	요인분석을 통한 타당성 검증	문제시되지 않음
측정변수당 잠재변수 수	하나의 측정변수가 다수의 잠재변수와 관련 가능	하나의 측정변수는 특정 잠재변수에만 관련
잠재변수당 측정변수 수	타당성을 고려하며 가능한 적게 설정	추정치를 고려하며 하나 이상 설정
모수 추정	예측 및 표본 상관행렬 차이의 최소화를 통한 모수 동시 추정	OLS를 활용한 다단계 반복과정으로 모수 추정
추정치의 일관성	모델의 정확성과 가설의 타당성이 있으면 일관성 존재	표본 수 및 잠재변수당 측정변수가 많아지면 일관성 존재
적합도 지수	GFI, AGFI, RMR 등 다양한 적합도 지수 존재	내생 잠재변수별 방정식에 대한 결정계수 Q^2 또는 R^2
잠재변수의 지수	잠재변수의 척도에 대한 불확정성으로 직접 측정 불가능	측정변수의 선형결합으로 직접 측정 가능
표본의 크기	다중회귀모델보다 많이 요구되며 일반적으로 200-400개	추정될 모수당 20개 정도

제2절 구조방정식 모형

구조방정식 모형(structural equation model)은 공분산 구조 모형 또는 인과모형으로 불리는데 잠재요인(latent factor)과 측정변수(indicator) 간의 복잡한 인과관계를 규명하는 다변량 통계분석기법1이다. 여기서 측정변수란 직접적으로 관찰이 가능하여 자료를 수집할 수 있는 변수이다. 잠재요인은 모형에 들어가 있으나 직접 관찰이 되지 않는 변수

Wold, 1982; Lohmoller, 1984.

이다.

구조방정식 모형(structural equation model)은 잠재변수(latent variable)와 관찰된 변수인 측정변수들 간의 관계에 관한 가설을 검증하는 포괄적이고 통계적인 접근방법이다. 구조방정식 모형은 잠재변수를 측정변수로 추정하는 측정모형(measurement model)과 잠재변수들 간의 이론적 인과관계를 나타내는 구조방정식 모형(structural equation model)으로 구성된다.

본 연구의 기본 모형을 예로 들면, 설문서로 직접 측정하는 시장품질, 고객리드타임은 측정변수인 반면에 직접 측정하지 않는 개념변수인 시장경쟁력은 잠재요인이다.

인과모형에 잠재요인을 도입하면 유사한 특성을 나타내는 측정변수들을 하나로 묶을 수 있으며, 잠재요인 간의 인과관계를 검토하면 많은 변수 간의 관계를 효율적으로 취급할 수 있다. 또한 잠재요인과 측정변수의 관계에서 개별적인 관찰 대상이 내포된 잠재요인 값의 크기에 따라 측정변수 값의 크기 일부가 결정된다고 가정할 수 있다. 이것은 인과모형을 구조방정식 모형으로 개발할 경우 경영성과 예측모형으로 활용할 수 있는 근거가 된다. 즉 자원역량의 한 단위를 올리면 경로계수만큼 프로세스 경쟁력이 개선되고 따라서 시장성과도 개선된다는 추론이 가능한 것이다.

또한 경로 도형을 이용하면 측정변수와 잠재요인 사이의 관계 혹은 잠재요인들 간의 관계를 이해하기 쉽게 된다.

제3절 본 연구모형의 분석방법

1. PLS를 이용한 구조방정식 모형의 분석방법

본 연구의 종합경쟁력 평가모형을 분석하는 방법으로 PLS를 이용한 구조방정식 모형 분석을 사용하고자 한다. 본 모형의 외생변수는 모두 잠재변수가 아닌 다항목 측정변수로 구성되어 있기 때문에 다중지표·다중원인(MIMIC: Multiple Indicators and Multiple Causes) 모형이다(Fornell and Cha, 1994.). 그러나 잠재요인들(제조경쟁력, 개발경쟁력, 시장경쟁력, 고객성과, 재무성과)이 부분적 원인→결과→부분적 원인의 인과관계 모형을 구성하고 있기 때문에, 본 연구모형은 본질적으로 PLS 분석방법에 의거한 구조방정식 모형이다.

상기의 모형을 분석하기 위하여 탐색적 방법을 사용한다. 즉 초기 모형에서는 모든 자원경쟁력 변수들로부터 개발경쟁력 및 제조경쟁력으로 가는 경로를 가정하고 구조방정식 모형을 분석하여 경로계수가 유의하지 않은 경로를 하나씩 제거하여 모형을 수정하는 방식으로 구조방정식 모형의 적합성을 높이고자 한다. 이 과정을 반복하여 최적화된 최종적인 구조방정식 모형을 도출할 수 있다.

상기와 같은 연구모형 단순화는 연구모형이 추정해야 할 모수의 수를 줄여줌으로써 모형의 적합도를 증가시킬 수 있다. 연구모형의 모수 수를 줄이기 위한 절차 및 방법은 다음과 같다(Fornell and Cha, 1994.).

① 다중공선성(multicolinearity)을 제거하기 위하여 자원경쟁력 변수들을 주성분 분석을 통해서 도출한 서로 독립적인 3개 요인으로 묶는다. 요인의 독립성은 한 요인의 변화가 다른 요인에 영향을 미치지 않는다는 것을 의미한다. 이렇게 서로 독립적인 외생변수를 개발 및

사용함으로써 기술능력을 한 단위 높일 경우 이 변화가 다른 자원들에도 영향을 미치기 때문에 개발경쟁력이 얼마나 증가하는지 정확히 파악할 수 없는 기존 다중지표·다중원인(MIMIC) 모형의 단점을 극복할 수 있다.

② 연구모형의 단순화를 위해서 개발경쟁력, 제조경쟁력, 시장경쟁력 측정변수들을 대상으로 공통요인 분석(common factor analysis)을 실시하여 이 변수들을 공통요인으로 묶는다. 이를 통해서 개발경쟁력, 제조경쟁력, 시장경쟁력 측정변수를 대폭 줄였다. 개발경쟁력은 프로세스 성과, 제품성과, 개발성과로, 제조경쟁력은 시간/유연성 경쟁력과 원가/품질경쟁력으로, 시장경쟁력은 혁신성과 고객가치로 각각 변수들을 간단명료화한다. 이러한 방식으로 모수(parameter)의 수를 줄인 연구모형을 이용하여 기존 다중지표·다중원인(MIMIC) 모형의 단점을 극복하고 구조방정식 모형을 다시 적용하고자 한다. 이러한 총합(Aggregated) 구조방정식 모형의 경우에서도 통계적으로 유의하지 못한 경로를 제거하여 모형 수정을 반복하는 과정을 거쳐 가장 모형 적합도가 높은 최종적인 구조방정식 모형을 도출할 수 있다. 이 최종적인 모형은 내용적으로 자원경쟁력 부문 변수가 비록 가중치를 고정하여 얻은 측정변수이긴 하지만 내용적으로는 요인분석을 통해 얻어진 세 공통 특성을 나타낸다는 점에서 개념적으로 PLS 모형이라 볼 수 있다. 이를 통해서 개념정의와 분석방법론 사이에 일관성을 유지할 수 있다.

본 연구의 구조방정식 분석은 LISREL(ver. 8.5)과 SYSTAT(ver. 10.0)을, 기타 통계분석은 SAS(ver. 8.0)와 SPSS(ver. 7.5)를 각각 사용할 것이다.

2. 본 연구의 통계적 분석방법

본 연구에서 수행하는 통계적 분석방법론은 타당성, 신뢰성 검정 등과 같은 기초 통계분석과 다변량 분석(multivariate statistical analysis)이다. 타당성 분석과 신뢰도 분석기법은 변수들을 정의하는 데 사용된다. 어떤 변수의 측정이 타당한가를 분석하는 방법은 크게 세 가지, 즉 내용 타당성(content validity), 개념타당성(concept validity), 실증타당성(empirical validity)으로 분류된다(Nachmias and nachmias, 1981.). 다변량 분석기법으로서 상관관계분석(correlation analysis), 요인분석(factor analysis)과 주성분분석, 회귀분석(regression analysis), 분산분석(ANOVA) 등을 들 수 있다.

본 연구의 종합경쟁력 평가모형을 개발하기 위해서는 우선 통계적으로 유의한 인과모형을 개발해야 한다. 이를 위해서는 인과모형을 구성하는 잠재변수(latent variable)와 측정변수들을 정의해야 한다.

따라서 본 연구는 요인분석(factor analysis)을 통해 정의된 변수들을 재구성하여 다양한 구조방정식 모형(structural equation model)을 세우고 이들 중에서 가장 적합도가 높은 모형을 인과모형으로 확정한다. 확정된 인과모형의 경로계수(path coefficient)와 요인분석의 요인계수(factor coefficient)는 종합경쟁력 평가모형의 세부 차원별 가중치를 제공한다. 이를 근간으로 종합경쟁력 지수(CCI)를 개발한다. 이로써 인과모형과 경쟁력 평가모형이 하나로 통합된 모형이 개발된다. 이를 이용하여 산업별·산업 간 분석을 수행한다.

제4절 본 연구의 실증분석

1. 서술적 분석

본 연구의 분석모형에 대한 계량적 분석에 앞서 통계자료를 통해 수집된 변수들에 대한 특성을 파악하기 위하여 변수들에 대한 예비분석, 즉 평균과 분산, 최대치 최소치 등에 대한 서술적 통계분석과 K-S 분석을 수행하였다.

인과관계 및 대부분의 통계적 분석이 표본의 정규성을 가정하고 있기 때문에 K-S 분석을 통해서 각 측정항목의 정규성 검정을 실시한 결과 분석에 사용된 각 변수들이 정규분포를 이룬다는 귀무가설을 기각할 수 없었다. 이를 통해 본 연구의 주요 변수들의 표본이 정규분포를 이룬다고 가정할 수 있다.

〈표 4-2〉 자원 경쟁력의 측정변수에 대한 서술적 분석: 제조업 전체

대분류	소분류	변수	최솟값	최댓값	평균값	표준편차
(1) 협력업체의 경쟁력 수준	협력업체의 원료 및 부품 공급 가격경쟁력 수준	V154	1	5	3.27	0.67
	협력업체의 원료 및 부품 품질 수준	V155	2	5	3.49	0.68
	협력업체의 납기 준수율 수준	V156	2	5	3.62	0.73
	협력업체의 부품 공급 리드타임 경쟁력 수준	V157	2	5	3.44	0.67
	물량변동 요구에 대한 협력업체의 대응력 수준	V158	2	5	3.46	0.70
	다품종 생산요구에 대한 협력업체의 대응력 수준	V159	1	5	3.39	0.72

대분류	소분류	변수	최솟값	최댓값	평균값	표준편차
(2) 참여적 조직	의사결정권한 실무진에 부여 수준	V22	1	5	2.96	0.82
	자신의 업무와 관련된 의사결정에 참여 수준	V23	1	5	3.26	0.78
	각 부서의 기능을 통합하여 문제 해결하는 수준	V24	1	5	3.20	0.82
	부서 간 원활한 의사소통 수준	V25	2	5	3.53	0.66
	종업원의 자율적인 의사결정 수준	V26	1	5	2.82	0.78
	공동체 의식과 서로에 대한 관심 수준	V27	2	5	3.48	0.73
	창조적 아이디어 제시, 위험감수 장려, 실패허용 수준	V28	1	5	3.13	0.76
(3) 생산기반 및 혁신활동 수준	시설 및 장비의 자동화 수준	V141	1	5	3.42	0.85
	시설 및 장비의 다품종 생산능력 수준	V142	1	5	3.61	0.78
	정보시스템 수준	V143	1	5	3.43	0.80
	확정 생산계획 기본 주기 속도 수준	V144	1	5	3.40	0.69
	혁신활동 수준(5S, TPM, 6Sigma, QC 등)	V145	1	5	3.31	0.80
	공장입지1: 인프라 수준(공업용수 및 에너지 공급, 교통, 부품산업)	V152	1	5	3.54	0.82
	공장입지2: 인력확보, 생활건강, 교육환경 수준	V153	1	5	3.30	0.81
(4) 파트너 십	협력업체와의 정보공유 수준	V160	1	5	3.22	0.75
	협력업체에 대한 기술 및 혁신활동 지원 수준	V161	1	5	3.15	0.75
	협력업체와의 이익 공유 수준	V162	1	5	3.02	0.79
(5) 연구개발력	연구개발 투자 수준	V99	1	5	3.02	0.89
	연구개발 특허 및 논문발표 건수 수준	V100	1	5	2.73	0.92
	연구소 입지조건	V101	1	5	3.02	0.79
(6) 관 리	업무수행 관련 규정과 제도, 절차 명문화 수준	V20	1	5	3.99	0.73
	임직원의 회사의 규정과 제도 엄수 수준	V21	1	5	4.06	0.73
(7) 교육시간 및 만족도	종업원 교육시간 수준	V18	1	5	3.00	0.74
	종업원 만족도 수준	V19	1	5	3.20	0.71
(8) 조직성과	종업원들의 긴장감과 압박감 수준	V29	1	5	3.00	0.79
	실적에 따른 성과금제도 엄격 적용 수준	V30	1	5	2.72	0.89

주: 각 변수의 표본 수는 400개 기업임.

〈표 4-3〉 프로세스 경쟁력 변수에 대한 서술적 분석: 제조업 전체

잠재변수	측정지표	변수	최솟값	최댓값	평균값	표준편차
개발경쟁력	신제품 개발 건수 수준	V107	1	5	3.12	0.86
	신제품 매출 비중	V108	1	5	3.12	0.81
	신제품 파생모델 다양성 수준	V109	1	5	3.15	0.82
	양산 후, 품질안정화 능력 수준	V111	1	5	3.49	0.70
	신제품의 기술개발 목표 달성도	V113	1	5	3.33	0.73
	신제품 개발 리드타임 경쟁력 수준	V114	1	5	3.27	0.83
	신제품 개발 납기 준수율	V115	1	5	3.38	0.81
	신기술 사업화 능력 수준	V116	1	5	3.26	0.77
제조경쟁력	제조원가 경쟁력 수준	V146	2	5	3.25	0.75
	공정품질 수준	V147	1	5	3.69	0.68
	협력업체의 납기 준수율 수준	V148	2	5	3.83	0.70
	생산리드타임 경쟁력 수준	V149	1	5	3.58	0.72
	시설 및 장비의 다품종 생산능력 수준	V150	1	5	3.71	0.81
	급격한 물량변동에 대한 협력업체의 대응력 수준	V151	1	5	3.62	0.80

주: 각 변수의 표본 수는 400개 기업임.

〈표 4-4〉 시장경쟁력 변수에 대한 서술적 분석: 제조업 전체

잠재변수	측정지표	변수	최솟값	최댓값	평균값	표준편차
시장경쟁력 (주력제품기준)	자사 제품의 가격경쟁력	V31	1	5	3.35	0.80
	자사 제품의 품질 수준	V32	1	5	3.89	0.74
	자사의 신제품 출시 빈도	V33	1	5	3.28	0.83
	시장 최초의 혁신적인 신제품 출시 능력 수준	V34	1	5	3.29	0.91
	고객 리드타임 경쟁력 수준	V35	1	5	3.45	0.74
	판매 제품모델 수의 수준	V36	1	5	3.56	0.87
	고객서비스 수준(고객응대, AS)	V37	2	5	3.69	0.75

〈표 4-5〉 고객성과 변수에 대한 서술적 분석: 제조업 전체

통계자료	측정지표	변수	최솟값	최댓값	평균값	표준편차
정량자료	고객 리드타임(국내)	V41	0.25	35,493	134.7	2,015.33
	고객 리드타임(국외)	V42	0	730	38.38	68.78
	기존 고객 이탈률	V43	0	60	2.37	5.12
	건당 평균 고객서비스 시간	V44	0	996	33.30	75.10
정성자료	고객 리드타임 경쟁력 수준	V35	1	5	3.45	0.74
	고객서비스(고객응대, AS) 수준	V37	2	5	3.69	0.75
	기존 고객 유지율 수준	V38	1	5	3.80	0.77
	종합 고객만족도 수준	V39	1	5	3.68	0.70

〈표 4-6〉 재무성과 변수에 대한 서술적 분석: 제조업 전체

(단위: %)

변 수	측정지표	최솟값	최댓값	평균값	표준편차
성장성[1]	매출액 증가율	-99.9	633.9	16.9	43.1
수익성[2]	영업이익률	-3,815.3	7,581.9	76.5	557.6
안정성[3]	유동비율	4.2	2,858.4	153.4	172.5

주: 1) 성장성: (당기 매출액(V54) - 전기 매출액(V53))/전기 매출액(V53)
　　2) 수익성: 영업이익(V66)/매출액(V54)
　　3) 안정성: 유동자산(V68)/유동부채(V70)

　5점 등간척도로 측정한 〈표 4-2〉부터 〈표 4-4〉는 각 변수들에 대한 서술적 분석결과이다. 이들을 살펴보면 2/3 정도의 변수들이 최솟값 1, 최댓값 5, 평균값 3의 값을 나타내고 있음을 알 수 있다. 그러나 〈표 4-5〉와 〈표 4-6〉의 정량자료는 정규분포를 이룬다고 말할 수 없다.

2. 다항목 측정변수들에 대한 신뢰도 분석[33]

본 연구는 다항목으로 측정한 변수들에 대하여 설문서의 문항 간 일관성 여부를 판단하는 내적 일관성 기법(internal consistency method)을 이용하여 신뢰도 분석을 실시하였다.

신뢰도 분석에서 측정지표의 Cronbach Alpha가 0.6 이상인 것은 내적 일관성이 높다는 것을 의미하는 것으로 신뢰성이 높음을 보여준다. 일반적으로 Cronbach Alpha 값이 0.7~0.9이어야만 설문의 신뢰성이 보장되지만(Van de Van and Ferry, 1979), 새로이 개발된 설문의 경우에는 0.6을 최저 허용치로 사용하기도 한다(Nunnally, 1978.).

2-1. 자원 경쟁력의 측정변수들에 대한 신뢰도 분석

〈표 4-7〉 자원경쟁력의 측정변수에 대한 신뢰도 분석

다항목 측정변수/지표	표본 수	초기 항목	최종 항목	신뢰도 계수[1]
(1) 협력업체의 경쟁력 수준	400	6	6	0.8615
(2) 참여적 조직	400	7	7	0.8397
(3) 생산기반 및 혁신활동 수준	400	7	7	0.8198
(4) 협력업체와의 파트너십	400	3	3	0.8526
(5) 연구개발력 수준	400	3	3	0.7879
(6) 관리역량	400	2	2	0.7526
(7) 종업원의 교육시간 및 만족도	400	2	2	0.7628
(8) 조직성과	400	2	2	0.4596

주: 1) 여기서 말하는 신뢰도 계수는 Cronbach Alpha(α)를 계산한 것을 의미함.

---

33) 다항목 측정변수들에 대한 신뢰성 분석은 요인분석 후 요인으로 묶인 변수들에 대한 내적 일관성을 판별하기 위한 것이므로 산업 전체에 대한 신뢰성 분석으로 충분한 것이며 별도로 산업 부문별 및 제품유형별 신뢰성 분석은 필요하지 않다.

본 연구모형에서 사용된 경쟁력 변수들은 잠재변수이지만, 자원 및 경쟁역량 부문의 변수들은 잠재변수가 아닌 측정변수이다. 자원 및 경쟁역량 부문의 다항목 측정변수들에 대해 신뢰도를 분석한 결과는 〈표 4-7〉과 같다.

〈표 4-7〉에서 나타나듯이, 조직성과를 제외한 모든 다항목 측정지표의 신뢰도 계수가 0.75 이상이기 때문에 본 연구에서 사용되는 다항목 측정변수들은 모두 내적 일관성이 높다고, 즉 신뢰도가 높다고 말할 수 있다.

2-2. 잠재요인(프로세스 경쟁력, 시장경쟁력, 고객성과)에 대한 신뢰도 분석

인과관계 모형의 분석을 위해서는 잠재요인들을 구성하는 측정지표들 역시 신뢰도가 높아야 한다. 본 연구에 사용되는 잠재요인은 4개, 즉 프로세스 경쟁력인 개발경쟁력과 제조경쟁력, 시장경쟁력, 고객성과이다.

잠재요인을 구성하는 측정지표의 신뢰도를 분석한 결과는 〈표 4-8〉에 요약되어 있다. 본 모형의 모든 4개 잠재요인들을 구성하는 측정지표에 대한 신뢰도 계수는 0.80 이상이기 때문에 본 연구모형에서 사용되는 잠재요인들은 모두 내적 일관성이 높다고, 즉 신뢰도가 높다고 말할 수 있다.

〈표 4-8〉 잠재요인들에 대한 신뢰도 분석: 제조업 전체

다항목 측정지표		표본 수	초기항목	최종항목	신뢰도 계수[1]
프로세스 경쟁력	개발경쟁력	400	8	8	0.8978
	제조경쟁력	400	6	6	0.8145
시장경쟁력		400	7	7	0.8361
고객성과		400	2	2	0.8036

주: 1) 여기서 말하는 신뢰도 계수는 Cronbach Alpha(α)를 계산한 것을 의미함.

3. 상관관계 분석

3-1. 자원경쟁력

본 연구모형의 자원 및 경쟁역량 부문에는 기존 문헌연구를 통해 도출된 많은 기업성과 영향요인 변수들이 포함되어 있었다. 이렇게 많은 독립변수가 있는 연구모형에서 주의해야 할 점은 이러한 자원 및 경쟁역량 부문의 독립변수들이 가급적 서로 상관관계가 높지 않아야 한다는 것이다. 독립변수들 사이에 상관관계가 높다면 변수들 간 다중공선성(multicolinearity)이 발생하여 함수적 관계를 제대로 파악할 수 없기 때문이다.

특히 다중지표·다중요인 모형을 적용할 경우, 설명력이 큰 변수의 계수가 커지면서 이 변수에 비해 설명력이 상대적으로 적은 변수의 계수 크기가 과도하게 작아지는 문제점이 발생한다.

이러한 다중공선성 문제를 해결하기 위하여 본 연구는 자원 및 경쟁역량 부문 변수들에 대한 상관관계를 분석하였는데, 그 결과는 〈표 4-9〉에 수록되어 있다.

자원경쟁력과 동 요인들 간의 피어슨 상관계수는 〈그림 4-1〉에 정리되어 있다. 이들 32개의 자원 및 경쟁역량 부문 변수들 간에는 서로 통계적으로 유의적인($p < 0.05$) 높은 상관관계를 보이고 있다.

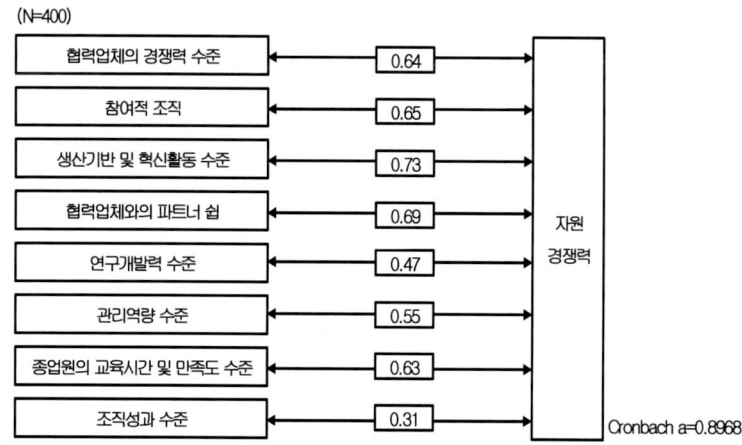

〈그림 4 - 1〉 자원경쟁력과 동 요인들 간의 피어슨 상관계수:
제조업 전체

주: 1) 자원경쟁력 = (요인 1 + ~ + 요인 8)/8
   2) 사용변수: 협력업체의 경쟁력 수준(V154~159), 참여적 조직(V22~
      V28), 생산기반 및 혁신활동 수준(V141~145, V152, V153), 협력업체
      와의 파트너십(V160, V161), 연구개발력(V99~V101), 관리역량(V210,
      V21), 종업원의 교육시간 및 만족도(V18, V19), 조직성과(V29, V30).
   3) 8개 요인들에 대한 각각 Cronbach α 는 〈표 4 - 19〉의 하단에 명기되어 있음.

자원경쟁력에 가장 영향력 있는 변수는 생산기반 및 혁신활동 수준
(0.73)으로 나타났는데 이것은 시설 및 장비의 다품종 생산능력, 시설
및 장비의 자동화 수준, 정보시스템 수준, 확정 생산계획 기본 주기
속도, 혁신활동 수준, 공장입지 1(공업용수 및 에너지 공급, 교통, 부
품산업), 인프라, 공장입지 2(인력확보, 생활건강, 교육환경 수준)로
구성되어 있다.

〈표 4-9〉 차원 경쟁력 측정변수들의 상관관계

변수명	V156	V157	V155	V158	V159	V154	V26	V23	V22	V24	V25	V27	V28	V142	V143	V141
(1) 납기 준수율 수준	V156	1.00	0.67	0.58	0.56	0.46	0.47	0.10	0.07	0.09	0.06	0.23	0.20	0.15	0.19	0.26	0.17
(2) 부품공급 리드타임 경쟁력 수준	V157	0.67**	1.00	0.53	0.58	0.52	0.48	0.16	0.09	0.11	0.07	0.18	0.17	0.20	0.22	0.31	0.24
(3) 원료 및 부품 품질 수준	V155	0.58**	0.53**	1.00	0.45	0.44	0.49	0.03	0.02	0.02	-0.02	0.19	0.14	0.15	0.22	0.26	0.21
(4) 급격한 물량변동등에 대한 대응력 수준	V158	0.56**	0.58**	0.45**	1.00	0.66	0.39	0.14	0.10	0.11	0.10	0.19	0.17	0.13	0.25	0.29	0.27
(5) 다품종 생산요구에 대한 대응력 수준	V159	0.46**	0.52**	0.44**	0.66**	1.00	0.35	0.05	0.10	0.12	0.09	0.18	0.08	0.07	0.30	0.29	0.27
(6) 원료 및 부품공급의 가격경쟁력 수준	V154	0.47**	0.48**	0.49**	0.39**	0.35**	1.00	0.08	0.08	0.07	0.07	0.24	0.11	0.15	0.23	0.22	0.20
(7) 종업원의 자율적인 의사결정 수준	V26	0.10**	0.16**	0.03	0.14**	0.05	0.08	1.00	0.47	0.53	0.44	0.38	0.46	0.41	0.12	0.20	0.14
(8) 종업원의 업무와 관련된 의사결정 참여 수준	V23	0.07	0.09	0.02	0.10	0.10**	0.08	0.47**	1.00	0.61	0.48	0.43	0.41	0.40	0.13	0.28	0.21
(9) 실무진에 의사결정권한 부여 수준	V22	0.09	0.11**	0.02	0.11**	0.12**	0.07	0.53**	0.61**	1.00	0.45	0.38	0.36	0.36	0.11	0.21	0.18
(10) 각 부서의 기능을 통합하여 문제해결 수준	V24	0.06	0.07	-0.02	0.10	0.09	0.07	0.44**	0.48**	0.45**	1.00	0.55	0.40	0.30	0.13	0.17	0.11
(11) 부서 간 원활한 의사소통 수준	V25	0.23**	0.18**	0.19**	0.19**	0.18**	0.24**	0.38**	0.43**	0.38**	0.55**	1.00	0.47	0.30	0.19	0.23	0.17
(12) 공동체 의식과 서로에 대한 관심 수준	V27	0.20**	0.17**	0.14**	0.17**	0.08	0.11**	0.46**	0.41**	0.36**	0.40**	0.47**	1.00	0.39	0.13	0.25	0.17
(13) 아이디어제시와 위험감수 증진, 실패허용수준	V28	0.15**	0.20**	0.15**	0.13**	0.07	0.15**	0.41**	0.40**	0.36**	0.30**	0.30**	0.39**	1.00	0.22	0.27	0.22
(14) 시설 및 장비의 다품종 생산능력 수준	V142	0.19**	0.22**	0.22**	0.25**	0.30**	0.23**	0.12**	0.13**	0.11**	0.13**	0.19**	0.13**	0.22**	1.00	0.46	0.48
(15) 정보시스템 수준	V143	0.26**	0.31**	0.26**	0.29**	0.29**	0.22**	0.20**	0.28**	0.21**	0.17**	0.23**	0.25**	0.27**	0.46**	1.00	0.48
(16) 시설 및 장비 자동화 수준	V141	0.17**	0.24**	0.21**	0.27**	0.27**	0.20**	0.14**	0.21**	0.18**	0.11**	0.17**	0.17**	0.22**	0.48**	0.48**	1.00

변수명	V156	V157	V155	V158	V159	V154	V26	V23	V22	V24	V25	V27	V28	V142	V143	V141
(17) 혁신활동 수준(5S, TPM, 6Sigma, QC)	V152	0.26**	0.27**	0.23**	0.27**	0.28**	0.26**	0.12**	0.11**	0.09	0.02	0.15**	0.07	0.12**	0.40**	0.35**	0.29**
(18) 인프라 수준(공업용수 및 에너지공급, 교통)	V145	0.24**	0.32**	0.21**	0.41**	0.33**	0.26**	0.22**	0.25**	0.25**	0.23**	0.24**	0.20**	0.31**	0.46**	0.52**	0.44**
(19) 환경 생산계획 기본 주기 속도 수준	V144	0.37**	0.38**	0.29**	0.34**	0.39**	0.34**	0.23**	0.17**	0.21**	0.15**	0.32**	0.27**	0.25**	0.42**	0.50**	0.33**
(20) 공장입지(인력확보, 생활건강, 교육환경)	V153	0.28**	0.35**	0.34**	0.36**	0.36**	0.30**	0.13**	0.08	0.08	0.06	0.19**	0.12**	0.10**	0.31**	0.29**	0.27**
(21) 협력업체와 정보공유 수준	V161	0.34**	0.41**	0.44**	0.40**	0.35**	0.39**	0.19**	0.17**	0.20**	0.17**	0.22**	0.23**	0.23**	0.26**	0.36**	0.32**
(22) 협력업체에 대한 기술 및 혁신활동 지원	V162	0.36**	0.39**	0.41**	0.43**	0.41**	0.35**	0.23**	0.18**	0.16**	0.16**	0.22**	0.25**	0.26**	0.26**	0.35**	0.30**
(23) 협력업체와 이익공유 수준	V160	0.36**	0.42**	0.41**	0.40**	0.38**	0.41**	0.14**	0.15**	0.16**	0.06	0.16**	0.16**	0.23**	0.29**	0.40**	0.31**
(24) 연구개발 투자 수준	V99	0.09	0.07	0.13**	0.13**	0.12**	0.05	0.06	0.06	0.16**	−0.05	0.00	0.15**	0.10	0.04	0.14**	0.10
(25) 연구개발 특허 및 논문발표 수	V100	0.08	0.05	0.09	0.14**	0.11**	0.10	0.11**	0.07	0.18**	0.03	0.08	0.16**	0.12**	0.07	0.08	0.09
(26) 연구개발 관련 기술 정보 공유 및 확보 수준	V101	0.14**	0.11**	0.15**	0.12**	0.15**	0.07	0.16**	0.16**	0.18**	0.02	0.08	0.13**	0.14**	0.16**	0.19**	0.13**
(27) 임직원의 회사 규정과 제도 준수 수준	V21	0.08	0.07	0.06	0.14**	0.09	0.12**	0.22**	0.30**	0.30**	0.28**	0.29**	0.29**	0.14**	0.08	0.13**	0.15**
(28) 업무수행 관련 구성과 제도 및 절차의 명문화	V20	0.15**	0.14**	0.08	0.15**	0.11**	0.11**	0.19**	0.31**	0.28**	0.31**	0.30**	0.28**	0.23**	0.09	0.22**	0.21**
(29) 종업원 교육시간 수준	V18	0.16**	0.11**	0.01	0.19**	0.12**	0.05	0.23**	0.24**	0.27**	0.35**	0.27**	0.28**	0.24**	0.17**	0.29**	0.30**
(30) 종업원 만족도 수준	V19	0.25**	0.23**	0.17**	0.26**	0.20**	0.16**	0.30**	0.29**	0.34**	0.37**	0.40**	0.38**	0.22**	0.17**	0.30**	0.34**
(31) 종업원들의 긴장감과 압박감 수준	V29	−0.06	−0.05	−0.06	−0.01	−0.06	−0.05	0.11**	0.11**	0.14**	0.15**	0.12**	0.13**	0.22**	0.06	0.10**	0.04
(32) 실적에 따른 성과금제도 적용 수준	V30	0.00	0.06	0.08	0.13**	0.07	0.10**	0.29**	0.34**	0.27**	0.34**	0.27**	0.24**	0.30**	0.14**	0.20**	0.18**

변수명	V152	V145	V144	V153	V161	V162	V160	V99	V100	V101	V21	V20	V18	V19	V29	V30
(1)납기 준수율 수준	V156	0.26	0.24	0.37	0.28	0.34	0.36	0.36	0.09	0.08	0.14	0.08	0.15	0.16	0.25	−0.06	0.00
(2)부품공급 리드타임의 경쟁력 수준	V157	0.27	0.32	0.38	0.35	0.41	0.39	0.42	0.07	0.05	0.11	0.07	0.14	0.11	0.23	−0.05	0.06
(3)원료 및 부품 품질 수준	V155	0.23	0.21	0.29	0.34	0.44	0.41	0.41	0.13	0.09	0.15	0.06	0.08	0.01	0.17	−0.06	0.08
(4)급격한 물량변동에 대한 대응력 수준	V158	0.27	0.41	0.34	0.36	0.40	0.43	0.40	0.13	0.14	0.12	0.14	0.15	0.19	0.26	−0.01	0.13
(5)다품종 생산요구에 대한 대응력 수준	V159	0.28	0.33	0.39	0.36	0.35	0.41	0.38	0.12	0.11	0.15	0.09	0.11	0.12	0.20	−0.06	0.07
(6)원료 및 부품공급의 가격경쟁력 수준	V154	0.26	0.26	0.34	0.30	0.39	0.35	0.41	0.05	0.10	0.07	0.12	0.11	0.05	0.16	−0.05	0.10
(7)종업원의 자율적인 의사결정 수준	V26	0.12	0.22	0.23	0.13	0.19	0.23	0.14	0.06	0.11	0.16	0.22	0.19	0.23	0.30	0.11	0.29
(8)종업원의 업무와 관련된 의사결정 참여 수준	V23	0.11	0.25	0.17	0.08	0.17	0.18	0.15	0.06	0.07	0.16	0.30	0.31	0.24	0.29	0.11	0.34
(9)실무진에 의사결정권한 부여 수준	V22	0.09	0.25	0.21	0.08	0.20	0.16	0.16	0.16	0.18	0.18	0.30	0.28	0.27	0.34	0.14	0.27
(10)각 부서의 기능을 통합하여 문제해결 수준	V24	0.02	0.23	0.15	0.06	0.17	0.16	0.06	−0.05	0.03	0.02	0.28	0.31	0.35	0.37	0.15	0.34
(11)부서 간 원활한 의사소통 수준	V25	0.15	0.24	0.32	0.19	0.22	0.22	0.16	0.00	0.08	0.08	0.29	0.30	0.27	0.40	0.12	0.27
(12)공동체 의식과 서로에 대한 관심 수준	V27	0.07	0.20	0.27	0.12	0.23	0.25	0.16	0.15	0.16	0.13	0.29	0.28	0.28	0.38	0.13	0.24
(13)아이디어(제시와 위험감수 장려, 실패허용수준	V28	0.12	0.31	0.25	0.10	0.23	0.26	0.23	0.10	0.12	0.14	0.14	0.23	0.24	0.22	0.22	0.30
(14)시설 및 장비의 다품종 생산능력 수준	V142	0.40	0.46	0.42	0.31	0.26	0.26	0.29	0.04	0.07	0.16	0.08	0.09	0.17	0.17	0.06	0.14
(15)정보시스템 수준	V143	0.35	0.52	0.50	0.29	0.36	0.35	0.40	0.14	0.08	0.19	0.13	0.22	0.29	0.30	0.10	0.20
(16)시설 및 장비 자동화 수준	V141	0.29	0.44	0.33	0.27	0.32	0.30	0.31	0.10	0.09	0.13	0.15	0.21	0.30	0.34	0.04	0.18

변수명	V152	V145	V144	V153	V161	V162	V160	V99	V100	V101	V21	V20	V18	V19	V29	V30
(17) 혁신활동 수준(5S, TPM, 6Sigma, QC)	V152	1.00	0.29**	0.31***	0.59***	0.24***	0.29***	0.35***	0.09***	0.04***	0.22	0.15	0.13	0.14	0.13	0.00	0.12
(18) 인프라 수준(공업용수 및 에너지공급, 교통)	V145	0.29**	1.00	0.50***	0.33***	0.44***	0.43***	0.42***	0.15***	0.14***	0.14	0.18	0.19	0.34	0.30	0.15	0.27
(19) 환경 생산체계 기본 주기 속도 수준	V144	0.31***	0.50***	1.00	0.28***	0.34***	0.31***	0.32***	0.12***	0.09***	0.15	0.15	0.21	0.24	0.27	-0.03	0.11
(20) 공장입지(인력확보, 생활건강, 교육환경)	V153	0.59***	0.33***	0.28***	1.00	0.39***	0.35***	0.37***	0.15***	0.13***	0.15	0.11	0.11	0.10	0.17	-0.01	0.13
(21) 협력업체와 정보공유 수준	V161	0.24***	0.44***	0.34***	0.39***	1.00	0.70***	0.65***	0.15***	0.12***	0.22	0.11	0.14	0.19	0.25	-0.06	0.20
(22) 협력업체에 대한 기술 및 혁신활동 지원	V162	0.29***	0.43***	0.31***	0.35***	0.70***	1.00	0.63***	0.18***	0.13***	0.14	0.12	0.10	0.21	0.21	-0.02	0.21
(23) 협력업체와 이익공유 수준	V160	0.35***	0.42***	0.32***	0.37***	0.65***	0.63***	1.00	0.15***	0.14***	0.17	0.09	0.11	0.14	0.12	-0.08	0.18
(24) 연구개발 투자 수준	V99	0.09***	0.15***	0.12***	0.15***	0.15***	0.18***	0.15***	1.00	0.66***	0.53	-0.01	0.03	0.11	0.04	0.08	0.11
(25) 연구개발 특허 및 논문발표 수	V100	0.04***	0.14***	0.09***	0.13***	0.12***	0.13***	0.14***	0.66***	1.00	0.46**	0.05	0.08	0.03	0.01	0.13	0.11
(26) 연구개발 관련 기술 정보 공유 및 확보 수준	V101	0.22**	0.14**	0.15**	0.15**	0.14**	0.17**	0.19**	0.53**	0.46**	1.00	0.03	0.07	0.09	0.13	0.03	0.10
(27) 임직원의 회사 규정과 제도 엄수 수준	V21	0.15**	0.18**	0.15**	0.11**	0.11**	0.12**	0.09**	-0.01	0.05	0.03	1.00	0.60**	0.23	0.33	0.17	0.17
(28) 업무수행 관련 규정과 제도 및 절차의 명문화	V20	0.13**	0.19**	0.21**	0.11**	0.14**	0.10**	0.11**	0.03	0.08	0.07	0.60**	1.00	0.24**	0.31**	0.11	0.16
(29) 종업원 교육시간 수준	V18	0.14**	0.34**	0.24**	0.10**	0.19**	0.21**	0.14**	0.11**	0.03	0.09	0.23**	0.24**	1.00	0.57**	0.14**	0.25**
(30) 종업원 만족도 수준	V19	0.13**	0.30**	0.27**	0.17**	0.25**	0.21**	0.12**	0.04	0.01	0.13**	0.33**	0.31**	0.57**	1.00	0.14**	0.23**
(31) 종업원들의 긴장감과 압박감 수준	V29	0.00**	0.15**	-0.03	-0.01	-0.06	-0.02	-0.08	0.08	0.13**	0.03	0.17**	0.11**	0.14**	0.14**	1.00	0.30**
(32) 실적에 따른 성과금제도 적용 수준	V30	0.12**	0.27**	0.11**	0.13**	0.20**	0.21**	0.18**	0.11**	0.11**	0.10	0.17**	0.16**	0.25**	0.23**	0.30**	1.00

주: **p<0.05.

1) 산업 부문별 분석

자원경쟁력과 동 요인들 간의 산업 부문별 피어슨 상관계수 분석결과 생산기반 및 혁신활동 수준이 가장 높은 상관계수를 보인 산업 부문은 화학 및 의약품, 1차금속, 전기 · 기계, 전자제품, 자동차부품으로 나타났다.

〈표 4 - 10〉 자원경쟁력과 동 요인들 간의 산업 부문별 피어슨 상관계수

산업 부문 요 인	화학 및 의약품	1차 금속	조립 금속	기계 장비	전기 기계	전자 제품	자동차 부품
(1) 협력업체의 경쟁력 수준	0.34*	0.68***	0.75***	0.66***	0.59**	0.69***	0.66***
(2) 참여적 조직	0.64***	0.58**	0.74***	0.65***	0.73***	0.68***	0.66***
(3) 생산기반 및 혁신활동 수준	0.68***	0.83	0.64***	0.72***	0.84***	0.77***	0.68***
(4) 협력업체와의 파트너십	0.56***	0.69***	0.63***	0.74***	0.79***	0.66***	0.68***
(5) 연구개발력 수준	0.51***	0.39*	0.61**	0.57***	0.40*	0.54***	0.36*
(6) 관리역량 수준	0.60***	0.37	0.66***	0.59***	0.58**	0.69***	0.36*
(7) 종업원 교육시간 및 만족도 수준	0.51**	0.64***	0.36	0.68***	0.42*	0.70***	0.65***
(8) 조직성과 수준	0.33*	-0.21	0.31	0.49***	0.45*	0.43**	0.23

주: *p〈0.05; **p〈0.01; ***p〈0.001.

2) 제품유형별 분석

〈표 4 - 11〉 자원경쟁력과 동 요인들 간의 제품유형별 피어슨 상관계수

제품유형 요 인	원재료 및 소재	부 품	시스템	최종 소비재	최종 산업재
(1) 협력업체의 경쟁력 수준	0.58***	0.68***	0.40*	0.68***	0.65***
(2) 참여적 조직	0.57***	0.68***	0.66***	0.70***	0.67***
(3) 생산기반 및 혁신활동 수준	0.71***	0.76***	0.65***	0.80***	0.65***
(4) 협력업체와의 파트너십	0.71***	0.65***	0.73***	0.70***	0.74***
(5) 연구개발력 수준	0.34**	0.61***	0.35	0.32**	0.60***
(6) 관리역량 수준	0.46***	0.60***	0.74***	0.62***	0.43***
(7) 종업원 교육시간 및 만족도 수준	0.63***	0.65***	0.67***	0.68***	0.55***
(8) 조직성과 수준	0.06	0.29**	0.63**	0.31**	0.48***

주: *p〈0.05; **p〈0.01; ***p〈0.001.

제품유형별 피어슨 상관계수 분석결과 생산기반 및 혁신활동 수준
이 가장 높은 상관계수를 보인 제품유형은 원재료/소재, 부품, 최종소
비재로 나타났다.

3-2. 프로세스 경쟁력

⟨표 4-12⟩ 프로세스 경쟁력 변수들 간의 상관관계

요 인	변수	V116	V113	V107	V108	V115	V114	V109
신기술 사업화 능력 수준	V116	1.00	0.59***	0.55***	0.52***	0.66***	0.57***	0.52***
신제품의 기술개발 목표 달성도	V113	0.59***	1.00***	0.49***	0.51***	0.60***	0.58***	0.49***
신제품 개발 건수 수준	V107	0.55***	0.49***	1.00	0.70***	0.48***	0.52***	0.68***
신제품 매출 비중	V108	0.52***	0.51***	0.70***	1.00	0.46***	0.57***	0.66***
신제품 개발 납기 준수율	V115	0.66***	0.60***	0.48***	0.46***	1.00	0.64***	0.41***
신제품 개발 리드타임 경쟁력 수준	V114	0.57***	0.58***	0.52***	0.57***	0.64***	1.00	0.46***
신제품 파생모델 다양성 수준	V109	0.52***	0.49***	0.68***	0.66***	0.41***	0.46***	1.00
양산 후, 품질안정화 능력 수준	V111	0.46***	0.50***	0.44***	0.36***	0.45***	0.35***	0.38***
협력업체의 납기 준수율 수준	V148	0.06	0.05	0.13**	0.11*	0.05	0.04	0.14**
생산리드타임 경쟁력 수준	V149	0.11	0.06	0.12*	0.14**	0.09	0.12*	0.17***
협력업체의 물량변동 대응력 수준	V151	0.11	0.08	0.11*	0.14**	0.13**	0.12*	0.14**
시설 및 장비의 다품종 생산능력	V150	0.05	-0.01	0.12*	0.09	0.03	0.07	0.12*
공정품질 수준	V147	0.10	0.11*	0.20***	0.14**	0.07	0.07	0.18***
제조원가 경쟁력 수준	V146	0.01	-0.01	0.13**	0.11*	0.01	0.12*	0.12*
요 인	변수	V111	V148	V149	V151	V150	V147	V146
신기술 사업화 능력 수준	V116	0.46***	0.06	0.11*	0.11*	0.05	0.10	0.01
신제품의 기술개발 목표 달성도	V113	0.50***	0.05	0.06	0.08	-0.01	0.11**	-0.01
신제품 개발 건수 수준	V107	0.44***	0.13**	0.12*	0.11***	0.12*	0.20***	0.13**
신제품 매출 비중	V108	0.36***	0.11*	0.14***	0.14**	0.09	0.14**	0.11*
신제품 개발 납기 준수율	V115	0.45***	0.05	0.09	0.13**	0.03	0.07	0.01
신제품 개발 리드타임 경쟁력 수준	V114	0.35***	0.04	0.12*	0.12*	0.07	0.07	0.12*
신제품 파생모델 다양성 수준	V109	0.38***	0.14**	0.17**	0.14**	0.12*	0.18***	0.12*
양산 후, 품질안정화 능력 수준	V111	1.00	0.11*	0.12*	0.19***	0.08	0.21***	0.12*
협력업체의 납기 준수율 수준	V148	0.11*	1.00	0.57***	0.50***	0.45***	0.52***	0.31***
생산리드타임 경쟁력 수준	V149	0.12*	0.57***	1.00	0.47***	0.47***	0.44***	0.38***
협력업체의 물량변동 대응력 수준	V151	0.19***	0.50***	0.47***	1.00	0.61***	0.36***	0.32***
시설 및 장비의 다품종 생산능력	V150	0.08	0.45***	0.47***	0.61***	1.00	0.32***	0.27***
공정품질 수준	V147	0.21***	0.52***	0.44***	0.36***	0.32***	1.00	0.37***
제조원가 경쟁력 수준	V146	0.12*	0.31***	0.38***	0.32***	0.27***	0.37***	1.00

주: *p⟨0.05; **p⟨0.01; ***p⟨0.001.

프로세스 경쟁력 변수들 간의 상관관계 분석결과는 〈표 4-12〉에 수록되어 있다.

프로세스 경쟁력은 두 가지, 즉 개발경쟁력과 제조경쟁력으로 구성된다. 개발경쟁력의 경우, 설명력이 높은 변수는 연구개발력 수준(0.64), 생산기반 및 혁신활동 수준(0.19), 협력업체와의 파트너십(0.17), 협력업체의 경쟁력 수준(0.14), 참여적 조직(0.14), 조직성과 수준(0.13), 종업원 교육시간 및 만족도 수준(0.09), 관리역량 수준(0.03)의 순으로 나타났다. 즉 개발경쟁력은 무엇보다도 자사의 연구개발력 수준에 의하여 거의 결정된다는 것을 알 수 있다.

〈그림 4-2〉 개발경쟁력과 자원경쟁력 요인들 간의 피어슨 상관계수:
제조업 전체

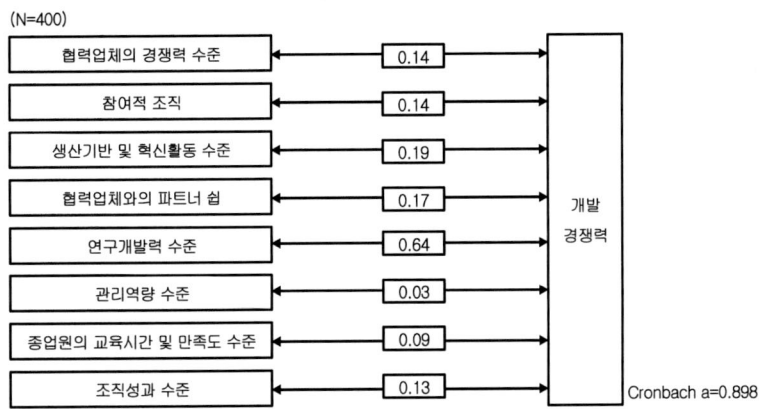

주: 1) 개발경쟁력＝(요인 1＋~＋요인 8)/8
    2) 사용변수: 〈그림 4-1〉과 동일

98

〈표 4-13〉 개발경쟁력과 자원경쟁력 요인들 간의 산업 부문별 피어슨 상관계수

요 인 \ 산업 부문	화학 및 의약품	1차 금속	조립 금속	기계 장비	전기 기계	전자 제품	자동차 부품
협력업체의 경쟁력 수준	0.10	0.11	0.29	0.22	-0.03	0.04	0.44**
참여적 조직	-0.12	-0.06	0.26	0.31*	0.14	0.32*	-0.08
생산기반 및 혁신활동 수준	0.32*	-0.07	0.28	0.26*	0.14	0.20	0.18
협력업체와의 파트너십	0.05	-0.06	0.12	0.21	0.24	0.07	0.31*
연구개발력 수준	0.58***	0.46*	0.75***	0.69***	0.43*	0.71***	0.61***
관리역량 수준	0.05	-0.13	0.17	0.15	-0.23	0.09	-0.14
종업원 교육시간 및 만족도 수준	0.36*	-0.13	-0.12	0.17	0.12	0.05	-0.07
조직성과 수준	0.07	0.10	0.15	0.29*	0.14	0.32*	-0.10

주: *$p<0.05$; **$p<0.01$; ***$p<0.001$.

〈표 4-14〉 개발경쟁력과 자원경쟁력 요인들 간의 제품유형별 피어슨 상관계수

요 인 \ 제품유형	원재료 및 소재	부품	시스템	최종 소비재	최종 산업재
협력업체의 경쟁력 수준	0.07	0.27**	-0.03	0.08	0.18
참여적 조직	-0.03	0.15	0.18	0.13	0.34**
생산기반 및 혁신활동 수준	0.08	0.28**	0.29	0.19	0.17
협력업체와의 파트너십	0.07	0.25**	0.22**	0.15	0.18
연구개발력 수준	0.68***	0.69***	0.59	0.50***	0.65***
관리역량 수준	-0.20	0.13	0.00	0.10	0.08
종업원 교육시간 및 만족도 수준	-0.05	0.13	0.18	0.14	0.14
조직성과 수준	0.02	0.15	0.26	0.02	0.26*

주: *$p<0.05$; **$p<0.01$; ***$p<0.001$.

〈그림 4 - 3〉 제조경쟁력과 자원경쟁력 요인들 간의 피어슨 상관계수:
제조업 전체

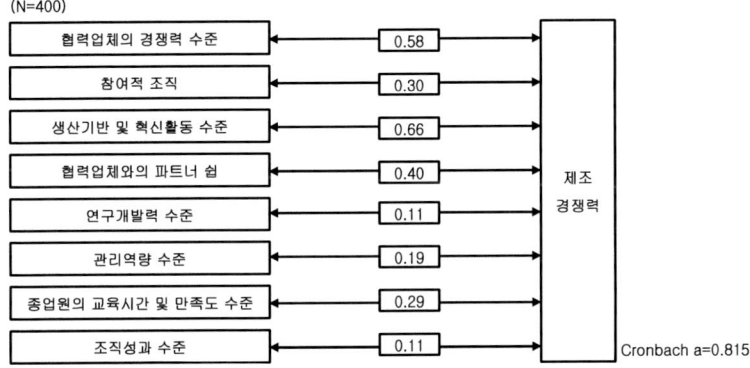

(N=400)

협력업체의 경쟁력 수준	0.58	
참여적 조직	0.30	
생산기반 및 혁신활동 수준	0.66	
협력업체와의 파트너 쉽	0.40	제조
연구개발력 수준	0.11	경쟁력
관리역량 수준	0.19	
종업원의 교육시간 및 만족도 수준	0.29	
조직성과 수준	0.11	Cronbach a=0.815

주: 1) 제조경쟁력＝(요인 1＋～＋요인 8)/8
    2) 사용변수: 〈그림 4-1〉과 동일

〈표 4 - 15〉 제조경쟁력과 자원경쟁력 요인들 간의 산업 부문별 피어슨 상관계수

산업 부문 요 인	화학 및 의약품	1차 금속	조립 금속	기계 장비	전기 기계	전자 제품	자동차 부품
협력업체의 경쟁력 수준	0.28	0.43*	0.60**	0.63***	0.66***	0.73***	0.61***
참여적 조직	-0.05	0.36	0.53**	0.36**	0.50**	0.28*	0.31*
생산기반 및 혁신활동 수준	0.43**	0.51**	0.72***	0.71***	0.73***	0.68***	0.77***
연구개발력 수준	-0.06	0.22	0.30	0.15	0.25	0.16	-0.01
협력업체와의 파트너십	0.16	0.38*	0.48*	0.40**	0.58***	0.42**	0.35*
관리역량 수준	-0.16	-0.07	0.37	0.18	0.31	0.48***	0.15
종업원 교육시간 및 만족도 수준	0.13	0.10	0.33	0.37**	0.31	0.44**	0.13
조직성과 수준	-0.05	-0.10	0.06	0.34**	0.20	0.22	0.20

주: *p<0.05; **p<0.01; ***p<0.001.

〈표 4-16〉 제조경쟁력과 자원 경쟁력 요인들 간의 제품유형별 피어슨 상관계수

제품유형 요 인	원재료 및 소재	부 품	시스템	최종소 비재	최종산 업재
협력업체의 경쟁력 수준	0.54***	0.66***	0.48*	0.55***	0.60***
참여적 조직	0.29**	0.36***	0.27	0.17	0.38**
생산기반 및 혁신활동 수준	0.65***	0.72***	0.71***	0.61***	0.67***
협력업체와의 파트너십	0.41***	0.41***	0.39	0.37***	0.44***
연구개발력 수준	0.06	0.19*	-0.12	-0.06	0.35**
관리역량 수준	0.09	0.33***	0.20	0.27*	0.00
종업원 교육시간 및 만족도 수준	0.26*	0.29**	0.06	0.39***	0.28*
조직성과 수준	-0.05	0.12	0.18	0.20	0.15

주: $^{*}p<0.05$; $^{**}p<0.01$; $^{***}p<0.001$.

3-3. 시장경쟁력

〈그림 4-4〉 시장경쟁력과 동 요인들 간의 피어슨 상관계수:
제조업 전체

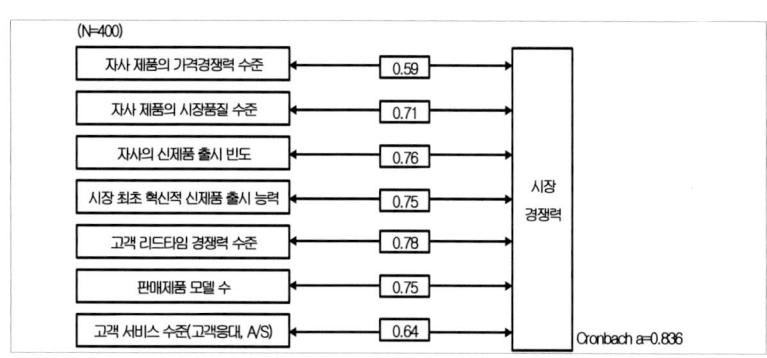

주: 1) 시장경쟁력=(요인 1+ ~ +요인 7)/7
    2) 사용변수: V31~V37

피어슨 상관계수 분석에 의하여, 시장경쟁력을 결정하는 중요한 변수는 고객 리드타임(0.78)으로 나타났으며, 그다음으로 자사의 신제품 출시 빈도(0.76), 시장 최초의 혁신적 신제품 출시 능력(0.75), 판매제품의 모델 수(0.75), 고객서비스(0.64), 자사 제품의 가격경쟁력(0.59) 순으로 나타났다.

1) 산업 부문별 분석

산업 부문별로는 화학 및 의약품 부문은 시장 최초의 혁신적 신제품 출시 능력(0.83), 전자제품 부문은 자사의 신제품 출시 빈도(0.70)와 시장 최초의 혁신적 신제품 출시 능력(0.70), 기계/장비 부문에서는 고객 리드타임 경쟁력 수준(0.84), 1차금속과 자동차부품 부문에서는 고객 리드타임 경쟁력 수준(각각 0.81, 0.82)이 각각 상대적으로 중요한 것으로 나타났다.

〈표 4-17〉 시장경쟁력과 동 요인들 간의 산업 부문별 피어슨 상관계수

요 인 ＼ 산업 부문	화학 및 의약품	1차 금속	조립 금속	기계 장비	전기 기계	전자 제품	자동차 부품
자사 제품의 가격경쟁력 수준	0.16	0.36	0.37	0.69***	0.67***	0.59***	0.76***
자사 제품의 시장품질 수준	0.59***	0.66***	0.80***	0.75***	0.73***	0.69***	0.78***
자사의 신제품 출시 빈도	0.74***	0.74***	0.73***	0.83***	0.72***	0.70***	0.64***
시장 최초의 혁신적 신제품 출시 능력	0.83***	0.80***	0.71***	0.73***	0.61**	0.70***	0.63***
고객 리드타임 경쟁력 수준	0.78***	0.81***	0.80***	0.84***	0.73***	0.66***	0.82***
판매제품 모델 수	0.65***	0.72***	0.80***	0.76***	0.68***	0.63***	0.77***
고객서비스 수준(고객응대, AS)	0.66***	0.45***	0.77***	0.76***	0.57**	0.57***	0.64***

주: *p⟨0.05; **p⟨0.01; ***p⟨0.001.

2) 제품유형별 분석

제품유형별 피어슨 상관계수 분석에 의하면, 시장경쟁력과 가장 관계가 높은 요인은 원재료/소재 유형에서는 자사의 신제품 출시 빈도(0.83), 부품 유형에서는 고객 리드타임 경쟁력 수준(0.80), 시스템에서는 자가 제품의 가격경쟁력 수준(0.82), 최종소비재에서는 고객 리드타임 경쟁력 수준(0.79), 최종산업재에서는 자사의 신제품 출시 빈도(0.81)로 각각 나타났다.

〈표 4-18〉 시장경쟁력과 동 요인들 간의 제품유형별 피어슨 상관계수

요 인 \ 제품유형	원재료 / 소재	부 품	시스템	최종소비재	최종산업재
자사 제품의 가격경쟁력 수준	0.60***	0.52***	0.82***	0.75***	0.43***
자사 제품의 시장품질 수준	0.75***	0.74***	0.72***	0.69***	0.63***
자사의 신제품 출시 빈도	0.74***	0.73***	0.62***	0.78***	0.81***
시장 최초의 혁신적 신제품 출시 능력	0.83***	0.69***	0.80***	0.78***	0.71***
고객 리드타임 경쟁력 수준	0.82***	0.80***	0.75***	0.79***	0.74***
판매 제품 모델 수	0.74***	0.76***	0.55**	0.77***	0.79***
고객서비스 수준(고객응대, AS)	0.60***	0.70***	0.47*	0.63***	0.68***

주: *p<0.05; **p<0.01; ***p<0.001.

4. 요인분석

본 연구에서는 개념타당성[34]을 검정하기 위하여 경험적(exploratory)

---

34) 개념타당성은 측정도구가 실제로 무엇을 측정하였는가, 또는 조사자가 측정하고자 하는 추상적인 개념이 실제로 측정도구에 의해서 적절하게 측정되었는가의 문제와 관련된 것이다. 개념타당성은 요인분석(factor analysis)을 통해서 나타난 모든 요인들의 고유치(Eigen value)가 1보다 커야 한다(Hair et al., 1995.).

요인분석을 수행하였는데, 잠재변수인 자원 및 경쟁역량, 프로세스 경쟁력, 시장경쟁력, 고객성과 변수들에 대한 요인분석 결과가 〈표 4-19〉, 〈표 4-21〉, 〈표 4-23〉, 〈표 4-25〉에 각각 제시되어 있다. 요인분석 결과 고유치(Eigen value)가 모두 1 이상이며 Cronbach α 계수도 높은 신뢰도를 보였다. 따라서 본 연구가 제시한 자원 및 경쟁역량, 개발경쟁력, 제조경쟁력, 시장경쟁력, 고객성과 등은 각 변수의 측정치에 대한 개념타당성을 보여주고 있다.

4-1. 자원 경쟁력

기업의 자원 및 경쟁역량 변수들을 요인분석한 결과 고유치(Eigen value)가 1 이상인 주성분(principal component)이 모두 8개 도출되었으며, 전체 변수의 분산의 63.4%를 설명해 주고 있다.

향후의 본 연구모형 분석에서 사용되는 자원 및 역량 부문 변수는 주성분 분석을 통해 다중공선성을 제거하여 도출된 8개의 변수, 즉 ① 협력업체의 능력, ② 참여적 조직, ③ 생산기반 및 혁신활동 수준, ④ 협력업체와의 파트너십, ⑤ 연구개발력, ⑥ 관리역량, ⑦ 종업원의 교육시간 및 만족도, ⑧ 조직성과로 요약된다.

상기한 요인분석 결과를 바탕으로, 각 요인의 요인적재치와 가중치를 구하면 〈표 4-19〉과 같다.

〈표 4 - 19〉 자원경쟁력 부문의 요인분석 결과

자원 및 경쟁역량 부문의 측정 지표	변수	(1) 협력 업체의 경쟁력	(2) 참여적 조직	(3) 생산 기반/ 혁신 활동 수준	(4) 협력 업체 와의 파트너 십	(5) 연구 개발력	(6) 관리 역량	(7) 종업원 의 교육 시간 및 만족도	(8) 조직 성과 수준
(1)협력업체의 납기 준수율 수준	V156	0.835	0.096	0.083	0.027	0.050	0.026	0.077	-0.070
(2)협력업체의 부품공급 리드 타임 경쟁력	V157	0.796	0.106	0.156	0.127	0.002	-0.016	0.019	-0.028
(3)협력업체의 원료 및 부품 품질 수준	V155	0.728	0.004	0.070	0.240	0.066	0.016	-0.084	0.035
(4)협력업체의 급격한 물량 변동 대응력	V158	0.719	0.032	0.189	0.175	0.078	0.080	0.150	0.059
(5)협력업체의 다품종 생산 요구 대응력	V159	0.659	0.004	0.261	0.135	0.089	0.053	0.072	-0.049
(6)협력업체의 원료 및 부 품공급 가격경쟁력	V154	0.628	0.082	0.113	0.217	-0.024	0.077	-0.149	0.047
(7)종업원의 자율적인 의사 결정 수준	V26	0.031	0.764	0.084	0.073	0.068	-0.015	-0.025	0.023
(8)종업원 자신의 업무와 관련 된 의사결정 참여 수준	V23	-0.046	0.754	0.128	0.085	0.043	0.142	-0.010	0.030
(9)실무진에 의사결정권한 부여 수준	V22	-0.013	0.726	0.080	0.069	0.168	0.132	0.071	-0.009
(10)부서 간 기능 통합적 문 제해결 수준	V24	0.004	0.690	0.035	0.047	-0.116	0.173	0.178	0.126
(11)부서 간 원활한 의사소 통 수준	V25	0.241	0.647	0.109	-0.024	-0.052	0.206	0.047	0.061
(12)공동체 의식과 서로에 대한 관심	V27	0.151	0.640	0.032	0.056	0.122	0.122	0.169	0.040
(13)창조적 아이디어 제시와 위험감수 장려 수준	V28	0.093	0.563	0.182	0.132	0.059	-0.101	0.017	0.291
(14)시설 및 장비의 다품종 생산능력	V142	0.155	0.091	0.766	0.026	0.000	0.051	-0.045	0.078
(15)정보시스템 수준	V143	0.173	0.191	0.678	0.186	0.071	0.012	0.158	0.047
(16)시설 및 장비의 자동화 수준	V141	0.090	0.068	0.653	0.196	0.053	0.101	0.251	0.032

자원 및 경쟁역량 부문의 측정 지표	변수	(1) 협력업체의 경쟁력	(2) 참여적 조직	(3) 생산기반/혁신활동 수준	(4) 협력업체와의 파트너십	(5) 연구개발력	(6) 관리역량	(7) 종업원의 교육시간 및 만족도	(8) 조직성과 수준
(17)인프라 수준(공업용수, 에너지, 교통, 부품산업)	V152	0.208	0.024	0.608	0.103	0.078	0.273	−0.424	−0.008
(18)혁신활동 수준(5S, TPM, Sigma, QC 등)	V145	0.197	0.177	0.589	0.314	0.069	0.017	0.228	0.199
(19)확정 생산계획 기본 주기 속도 수준	V144	0.387	0.247	0.557	0.014	0.057	−0.010	0.131	−0.120
(20)공업입지(인력확보, 생활건강, 교육환경 수준)	V153	0.325	0.027	0.453	0.231	0.140	0.244	−0.382	0.011
(21)협력업체와의 정보공유 수준	V161	0.331	0.155	0.187	0.778	0.053	0.038	0.064	−0.018
(22)협력업체에 대한 기술 및 혁신활동 지원	V162	0.339	0.156	0.181	0.753	0.085	0.016	0.054	0.032
(23)협력업체와의 이익 공유 수준	V160	0.331	0.080	0.262	0.729	0.092	0.032	−0.075	−0.021
(24)연구개발 투자 수준	V99	0.056	0.010	0.033	0.099	0.881	−0.025	0.081	0.052
(25)연구개발 특허 및 논문 발표 수	V100	0.070	0.076	−0.018	0.046	0.834	0.020	−0.001	0.125
(26)연구개발 기술, 정보, 지식 공유 및 확보 수준	V101	0.066	0.131	0.182	0.024	0.747	0.025	−0.078	−0.070
(27)임직원의 규정과 제도 엄수 수준	V21	0.044	0.237	0.030	0.044	−0.014	0.826	0.078	0.097
(28)업무수행 관련 규정과 제도절차 명문화 수준	V20	0.086	0.260	0.080	0.012	0.028	0.764	0.125	0.025
(29)종업원 교육시간 수준	V18	0.023	0.238	0.290	0.091	0.038	0.208	0.658	0.095
(30)종업원 만족도	V19	0.211	0.341	0.222	0.014	0.000	0.310	0.571	0.042
(31)종업원들의 긴장감과 압박감	V29	−0.037	0.084	0.046	−0.163	0.078	0.091	0.066	0.851
(32)실적에 따른 성과금제도 엄격 적용	V30	−0.018	0.352	0.104	0.245	0.031	0.055	0.026	0.616
고유치(Eigen Value)		8.175	3.612	2.064	1.689	1.372	1.164	1.127	1.072
Cronbach α		0.862	0.840	0.820	0.853	0.788	0.753	0.727	0.460

주: 각 변수의 오른편 수치는 요인적재치를 나타냄.

〈표 4-20〉 자원 경쟁력 측정변수들의 변수별 가중치

요 인	측정 지표	요인적재치[1]	가중치[2]
(1)협력업체의 경쟁력 수준	협력업체의 납기 준수율 수준(V156)	0.835	0.217
	협력업체의 부품공급 리드타임 경쟁력 수준(V157)	0.796	0.198
	협력업체의 원료 및 부품 품질 수준(V155)	0.728	0.165
	협력업체의 급격한 물량변동 대응력 수준(V158)	0.719	0.161
	협력업체의 다품종 생산요구에 대한 대응력 수준(V159)	0.659	0.135
	협력업체의 원료 및 부품공급 가격경쟁력 수준(V154)	0.628	0.123
(2)참여적 조직	종업원의 자율적인 의사결정 수준(V26)	0.764	0.177
	종업원 자신의 업무와 관련된 의사결정 참여 수준(V23)	0.754	0.172
	실무진에 의사결정권한 부여 수준(V22)	0.726	0.160
	각 부서의 기능을 통합하여 문제 해결하는 수준(V24)	0.690	0.144
	부서 간 원활한 의사소통 수준(V25)	0.647	0.127
	공동체 의식과 서로에 대한 관심 수준(V27)	0.640	0.124
	창조적 아이디어제시와 위험감수 장려, 실패 허용 수준(V28)	0.563	0.096
(3)생산기반 및 혁신활동 수준	시설 및 장비의 다품종 생산능력(V142)	0.766	0.217
	정보시스템 수준(V143)	0.678	0.170
	시설 및 장비의 자동화 수준(V141)	0.653	0.158
	5S, TPM, 6Sigma, QC 등의 혁신활동 수준(V152)	0.608	0.137
	공업입지 Ⅰ: 인프라 수준 즉 공업용수 및 에너지공급, 교통, 부품산업(V145)	0.589	0.128
	확정 생산계획 기본 주기 속도 수준(V144)	0.557	0.115
	공장입지 Ⅱ: 인력확보, 생활건강, 교육환경(V153)	0.453	0.076
(4)협력업체와의 파트너십	협력업체와의 정보공유 수준(V161)	0.778	0.355
	협력업체에 대한 기술 및 혁신활동 지원 수준(V162)	0.753	0.333
	협력업체와의 이익 공유 수준(V160)	0.729	0.312
(5)연구개발력	연구개발 투자 수준(V99)	0.881	0.382
	연구개발 특허 및 논문발표 수(V100)	0.834	0.343
	연구개발 관련 기술, 정보, 지식 공유 및 확보 수준(V101)	0.747	0.275
(6)관리역량	임·직원의 회사규정과 제도 엄수 수준(V21)	0.826	0.539
	업무수행 관련 규정과 제도 및 절차의 명문화 수준(V20)	0.764	0.461
(7)종업원의 교육 시간 및 만족도	종업원 교육시간 수준(V18)	0.658	0.570
	종업원 만족도 수준(V19)	0.571	0.430
(8)조직성과 수준	종업원들의 긴장감과 압박감 수준(V29)	0.851	0.656
	실적에 따른 성과급제도 엄격 적용 수준(V30)	0.616	0.344

주: 1) 요인적재치(F_{ij}): 변수 X_i의 전체 변동분을 1이라고 할 때, F_{ij}^2은 Factor j에 의해 설명되는 변동분을 의미함. 요인적재값이 클수록 요인에서 중요도(설명력)가 높음을 의미함.
　　2) 가중치 $= F_{ij}^2 / \sum(F_{ij}^2)$.

4-2. 프로세스 경쟁력

〈표 4-21〉는 프로세스 경쟁력 부문의 요인분석 결과이다. 직각회전에 의한 주성분 분석(principal component analysis) 결과 제조경쟁력과 개발경쟁력을 측정하는 변수들이 각각 단일 차원으로 묶이고 있으며, 이 2개의 요인이 전체 변수의 변량 중에서 56.2%를 설명해 주고 있다. 두 요인에 대한 신뢰성 분석결과 Cronbach α 값이 0.900과 0.815로서 모두 높은 신뢰성을 나타낸다. 그리고 두 요인의 고유치는 각각 4.955와 2.909로 추정되었다. 이러한 요인분석 결과는 개발경쟁력과 제조경쟁력의 개념타당성이 높음을 나타낸다.

〈표 4-21〉 프로세스 경쟁력 부문에 대한 요인분석 결과

프로세스 경쟁력의 측정지표	변수	요인	
		개발경쟁력	제조경쟁력
(1) 신기술 사업화 능력 수준	V116	0.806	0.018
(2) 신제품의 기술개발 목표 달성도	V113	0.789	−0.024
(3) 신제품 개발 건수 수준	V107	0.788	0.130
(4) 신제품 매출 비중	V108	0.780	0.108
(5) 신제품 개발 납기 준수율	V115	0.779	−0.001
(6) 신제품 개발 리드타임 경쟁력 수준	V114	0.776	0.039
(7) 신제품 파생모델 다양성 수준	V109	0.742	0.154
(8) 양산 후, 품질안정화 능력 수준	V111	0.614	0.148
(9) 협력업체의 납기 준수율 수준	V148	0.037	0.789
(10) 생산리드타임 경쟁력 수준	V149	0.082	0.772
(11) 협력업체의 물량변동 대응력 수준	V151	0.097	0.753
(12) 시설 및 장비의 다품종 생산능력 수준	V150	0.019	0.729
(13) 공정품질 수준	V147	0.121	0.682
(14) 제조원가 경쟁력 수준	V146	0.045	0.577
고유치(Eigen Value)		4.955	2.909
Cronbach α		0.900	0.815

〈표 4-22〉 프로세스 경쟁력의 변수별 가중치

잠재요인	측정지표	요인적재치[1]	가중치[2]
개발 경쟁력	(1) 신기술 사업화 능력 수준(V116)	0.8059	0.140
	(2) 신제품의 기술개발 목표 달성도(V113)	0.7888	0.134
	(3) 신제품 개발 건수 수준(V107)	0.7879	0.134
	(4) 신제품 매출 비중(V108)	0.7804	0.131
	(5) 신제품 개발 납기 준수율(V115)	0.7792	0.131
	(6) 신제품 개발 리드타임 경쟁력 수준(V114)	0.7756	0.130
	(7) 신제품 파생모델 다양성 수준(V109)	0.7424	0.119
	(8) 양산 후, 품질안정화 능력 수준(V111)	0.6140	0.081
제조 경쟁력	(9) 협력업체의 납기 준수율 수준(V148)	0.7887	0.200
	(10) 생산리드타임 경쟁력 수준(V149)	0.7716	0.191
	(11) 협력업체의 급격한 물량변동에 대한 대 응력 수준(V151)	0.7525	0.182
	(12) 시설 및 장비의 다품종 생산능력 수준 (V150)	0.7294	0.171
	(13) 공정품질 수준(V147)	0.6824	0.150
	(14) 제조원가 경쟁력 수준(V146)	0.5772	0.107

주: 1) 요인적재치(F_{ij}): 변수 X_i의 전체 변동분을 1이라고 할 때, F_{ij}^2은 Factor
j에 의해 설명되는 변동분을 의미함. 요인적재값이 클수록 요인에서
중요도(설명력)가 높음을 의미함.
   2) 가중치 $= F_{ij}^2 / \sum(F_{ij}^2)$.

상기의 요인적재치에 의거하여, 각 측정비표의 가중치를 계산하면
〈표 4-22〉과 같다.

4-3. 시장경쟁력

<표 4-23> 시장경쟁력의 요인분석 결과

시장경쟁력의 측정지표	변 수	요인적재치
고객 리드타임 경쟁력 수준	V35	0.7943
자사의 신제품 출시 빈도	V33	0.7630
시장 최초의 혁신적 신제품 출시 능력	V34	0.7480
판매 제품 모델 수	V36	0.7410
자사 제품의 품질 수준	V32	0.7187
고객서비스 수준(고객응대, AS)	V37	0.6444
자사 제품의 가격경쟁력 수준	V31	0.5624
고유치(Eigen Value)		0.359
Cronbach α		0.836

<표 4-24> 시장경쟁력의 변수별 가중치

측정지표	변 수	요인적재치	가중치
고객 리드타임 경쟁력 수준	V35	0.794	0.177
자사의 신제품 출시 빈도	V33	0.763	0.163
시장 최초의 혁신적인 신제품 출시 능력 수준	V34	0.748	0.157
판매 제품모델 수의 수준	V36	0.741	0.154
자사 제품의 시장품질 수준	V32	0.719	0.145
고객서비스 수준(고객응대, AS)	V37	0.644	0.116
자사 제품의 가격경쟁력 수준	V31	0.562	0.089

주: 주력제품 기준.

<표 4-23>은 시장경쟁력 부문의 요인분석 결과인데, 단일요인(즉 시장경쟁력)으로 묶였으며 이것은 전체 변량의 51.0%를 설명해 주고 있다. 고유치는 3.569로, Cronbach α는 0.836으로 각각 추정됨으로써 높은 개념타당성과 신뢰도를 나타내고 있다.

상기의 요인적재치에 의거하여, 각 측정비표의 가중치를 계산하면

110

〈표 4-24〉과 같다.

4-4. 고객성과

〈표 4-25〉 고객성과 부문의 요인분석 결과[1]

고객성과 부문의 측정지표	변 수	요 인	
		고객충성	고객만족
종합 고객만족도 수준	V39	0.859	0.008
기존 고객 유지율	V38	0.844	0.078
고객서비스(고객응대, AS) 수준	V37	0.790	0.081
고객 리드타임 경쟁력 수준	V35	0.684	0.123
기존 고객 이탈률	V43	0.300	-0.148
고객 리드타임(국내)	V41	-0.023	0.940
고객 리드타임(국외)	V42	-0.015	0.933
건당 평균 고객서비스 시간	V44	0.081	0.520
고유치(Eigen Value)		2.694	2.019
Cronbach α		0.675	0.301

주: 1) 변수 간 측정방법(등간, 비율)이 상이하여 각각의 변량을 표준화한 Z 값으로 요인분석을 실시하였다. 표준정규치: $Z = X - \mu / \sigma$

〈표 4-26〉 고객성과 부문의 변수별 가중치

요인	측정지표	변 수	요인적재치	가중치
고객충성	종합 고객만족도	V39	0.859	0.281
	기존 고객 유지율	V38	0.844	0.271
	고객서비스(고객응대, AS) 수준	V37	0.790	0.237
	고객 리드타임 경쟁력 수준	V35	0.684	0.178
	기존 고객 이탈률	V43	0.300	0.034
고객서비스 시간	고객 리드타임(국내)	V41	0.940	0.436
	고객 리드타임(국외)	V42	0.933	0.430
	건당 평균 고객서비스 시간	V44	0.520	0.134

고객성과 부문의 요인분석 결과 두 가지 요인, 즉 ① 고객충성, ② 고객서비스 시간으로 도출되었다. 이 2개의 요인이 전체 변수의 변량 중에서 58.9%를 설명해 주고 있다. 이들의 고유치는 각각 2.694, 2.019로서 개념타당성을 확인해 주고 있다. 그러나 이들의 Cronbach α 는 각각 0.675, 0.301로 나타났는데, 고객서비스 시간의 신뢰도가 낮게 나타났다.

〈표 4-25〉의 요인적재치를 이용하여 변수별 가중치를 계산하면 〈표 4-26〉과 같다.

4-5. 재무성과

재무성과 부문의 요인분석 결과 1개의 요인으로 묶였으며 이의 요인적재치와 가중치는 〈표 4-27〉과 같다.

〈표 4-27〉 재무성과 부문의 변수별 가중치

요 인	재무성과 부문의 측정지표	변 수	요인적재치	가중치
재무성과	매출액 증가율	성장성	0.891	0.499
	영업이익률	수익성	0.890	0.498
	유동비율	안정성	0.078	0.004

5. 회귀분석

일반적으로 회귀분석 결과는 ① 독립변수와 종속변수 간의 상호 관련성 여부를, ② 만약 상관관계가 있다면 독립변수와 종속변수 간에 어떠한 관계가 있는가를, 또한 이러한 관계의 크기나 유의도를 각각 나타낸다.

5-1. 프로세스 경쟁력에 대한 자원경쟁력의 회귀분석

우선 프로세스 경쟁력(개발경쟁력과 제조경쟁력)에 대한 자원 및 경쟁역량의 산업 부문별 및 제품유형별 영향요인을 분석하기 위하여 회귀분석을 실시하고자 한다.

1) 개발경쟁력에 대한 자원경쟁력의 영향력

개발경쟁력에 대한 자원 및 경쟁역량의 회귀분석 결과 제조업 전체의 경우, 1차금속 및 전기기계를 제외한 나머지 5개 사업 부문의 경우, 부품을 제외한 나머지 4개 제품유형의 경우에 대한 회귀계수들은 모두 유의적으로 추정되었다.

자원 및 경쟁역량의 8개 요인 중에서 연구개발력이 산업 전체뿐만 아니라 산업 부문별로 보나 모든 경우에서 가장 높은 설명력을 가진 것으로 추정되었다. 산업 전체의 경우, 연구개발력의 회귀계수가 0.516으로 유의적으로(p<0.001) 추정되었다.

〈표 4-28〉 산업 부문별 영향요인 분석: (1) 자원경쟁력 → 개발경쟁력

산업 부문	회귀계수								R^2	Sig.F (p값)
	협력 업체의 능력수준	참여적 조직	생산기반 및 혁신활동 수준	협력업 체와의 파트너 십	연구 개발력	관리 역량	종업원 교육시간 및 만족도	조직 성과		
화학 및 의약품	0.252	-0.469	0.327	-0.100	0.476	0.040	0.335	0.082	0.536	0.000
1차 금속	0.327	0.245	-0.420	-0.146	0.560	-0.103	-0.019	0.083	0.418	0.190
조립금속	0.033	0.008	0.330	-0.535	0.742	0.098	-0.216	-0.291	0.713	0.001
기계장비	0.129	0.259	-0.037	-0.093	0.528	-0.039	-0.072	0.116	0.517	0.000
전기기계	-0.377	0.115	0.016	0.263	0.289	-0.380	0.207	0.074	0.444	0.144
전자제품	-0.078	0.264	0.056	-0.096	0.524	-0.135	-0.074	0.073	0.568	0.000
자동차부품	0.011	-0.273	0.412	0.258	0.587	0.057	-0.122	-0.088	0.520	0.001
제조업전체	0.020	0.018	0.040	0.008	0.516	-0.037	0.018	0.025	0.413	0.000

주: $R^2 = SSR/SST = \sum(\hat{y} - \bar{y})^2 / \sum(y_i - \bar{y})^2$

산업 부문별로 보면 조립금속의 경우 연구개발력의 회귀계수가 0.742로서 가장 높게 추정되었던 전기기계의 경우 연구개발력의 영향력이 가장 낮게 추정되었다.

한편 제품유형별 영향요인을 보면 산업 전체 및 산업 부문별 분석의 경우와 같이, 연구개발력이 모든 제품유형의 경우에서 가장 높은 설명력을 갖는 것으로 나타났다. 시스템 부문의 경우 연구개발력의 회귀계수가 0.742로서 가장 높게 유의적으로(p<0.05) 추정되었다.

〈표 4 - 29〉 제품유형별 영향요인 분석: (1) 자원 및 경쟁역량 → 개발경쟁력

제품 유형	회귀계수								R^2	Sig.F (p값)
	협력 업체의 경쟁력 수준	참여적 조직	생산기반 및 혁신활동 수준	협력 업체와의 파트너 십	연구 개발력	관리 역량	종업원 교육시간 및 만족도	조직 성과		
원재료 및 소재	0.060	0.025	0.029	-0.120	0.571	-0.042	-0.009	0.013	0.470	0.000
부품	0.327	0.245	-0.420	-0.146	0.560	-0.103	-0.019	0.083	0.418	0.190
시스템	0.033	0.008	0.330	-0.535	0.742	0.098	-0.216	-0.291	0.713	0.001
최종소비재	0.129	0.259	-0.037	-0.093	0.528	-0.039	-0.072	0.116	0.517	0.000
최종산업재	-0.377	0.115	0.016	0.263	0.289	-0.380	0.207	0.074	0.444	0.144

2) 제조경쟁력에 대한 자원 경쟁역량의 회귀분석

제조경쟁력에 대한 자원 및 경쟁역량의 회귀분석 결과 제조업 전체의 경우, 1차금속을 제외한 나머지 6개 산업 부문의 경우, 부품을 제외한 나머지 4개 제품유형의 경우에 대한 회귀계수들은 모두 유의적으로 추정되었다.

자원 및 경쟁역량의 8개 요인 중에서 생산기반 및 혁신활동 수준이 제조업 전체뿐만 아니라 산업 부문별로 보아 가장 높은 설명력을 유

의적으로(p⟨0.001) 일관성 있게 추정되었다.

여기서 유의할 것은 제조업 전체 분석의 경우와 산업 부문별 및 제품유형별 분석의 경우에서는 자원 및 경쟁역량 요인들 중에서 연구개발력이 개발경쟁력에 대하여 가장 높은 영향력을 보였던 반면에 제조경쟁력에 대한 연구개발력의 회귀계수는 매우 낮을 뿐만 아니라 마이너스 부호를 보였다는 점이다. 이것은 개발경쟁력과 제조경쟁력의 특성을 여실히 나타내 준다.

산업 부문별로 보면 자동차부품의 경우, 생산기반 및 혁신활동 수준의 회귀계수가 0.758로서 가장 높게 추정되었던 반면에, 기계장비의 경우 협력업체의 능력 수준의 회귀계수가 0.691로 가장 높게 추정되었다.

〈표 4-30〉 산업 부문별 영향요인 분석: (2) 자원경쟁력 → 제조경쟁력

산업 부문	회귀계수								R^2	Sig.F (p값)
	협력업체의 경쟁력 수준	참여적 조직	생산기반 및 혁신활동 수준	협력업체와의 파트너 십	연구 개발력	관리 역량	종업원 교육시간 및 만족도	조직 성과		
화학 및 의약품	0.267	-0.124	0.592	-0.143	-0.115	-0.106	0.096	-0.022	0.342	0.051
1차 금속	0.139	0.641	0.310	-0.030	0.086	-0.110	-0.310	-0.016	0.424	0.179
조립금속	0.204	0.222	0.570	0.058	-0.002	0.069	0.019	-0.207	0.714	0.001
기계장비	0.691	0.147	0.676	-0.349	-0.095	-0.036	0.029	0.051	0.707	0.000
전기기계	0.386	0.212	0.407	-0.047	0.064	0.004	0.092	-0.091	0.699	0.002
전자제품	0.492	-0.034	0.394	-0.080	-0.074	0.147	-0.040	0.016	0.690	0.000
자동차부품	0.416	0.077	0.758	-0.016	-0.091	0.099	-0.241	0.086	0.684	0.000
제조업전체	0.361	0.100	0.505	-0.090	-0.036	-0.010	0.001	-0.016	0.528	0.000

〈표 4-31〉 제품유형별 영향요인 분석: (2) 자원경쟁력 → 제조경쟁력

제품유형	회귀계수								R^2	Sig.F (p값)
	협력업체의 경쟁력 수준	참여적 조직	생산기반 및 혁신활동 수준	협력업체와의 파트너십	연구 개발력	관리 역량	종업원 교육시간 및 만족도	조직 성과		
원재료 및 소재	0.300	0.232	0.522	-0.055	-0.036	-0.082	0.006	-0.019	0.518	0.000
부품	0.139	0.641	0.310	-0.030	0.086	-0.110	-0.310	-0.016	0.424	0.179
시스템	0.204	0.222	0.570	0.058	-0.002	0.069	0.019	-0.207	0.714	0.001
최종소비재	0.691	0.147	0.676	-0.349	-0.095	-0.036	0.029	0.051	0.707	0.000
최종산업재	0.386	0.212	0.407	-0.047	0.064	0.004	0.092	-0.091	0.699	0.002

한편 제품유형별 영향요인을 보면 산업 부문별 분석의 경우와 비슷하게 생산기반 및 혁신활동 수준, 협력업체의 경쟁력 수준, 참여적 조직이 모든 제품유형의 경우에서 가장 높은 설명력을 보였다. 최종소비재의 경우, 협력업체의 경쟁력과 생산기반 및 혁신활동 수준의 회귀계수가 각각 0.691, 0.676으로 가장 높게 유의적으로(p<0.001) 추정되었다. 이 추정결과는 원재료 및 소재, 최종산업재, 시스템 부문에서도 비슷하게 나타났다.

5-2. 시장경쟁력에 대한 프로세스 경쟁력의 회귀분석

1) 시장경쟁력에 대한 프로세스 경쟁력의 영향력: 제조업 전체

〈표 4-32〉 산업 부문별 영향요인 분석: (3) 프로세스 경쟁력 → 시장경쟁력

산업 부문	회귀계수		R^2	Sig.F (p값)
	개발경쟁력	제조경쟁력		
화학 및 의약품	0.136	0.447	0.217	.008
1차 금속	−0.052	0.609	0.427	.001
조립금속	−0.206	0.623	0.349	.005
기계장비	0.310	0.494	0.340	.000
전기기계	0.004	0.723	0.509	.000
전자제품	0.201	0.616	0.412	.000
자동차부품	0.084	0.055	0.429	.000
제조업 전체	0.161	0.525	0.301	.000

주: *p⟨0.05; **p⟨0.01; ***p⟨0.001. p⟨0.05이면 회귀식이 유의적임(P=Sig. F).

시장경쟁력에 대한 프로세스 경쟁력의 회귀분석 결과〈표 4-32〉 및〈표 4-33〉에서 보는 바와 같이 제조업 전체 및 7개 산업 부문, 5개 제품유형의 모든 회귀계수들이 유의적으로 나타났다. 시스템의 경우를 제외한 나머지 모든 경우에서 시장경쟁력에 대한 제조경쟁력의 영향력이 개발경쟁력의 영향력보다 더 높게 나타났다. 제조업 전체로 보면 제조경쟁력의 영향력이 개발경쟁력의 영향력보다 3배 이상으로 높게 나타났다.

여기서 유의할 것은 우리나라 산업구조에서 큰 비중을 차지하는 자동차 산업 경쟁력의 핵심적 요소인 자동차부품의 경우 시장경쟁력에 대한 개발경쟁력과 제조경쟁력의 영향력이 매우 낮게(p⟨0.001) 나타났

다는 점이다. 이것은 물론 시장경쟁력에 대한 자동차라는 완성품의 영향력에 비하여 자동차부품의 영향력이 낮을 수밖에 없겠지만 자동차부품의 개발 및 제조경쟁력을 더욱 높임으로써 자동차 산업의 시장경쟁력을 더욱 강화해야 한다는 산업발전 방향을 제시해 주는 것으로 해석될 수 있다.

〈표 4-33〉 제품유형별 영향요인 분석: (3) 프로세스 경쟁력 → 시장경쟁력

제품 유형	회귀계수		R^2	Sig.F (p값)
	개발경쟁력	제조경쟁력		
원재료 및 소재	0.096	0.582	0.336	0.000
부품	0.130	0.544	0.365	0.000
시스템	0.452	0.131	0.321	0.014
최종소비재	0.249	0.558	0.283	0.000
최종산업재	0.164	0.481	0.275	0.000

주: $*p<0.05$; $**p<0.01$; $***p<0.001$. $p<0.05$이면 회귀식이 유의적임($P=$Sig. F).

2) 시장경쟁력에 대한 프로세스 경쟁력의 영향력: 산업 부문별 분석

개발 세부 경쟁력이 시장경쟁력에 미치는 영향력을 회귀계수로 보면 제조업 전체의 경우 모든 회귀계수들이 유의적으로($p<0.001$) 나타난 반면에 조립금속과 전자제품을 제외한 나머지 5개 산업 부문의 회귀계수들은 모두 비유의적으로 나타났다. 제조업 전체의 경우, 시장경쟁력에 대하여 매출비중(0.122)의 영향력이 가장 높게 나타났다는 것은 논리적으로 당연한 것으로 해석된다.

〈표 4-34〉 산업 부문별 영향요인 분석: (4) 개발경쟁력 → 시장경쟁력

산업 부문	회귀계수								R^2	Sig.F (p값)
	개발 건수	매출 비중	파생모델 다양성	품질안정화 능력	기술목표 달성도	개발 리드타임	개발 납기준수	신기술 사업화 능력		
화학 및 의약품	0.146	-0.117	0.031	-0.087	0.012	-0.033	0.058	0.076	0.124	.7712
1차 금속	0.183	0.067	0.008	0.182	0.222	-0.058	-0.296	-0.277	0.116	.9589
조립금속	-0.296	0.181	0.091	-0.097	0.313	0.820	-0.511	-0.276	0.526	.0399
기계장비	-0.074	0.069	0.214	0.113	-0.171	0.187	-0.060	0.138	0.217	.0667
전기기계	-0.023	-0.258	0.064	-0.322	0.198	0.021	-0.123	0.279	0.208	.7741
전자제품	0.160	-0.041	0.195	0.068	-0.365	-0.197	0.152	0.222	0.318	.0367
자동차부품	0.229	0.212	-0.098	-0.040	0.153	-0.104	-0.043	-0.209	0.249	.2462
제조업전체	0.013	0.122	0.062	0.047	-0.010	-0.010	-0.045	0.070	0.089	.0000

주: *p<0.05; **p<0.01; ***p<0.001. p<0.05이면 회귀식이 유의적임(P=Sig. F).

다른 한편으로, 제조경쟁력이 시장경쟁력에 미치는 영향력을 회귀분석으로 추정해 보면 제조업 전체의 경우 모든 회귀계수들이 유의적(p<0.001)으로 나타났으며, 또한 화학 및 의약품을 제외한 나머지 6개 산업 부문의 회귀계수들도 모두 유의적으로 나타났다. 제조업 전체의 경우 시장경쟁력에 대하여 공정품질 수준의 영향력이 가장 높게 나타났다는 것은 시장경쟁력의 결정요인 중에서 신뢰성이 가장 중요하다는 것을 상기시켜 준다.

〈표 4-35〉 산업 부문별 영향요인 분석: (5) 제조경쟁력 → 시장경쟁력

산업 부문	회귀계수						R^2	Sig.F (p값)
	제조 원가	공정품질 수준	납기 준수	생산 리드타임	다품종 생산능력	물량변동 대응력		
화학 및 의약품	-0.083	0.188	0.029	0.048	0.060	0.179	0.233	.122
1차 금속	0.081	0.106	-0.111	0.116	0.112	0.259	0.471	.031
조립금속	0.106	0.055	0.164	0.115	0.344	-0.204	0.464	.027
기계장비	0.311	0.183	0.134	-0.156	0.067	0.116	0.322	.000
전기기계	0.364	-0.263	0.487	0.142	0.155	-0.035	0.692	.000
전자제품	0.196	0.135	0.024	0.258	-0.143	0.143	0.474	.000
자동차부품	0.075	0.365	0.192	0.173	-0.074	-0.117	0.544	.000
제조업전체	0.112	0.149	0.098	0.085	0.047	0.085	0.280	.000

주: *p<0.05; **p<0.01; ***p<0.001. p<0.05이면 회귀식이 유의적임(P=Sig. F).

3) 시장경쟁력에 대한 프로세스 경쟁력의 영향력: 제품유형별 분석

개발경쟁력이 시장경쟁력에 미치는 영향력을 회귀분석으로 제품유형별로 추정해 보면 원재료 및 소재와 최종산업재의 회귀계수들이 모두 비유의적으로 나타났다. 최종소비재의 경우, 개발 납기 준수가 가장 높은 회귀계수(0.277)를 유의적으로(p⟨0.05) 나타냈다. 이것은 최종소비재 시장에서 개발납기 준수가 가장 중요한 시장경쟁력 결정요인임을 나타낸다.

〈표 4-36〉 제품유형별 영향요인 분석: (4) 개발경쟁력 → 시장경쟁력

제품유형	회귀계수								R^2	Sig.F (p값)
	개발 건수	매출 비중	파생모델 다양성	품질안정화 능력	기술목표 달성도	개발 리드타임	개발 납기준수	신기술 사업화능력		
원재료 및 소재	0.134	0.086	−0.013	0.030	0.047	0.131	−0.193	−0.065	0.097	0.361
부품	0.027	0.069	−0.028	0.143	0.011	−0.059	−0.089	0.165	0.121	0.081
시스템	0.077	0.172	−0.018	−0.147	0.155	0.176	−0.317	0.232	0.541	0.069
최종소비재	−0.082	0.100	0.278	−0.076	0.022	−0.179	0.277	0.017	0.197	0.016
최종산업재	−0.157	0.239	0.107	0.101	0.006	0.036	−0.025	0.060	0.156	0.157

주: *p⟨0.05; **p⟨0.01; ***p⟨0.001. p⟨0.05이면 회귀식이 유의적임(P=Sig. F).

다른 한편으로, 제조경쟁력이 시장경쟁력에 미치는 영향력을 회귀분석으로 제품유형별로 추정해 보면 시스템을 제외한 나머지 4개 제품유형에서 모든 회귀계수들이 유의적으로 나타났다. 최종산업재의 경우 공정품질 수준이 0.205로서 가장 높은 영향력을 유의적으로(p⟨0.001) 나타났다. 이것은 이 제품유형의 경우 시장경쟁력을 지키고 또한 이를 높이기 위해서는 신뢰성(공정품질 수준)이 가장 중요함을 말해 준다. 한편 최종산업재의 경우 물량변동 대응력의 회귀계수가 0.219로서 유의적으로(p⟨0.001) 추정되었는데, 이것은 최종소비재의 시장에서는 물

량변동 대응력이 가장 중요한 시장경쟁력의 결정요인임을 나타낸다.

〈표 4-37〉 제품유형별 영향요인 분석: (5) 제조경쟁력 → 시장경쟁력

제품유형	회귀계수						R^2	Sig.F (p값)
	제조 원가	공정품질 수준	납기 준수	생산 리드타임	다품종 생산능력	물량변동 대응력		
원재료 및 소재	0.111	0.247	0.139	0.176	0.010	-0.067	0.374	0.000
부품	0.094	0.208	0.080	0.139	-0.036	0.093	0.375	0.000
시스템	0.461	-0.147	-0.163	0.024	0.194	-0.212	0.381	0.146
최종소비재	0.133	-0.008	0.143	-0.022	0.117	0.219	0.277	0.000
최종산업재	0.135	0.205	0.067	0.025	0.143	0.018	0.274	0.001

주: *p<0.05; **p<0.01; ***p<0.001. p<0.05이면 회귀식이 유의적임(P=Sig. F).

5-3. 고객성과에 대한 시장경쟁력의 회귀분석

고객성과에 대한 시장경쟁력의 영향력을 분석하기 위하여 제조업 전체 및 7개 산업 부문과 5개 제품유형에 대하여 회귀분석 결과 이들의 모든 회귀계수들이 높은 유의수준($p<0.001$)을 나타냈다. 제조업 전체의 경우, 고객성과에 대한 시장경쟁력의 회귀계수가 0.806으로 높게 추정되었다.

〈표 4-38〉 산업 부문별 영향요인 분석: 시장경쟁력 → 고객성과

산업 부문	회귀계수	R^2	Sig.F(p값)
화학 및 의약품	0.967	0.516	0.000
1차 금속	0.811	0.481	0.000
조립금속	0.886	0.546	0.000
기계장비	0.755	0.543	0.000
전기기계	0.768	0.402	0.000
전자제품	0.853	0.335	0.000
자동차부품	0.877	0.517	0.000
제조업 전체	0.806	0.475	0.000

주: *p<0.05; **p<0.01; ***p<0.001. p<0.05이면 회귀식이 유의적임(P=Sig. F).

한편 제품유형별로 분석해 보면 최종산업재(0.80)에서 시장경쟁력이 고객성과에 대하여 가장 높은 영향을 미치는 것으로 나타났다.

〈표 4-39〉 제품유형별 영향요인 분석: 시장경쟁력 → 고객성과

제품유형	회귀계수	R^2	Sig.F(p값)
원재료/소재	0.783	0.416	0.000
부품	0.787	0.475	0.000
시스템	0.697	0.527	0.000
최종소비재	0.846	0.552	0.000
최종산업재	0.860	0.477	0.000

주: *$p<0.05$; **$p<0.01$; ***$p<0.001$. $p<0.05$이면 회귀식이 유의적임($P=$ Sig. F).

5-4. 회귀분석 결과의 요약

전술한 회귀분석을 바탕으로 각 경쟁력의 영향력 분석결과를 요약하면 〈그림 4-5〉과 같다. 즉 시장경쟁력에 대한 프로세스 경쟁력의 회귀계수 분석에 의거하면, 제조경쟁력(0.52)이 개발경쟁력(0.16)보다 3배 이상 시장경쟁력에 크게 영향을 미치고 있는 것으로, 고객성과는 시장경쟁력(0.81)에 크게 영향을 받는 것으로 각각 나타났다.

실증적 측면에서 보면 시장경쟁력을 높이기 위해서는 제조경쟁력을, 제조경쟁력을 높이기 위해서는 생산기반 및 혁신활동 수준과 협력업체의 능력 향상에 각각 노력해야 할 것이다. 한편 규범적 측면에서 보면 연구개발력을 더욱 높여 개발경쟁력을 더욱 강화시킴으로써 시장경쟁력, 나아가 고객성과를 더욱 증대시킬 수 있을 것이다. 상기의 분석결과를 종합하면 다음과 같은 결론을 도출할 수 있다.

① 자원 및 역량변수와 프로세스 경쟁력의 인과관계를 살펴볼 때, 개발경쟁력은 주로 기술 및 지적자원의 영향을 크게 받고 있으며, 제

조경쟁력은 주로 유형자산과 관리역량의 영향을 크게 받고 있다. 또한 조직 및 인적자원은 개발경쟁력보다는 주로 제조경쟁력에 영향을 많이 주고 있다.

② 프로세스 경쟁력과 시장경쟁력의 인과관계를 살펴볼 때. 개발경쟁력보다 제조경쟁력이 시장경쟁력에 큰 영향을 주고 있다. 이러한 연구결과는 한국 제조업은 생산공정 역량을 기반으로 발전해 왔음을 보여준다. 향후에는 제조업 경쟁력의 질적 도약을 위해서 개발경쟁력의 확보가 필요하다는 것을 알 수 있다.

〈그림 4-5〉 프로세스 경쟁력 → 시장 경쟁력 → 고객성과의 회귀계수

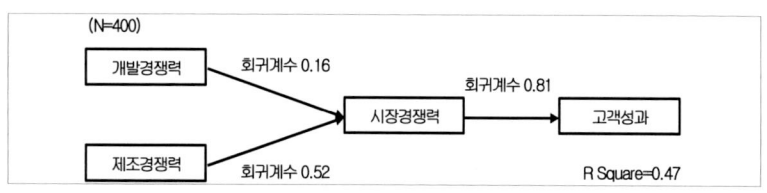

주: 1) 개발경쟁력 변수: [V107~V109, V111, V113~V116]의 평균
　　2) 제조경쟁력 변수: [V146~V151]의 평균
　　3) 시장경쟁력 변수: [V31~V37]의 평균
　　4) 고객성과 변수: V38, V39
　　5) 고객성과=[(기존 고객 유지율+종합 고객만족도)/2].

6. 구조방정식 모형 분석

6-1. 본 연구의 인과모형

본 연구의 인과모형은 자원 및 역량과 각 경쟁력 잠재요인들 간의 인과관계를 설명한다. 〈표 4-40〉과 〈그림 4-6〉은 가설적 모형의 수정을 통해서 얻은 최종 모형의 인과관계 모형 분석결과를 나타낸다. 〈표 4-40〉에 제시되어 있는 바와 같이, 모든 변수들은 모두 $P\langle 0.001$ 로 유의적으로 채택되었다.[35]

〈표 4-40〉 상세 인과모형 [자원 및 역량 지표 → 잠재요인] 분석결과

잠재요인	자원 및 역량지표	경로계수	R^2
개발경쟁력	협력업체 경쟁력 수준	0.01	0.45
	생산기반 및 혁신활동 수준	0.01	
	협력업체와의 파트너십	0.03	
	연구개발력	0.67	
	종업원의 교육시간 및 만족도	0.02	
	조직성과	0.03	
제조경쟁력	협력업체 경쟁력 수준	0.38	0.62
	참여적 조직	0.14	
	생산기반 및 혁신활동 수준	0.50	
시장경쟁력	개발경쟁력	0.15	0.43
	제조경쟁력	0.63	
고객성과	시장경쟁력	0.57	0.75

주: 1) 관리역량은 비(非)유의적으로 나타나 제외되었음.
    2) p〈0.001.

---

35) 관리역량은 초기 인과관계 모형에 포함되었다가 최종적으로 수정된 모형에서 비유의적으로 나타나 제외되었다.

6-2. 인과모형의 적합도 분석36)

〈표 4-41〉의 전체적인 인과관계 모형의 적합도를 살펴보면 인과관계 모형의 적합성은 수용 가능한 수준임을 보여주고 있다.

〈표 4-41〉 상세 경로도형의 모형 적합도

적합도 지표	추정치
기초적합지수	0.874
수정적합지수	0.848
원소평균자승잔차	0.051

---

36) 인과모형의 분석에서 가설적 모형의 적합도를 판정하는 데 널리 사용되는 지수로는 기초적합지수(GFI, Goodness of Fit Index), 수정적합지수(AGFI, Adjusted GFI), 원소평균자승잔차(RMR, Root Mean-Square Residual) 등이 있다. 기초적합지수(GFL)와 이를 확장한 수정적합지수(AGFL)는 각각 0.9 이상인 경우, 혹은 원소평균자승잔차(RMR)이 공분산 행렬을 투입행렬로 사용한 경우 0.08 이하인 경우, 주어진 연구모형은 각각 적합하다고 말할 수 있다(조선배, 1996.).

〈그림 4-6〉 기업의 종합경쟁력 평가를 위한 상세 경로도형

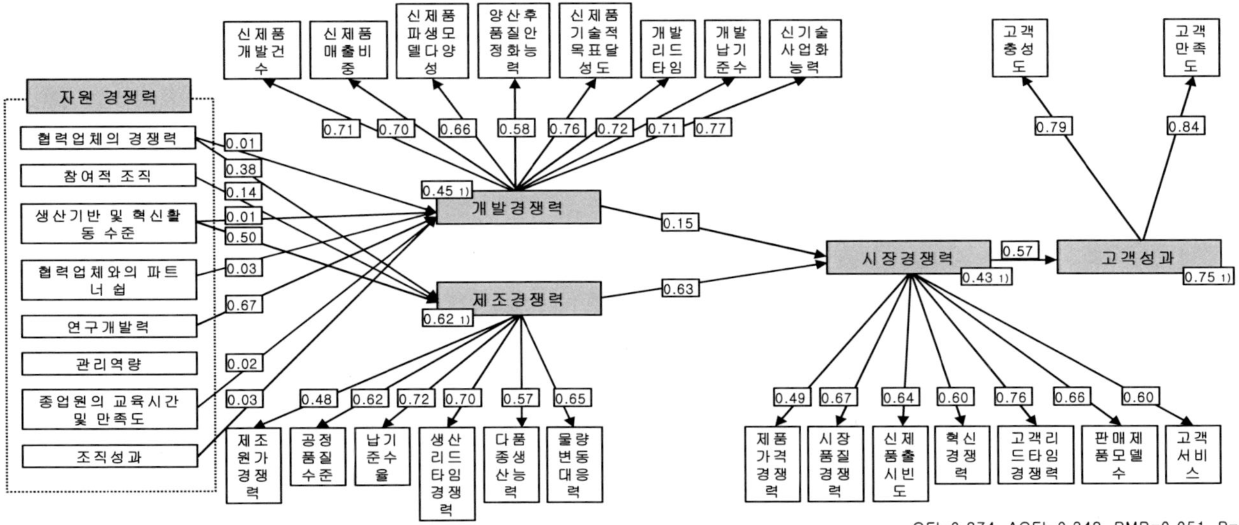

GFI=0.874, AGFI=0.848, RMR=0.051, P=0.000

주: 1) 회귀식의 적합도를 나타내는 결정계수(R-Square).
2) 결정계수 외의 다른 숫자, 즉 화살표 상에 기재된 숫자는 경로계수(path coefficient)를 의미한다. 이 경로계수는 회귀식에서 얻은 독립변수의 표준화
회귀계수(standardized regression coefficient: Beta)를 사용함.

6-3. 영향요인 분석

본 연구의 인과모형은 각 경쟁력(잠재요인)과 측정지표 간의 인과 관계를 설명한다. 〈표 4-42〉에 제시되어 있는 바와 같이, 모든 경로 계수들은 모두 p〈0.001로 유의적으로 추정되었다.

〈표 4-42〉 상세 측정모형 [잠재요인 → 측정지표] 분석결과

잠재요인	측정변수	경로계수	R^2
개발경쟁력	신제품 개발건수	0.71	0.51
	신제품 매출비중	0.70	0.49
	신제품 파생모델 다양성	0.66	0.43
	양산 후 품질안정화 능력	0.58	0.33
	신제품 기술적 목표 달성도	0.76	0.58
	개발 리드타임	0.72	0.52
	개발 납기 준수	0.71	0.50
	신기술 사업화 능력	0.77	0.59
제조경쟁력	제조원가 경쟁력	0.48	0.23
	공정품질 수준	0.62	0.39
	납기 준수율	0.72	0.53
	생산리드타임 경쟁력	0.70	0.49
	다품종 생산능력	0.57	0.33
	물량변동 대응력	0.65	0.42
시장경쟁력	제품가격경쟁력	0.49	0.24
	시장품질경쟁력	0.67	0.45
	신제품 출시 빈도	0.64	0.41
	혁신경쟁력	0.60	0.37
	고객 리드타임 경쟁력	0.76	0.58
	판매제품 모델 수	0.66	0.44
	고객서비스	0.60	0.36
고객성과	고객만족도	0.79	0.70
	고객충성도	0.84	0.63

주: p〈0.001.

6-4. 구조방정식 모형의 단순화

〈그림 4-6〉의 상세 인과모형의 경로계수는 현실적인 종합경쟁력 평가모형으로서 사용하기에는 다소 복잡하기 때문에 추정해야 할 모수의 수를 줄여줌으로써 인과모형의 적합도를 증가시킬 수 있도록 단순화가 필요하다. 본 연구의 모형 단순화를 위해서 자원 및 역량 부문, 개발경쟁력, 제조경쟁력, 시장경쟁력의 측정변수들을 대상으로 공통요인 분석(common factor analysis)을 실시하여 이 변수들을 공통요인으로 묶고자 한다. 그러나 고객성과에 대한 공통요인 분석은 실시하지 않았다. 그 이유는 〈그림 4-6〉의 상관관계 분석과 〈표 4-25〉의 요인분석에서 각각 다중공선성이 발견되지 않고 있기 때문이다.

1) 공통요인 분석과 가중치

(1) 자원경쟁력

다중공선성을 제거하기 위하여 자원 및 역량 부문 변수들을 주성분 분석을 통해서 도출한 서로 독립적인 3개의 요인(유형자원 및 관리역량, 조직 및 인적자원, 연구개발력)으로 묶었다. 자원 및 역량 부문 변수들을 3개 요인으로 묶은 주성분 분석결과와 도출된 자원 및 역량 부문 변수의 측정치 계산을 위한 가중치는 〈표 4-43〉에 제시되어 있다.

〈표 4 - 43〉 자원 경쟁력에 대한 공통요인 분석 결과 및 변수별 가중치

변 수	요 인			가중치
	유형자원 및 관리역량	조직 및 인적자원	연구개발력	
V157	0.741			0.043
V158	0.717			0.041
V156	0.702			0.039
V155	0.700			0.039
V159	0.696			0.038
V160	0.688			0.037
V161	0.666			0.035
V162	0.657			0.034
V154	0.631			0.032
V153	0.582			0.027
V144	0.566			0.025
V145	0.537			0.023
V143	0.519			0.021
V152	0.512			0.021
V142	0.479			0.018
V141	0.451			0.016
V24		0.730		0.042
V23		0.716		0.041
V22		0.687		0.037
V26		0.650		0.033
V25		0.642		0.033
V27		0.628		0.031
V19		0.585		0.027
V28		0.541		0.023
V18		0.530		0.022
V21		0.527		0.022
V20		0.525		0.022
V30		0.493		0.019
V29		0.325		0.008
V99			0.849	0.057
V100			0.805	0.051
V101			0.724	0.041

(2) 개발경쟁력

개발경쟁력의 공통요인 분석 결과 세 가지 요인, 즉 ① 제품성과, ② 프로세스 성과, ③ 개발성과로 도출되었다(〈표 4-44〉 참조). 이들의 고유치는 모두 1보다 높았으며, 또한 이들의 Cronbach α 값도 모두 0.8 이상으로 추정됨으로써 높은 개념타당성과 신뢰도를 보이고 있다.

상기의 공통요인 분석 결과를 토대로, 개발경쟁력의 변수별 가중치를 계산하면 〈표 4-45〉와 같다.

〈표 4-44〉 개발경쟁력 공통요인 분석 결과

개발경쟁력의 측정지표	변수	요 인		
		제품성과	프로세스 성과	개발성과
제품신뢰성 수준	V118	0.838	0.109	0.090
제품 서비스 용이성 수준	V121	0.791	0.133	0.116
제품성능의 기술적 성과 수준	V117	0.791	0.177	0.264
제품 핵심요소 기술력 수준	V119	0.786	0.220	0.223
제품 생산 용이성 수준	V120	0.773	0.214	0.102
신제품 개발 납기 준수율 수준	V115	0.219	0.856	0.149
신제품 개발 리드타임 경쟁력 수준	V114	0.111	0.755	0.347
신제품의 기술개발 목표 달성도	V113	0.192	0.737	0.296
신기술 사업화 능력 수준	V116	0.276	0.714	0.334
신제품 파생 모델 다양성 수준	V109	0.202	0.256	0.817
신제품 매출 비중	V108	0.164	0.345	0.801
신제품 개발 건수 수준	V107	0.217	0.324	0.799
고유치(Eigen Value)		3.457	2.801	2.440
Cronbach α		0.887	0.861	0.865

〈표 4-45〉 개발경쟁력의 변수별 가중치

요 인	개발경쟁력의 측정지표	변수	요인적재치[1]	가중치[2]
제품성과	제품신뢰성 수준	V118	0.8376	0.221
	서비스 용이성 수준(분해 및 수리)	V121	0.7914	0.198
	제품성능의 기술적 성과 수준	V117	0.7906	0.197
	제품의 핵심요소 기술력 수준	V119	0.7860	0.195
	제품의 생산 용이성	V120	0.7733	0.189
프로세스 성과	신제품 개발 납기 준수율 수준	V115	0.8563	0.311
	신제품 개발 리드타임 경쟁력 수준	V114	0.7549	0.242
	신제품의 기술개발 목표 달성도	V113	0.7371	0.231
	신기술 사업화 능력 수준	V116	0.7143	0.217
개발성과	신제품 파생 모델 다양성 수준	V109	0.8169	0.343
	신제품 매출 비중	V108	0.8005	0.329
	신제품 개발 건수 수준	V107	0.7991	0.328

주: 1) 요인적재치(F_{ij}): 변수 Xi의 전체 변동분을 1이라고 할 때, F_{ij}^2은 Factor j에 의해 설명되는 변동분을 의미함. 요인적재값이 클수록 요인에서 중요도(설명력)가 높음을 의미함.
2) 가중치 $= F_{ij}^2/\sum(F_{ij}^2)$.

(3) 제조경쟁력

〈표 4-46〉 제조경쟁력의 공통요인 분석 결과

제조경쟁력의 측정지표	변수	요 인	
		원가/품질	시간/유연성
시설 및 장비의 다품종 생산능력 수준	V150	0.863	0.110
협력업체의 급격한 물량변동에 대한 대응력 수준	V151	0.830	0.203
협력업체의 납기 준수율 수준	V148	0.585	0.532
생산리드타임 경쟁력 수준	V149	0.571	0.532
제조원가경쟁력 수준	V146	0.071	0.801
공정품질 수준	V147	0.268	0.750
고유치(Eigen Value)		3.150	0.851
Cronbach α		0.807	0.540

〈표 4-47〉 제조경쟁력의 변수별 가중치

요 인	제조경쟁력의 측정지표	변수	요인적재치[1]	가중치[2]
원가/ 품질	시설 및 장비의 다품종 생산능력 수준	V150	0.863	0.354
	협력업체의 급격한 물량변동에 대한 대응력 수준	V151	0.830	0.328
	협력업체의 납기 준수율 수준	V148	0.585	0.163
	생산리드타임 경쟁력 수준	V149	0.571	0.155
시간/ 유연성	제조원가경쟁력 수준	V146	0.801	0.533
	공정품질 수준	V147	0.750	0.467

주: 1) 요인적재치(F_{ij}): 변수 Xi의 전체 변동분을 1이라고 할 때, F_{ij}^2은 Factor j에 의
해 설명되는 변동분을 의미함. 요인적재값이 클수록 요인에서 중요도(설명력)
가 높음을 의미함.
　 2) 가중치 $= F_{ij}^2 / \sum(F_{ij}^2)$.

제조경쟁력의 공통요인 분석 결과 두 가지 요인, 즉 ① 원가/품질,
② 시간/유연성으로 도출되었다(〈표 4-46〉 참조). 원가/품질의 고유
치는 3.150으로서 1보다 높고 Cronbach α 값도 0.807로서 0.8보다 높게
각각 추정됨으로써 높은 개념타당성과 신뢰도를 보이고 있다. 한편 시
간/유연성의 고유치는 0.851로서 1보다 낮을 뿐만 아니라 Cronbach α
도 0.540으로서 낮게 나타남으로써 다소 낮은 개념타당성과 신뢰도를
보이고 있다.

상기의 공통요인 분석 결과를 토대로, 제조경쟁력의 변수별 가중치
를 계산하면 〈표 4-47〉과 같다.

(4) 시장경쟁력

〈표 4-48〉은 시장경쟁력에 대한 공통요인 분석 결과를 보여주고
있다. 주성분 분석결과 고유치가 1 이상인 요인이 모두 2개(혁신성,
고객가치)가 도출되었다. 이들 2개의 요인이 전체 변수 변량의 63.3%

를 설명해 주고 있기 때문에 이들 2개의 요인으로 시장경쟁력 변수들을 묶는 것이 적합하다고 판단할 수 있다.

〈표 4-48〉 시장경쟁력 공통요인 분석 결과

시장경쟁력의 측정지표	요 인	
	혁신성	고객가치
신제품 출시 빈도(V33)	0.858	
혁신적 신제품 출시능력(V34)	0.860	
고객 리드타임 경쟁력(V35)	0.594	
신제품 파생모델 다양성(V36)	0.577	
가격 경쟁력(V31)		0.702
시장 품질경쟁력(V32)		0.684
고객서비스(V37)		0.765
고유치(Eigen value)	3.57	0.86
Cronbach α	0.818	0.639

〈표 4-49〉 시장경쟁력 변수별 가중치

잠재변수	측정지표	가중치
혁신성	신제품 출시빈도(V33)	0.163
	혁신적 신제품 출시능력(V34)	0.157
	고객 리드타임 경쟁력(V35)	0.177
	판매제품 모델 수(V36)	0.154
고객가치	가격경쟁력(V31)	0.089
	시장품질 수준(V32)	0.145
	고객서비스(V37)	0.116

〈표 4-49〉는 시장경쟁력 각 변수의 측정치 계산을 위한 가중치를 보여주고 있다. 혁신성과 고객가치 각 변수군 별로 대부분 지표들이 비슷한 가중치를 보이고 있음을 알 수 있다.

2) 단순 구조방정식 모형의 적합도 분석

전술한 바와 같은 모형의 단순화를 통하여 도출된 본 연구의 단순 경로도형은 〈그림 4-7〉과 같다. 단순 구조방정식 모형의 적합도를 살펴보면 기초적합지수(GFL)는 0.913, 수정적합지수(AGFL)는 0.862이다. 또한 원소평균자승잔차(RMR)는 0.042로 나타났는데 이는 오차가 크지 않다는 의미로 해석할 수 있다. 따라서 모형의 적합성은 수용 가능한 수준으로 판단할 수 있다.

〈표 4-50〉 단순 구조방정식 모형의 적합도

적합도 지표	추정치
기초적합지수	0.913
수정적합지수	0.862
원소평균자승잔차	0.042

3) 단순 구조방정식 모형의 경로분석

상기와 같은 방식으로 모수(parameter)의 수를 줄여가는 과정을 거쳐 최종적으로 도출된 단순 구조방정식(Reduced structural equation) 모형을 도출하였다.[37]

(1) 자원 경쟁력 → 잠재요인

본 연구의 구조방정식 모형의 분석결과는 〈표 5-5〉에 요약되어 있

---

[37] 본 연구의 총합 구조방정식 모형은 내용적으로 자원 및 역량 부문 변수가 비록 가중치를 고정하여 얻은 측정변수이긴 하지만 내용적으로는 요인분석을 통해 얻어진 세 가지 공통 특성을 나타낸다는 점에서 개념적으로 PLS 모형이라 볼 수 있다. 이를 통해서 개념정의와 방법론을 완전히 일치시켰다고 할 수 있다.

다. 측정모형에 포함된 개발경쟁력, 제조경쟁력, 시장경쟁력, 고객성과의 측정변수들은 모두 P<0.001로 유의성이 매우 높아 채택되었으며, 이것은 측정변수들이 잠재요인들을 잘 구성하고 있음을 보여준다.

〈표 4-51〉와 〈그림 4-7〉에 나타나 있듯이, 개발경쟁력과 제조경쟁력 모두에게 조직 및 인적자원(0.71)이 압도적으로 가장 큰 영향력을 끼치는 것으로 나타났다. 시장경쟁력에는 개발경쟁력(0.13)보다 제조경쟁력(0.67)이 4배 이상의 높은 영향력을 끼치는 것으로 나타났다. 고객성과에는 시장경쟁력(0.88)이 높은 영향력을 보이는 것으로 나타났다.

〈표 4-51〉 단순 구조방정식 모형의 경로분석 결과: 자원경쟁력 → 잠재요인

잠재요인	측정지표	경로계수	R^2
개발경쟁력	유형자원 및 관리역량	0.06	0.51
	조직 및 인적자원	0.78	
	연구개발력	0.22	
제조경쟁력	유형자원 및 관리역량	0.04	0.67
	조직 및 인적자원	0.71	
시장경쟁력	개발경쟁력	0.15	0.47
	제조경쟁력	0.67	
고객성과	시장경쟁력	0.88	0.77

주: p<0.001.

(2) 잠재요인 → 측정지표

단순 구조방정식 모형에서 잠재요인→측정지표에 대한 경로분석 결과는 〈표 4-52〉에 요약되어 있다. 개발경쟁력은 개발성과(0.83), 프로세스성과(0.79), 제품성과(0.57)의 순으로, 제조경쟁력은 원가/품질(0.75), 시간/유연성(0.65)의 순으로 각각 영향력을 끼치고 있는 것으로 나타났다. 시장경쟁력은 고객가치(0.85)와 혁신성(0.72)에, 고객성과는 고객만족도

(0.83)와 고객충성도(0.80)에 각각 영향력을 끼치는 것으로 나타났다.

〈표 4-52〉 단순 구조방정식 모형의 경로분석 결과: 잠재요인 → 측정지표

잠재요인	측정지표	경로계수	R^2
개발경쟁력	제품성과	0.57	0.31
	프로세스 성과	0.79	0.62
	개발성과	0.83	0.69
제조경쟁력	원가/품질	0.75	0.56
	시간/유연성	0.65	0.43
시장경쟁력	혁신성	0.72	0.52
	고객가치	0.85	0.72
고객성과	고객만족도	0.83	0.68
	고객충성도	0.80	0.64

제5절 종합경쟁력 지수

　본 연구는 PLS 분석방법에 의거한 구조방정식 모형분석을 통해 인과관계 모형을 정의하고 경쟁력 평가 지표와 기업성과 지표 간 경로계수를 구한다. 인과관계 모형의 경로계수와 요인분석의 요인계수를 이용하여 경쟁력 모형의 평가항목을 확정하고 세부 차원별 가중치를 결정한다. 이를 바탕으로 제조기업의 경쟁력을 평가할 수 있는 경쟁력 모형을 개발함과 동시에 경쟁역량을 단일지표로 측정할 수 있는 종합경쟁력 지수를 도출하고자 한다. 이로써 인과관계 모형과 경쟁력 평가모형이 하나로 통합된 종합경쟁력 평가모형이 개발된다.

　본 연구의 종합경쟁력 지수는 다음과 같은 공식에 의거하여 계산된다.

136

종합경쟁력 지수(CCI)

　　=(자원 및 역량+프로세스 경쟁력+시장경쟁력)/3

　종합경쟁력 지수(CCI)는 각 차원별 성과점수를 100점 기준으로 환산한 후 이를 평균한 값으로써 전체 제조 사업부의 종합경쟁력을 나타낸다. 개별성과 차원의 경쟁력 점수 표준편차와 상관없이 경쟁력 점수의 총합이 크면 클수록 종합경쟁력 점수는 높게 나타난다.

　여기서 유의할 것은 상기의 공식에 의거하여 산출된 종합경쟁력 지수 CCI를 표준정규치 Z 값으로 변환시킬 필요가 있는데, 그 이유는 각 변수 간의 단위가 다르므로 상대적으로 비교하기 위해서는 동일한 단위의 변수로 변환하여야 하기 때문이다.

　또한 여기서 유의할 것은, 〈표 4-53〉와 〈표 4-54〉에 나타나 있듯이, 표준정규치 Z의 CCI는 마이너스 부호를 가질 수 있다는 점이다. 따라서 마이너스(-) 부호를 갖는 지수를 플러스(+) 부호로 전환할 필요가 있다.[38]

〈표 4-53〉 산업 부문별 종합경쟁력 지수: Z 값

Z 값 ＼ 산업 부문	산업 전체	화학 및 의약품	1차 금속	조립 금속	기계 장비	전기 기계	전자 제품	자동차 부품
자원경쟁력	0.00	-0.37	0.30	0.20	0.06	0.16	0.24	-0.01
프로세스 경쟁력	0.00	-0.14	0.07	0.03	0.16	0.26	0.09	0.09
시장경쟁력	0.00	-0.20	0.03	0.04	0.04	0.26	-0.05	-0.01
종합경쟁력	0.02	-0.17	0.09	0.16	0.16	0.16	0.08	0.00

주: Z 값은 -1에서 +1 사이의 값을 갖는다.

38) Lim, Yang-Taek(2000), "A New Measurement of the Level of S & T, Its International Comparison, and Some Econometric Applications in the Knowledge-based Economies", paper presented at the International Symposium on Industrial/Technological Competitiveness of the Knowledge-based Economies, Taiwan Economic Development Institute, August 3.

〈표 4-54〉 제품유형별 종합경쟁력 지수: Z 값

Z 값 \ 제품유형	산업전체	원재료/소재	부품	시스템부문	최종소비재	최종산업재
자원경쟁력	0.00	0.01	0.05	-0.03	-0.11	0.04
프로세스 경쟁력	0.00	-0.04	0.05	0.13	-0.02	-0.05
시장경쟁력	0.00	-0.10	-0.05	0.09	0.04	0.12
종합경쟁력	0.02	-0.04	0.02	-0.01	-0.01	0.12

주: Z 값은 -1에서 +1 사이의 값을 갖는다.

〈표 4-55〉은 종합경쟁력 지수를 나타낸다. 제조업 전체는 0.50으로 나타났으며, 산업 부문별로는 기계장비 부문과 전기기계 부문이 공히 0.56으로서 가장 높게 나타났다.

한편 제품유형별 종합경쟁력 지수를 보면 최종산업재 유형이 0.55로서 가장 높게 나타났다(〈표 4-56〉 참조).

〈표 4-55〉 제조업 전체 및 산업 부문별 종합경쟁력 지수

종합경쟁력 지수 \ 산업 부문	제조업 전체	화학 및 의약품	1차 금속	조립 금속	기계 장비	전기 기계	전자 제품	자동차 부품
자원경쟁력	0.50	0.36	0.62	0.58	0.52	0.56	0.59	0.50
프로세스 경쟁력	0.50	0.44	0.53	0.51	0.56	0.60	0.54	0.54
시장경쟁력	0.50	0.42	0.51	0.54	0.52	0.60	0.48	0.50
종합경쟁력 지수	0.50	0.43	0.54	0.52	0.56	0.56	0.53	0.50

주: 종합경쟁력 지수는 0~1의 값을 갖는다.

〈표 4-56〉 제품유형별 종합경쟁력 지수

종합경쟁력 지수 \ 제품유형	원재료/소재	부품	시스템부문	최종소비재	최종산업재
자원경쟁력	0.50	0.52	0.49	0.46	0.52
프로세스 경쟁력	0.48	0.52	0.55	0.49	0.48
시장경쟁력	0.46	0.48	0.54	0.52	0.55
종합경쟁력	0.48	0.51	0.50	0.50	0.55

주: 종합경쟁력 지수는 0~1의 값을 갖는다.

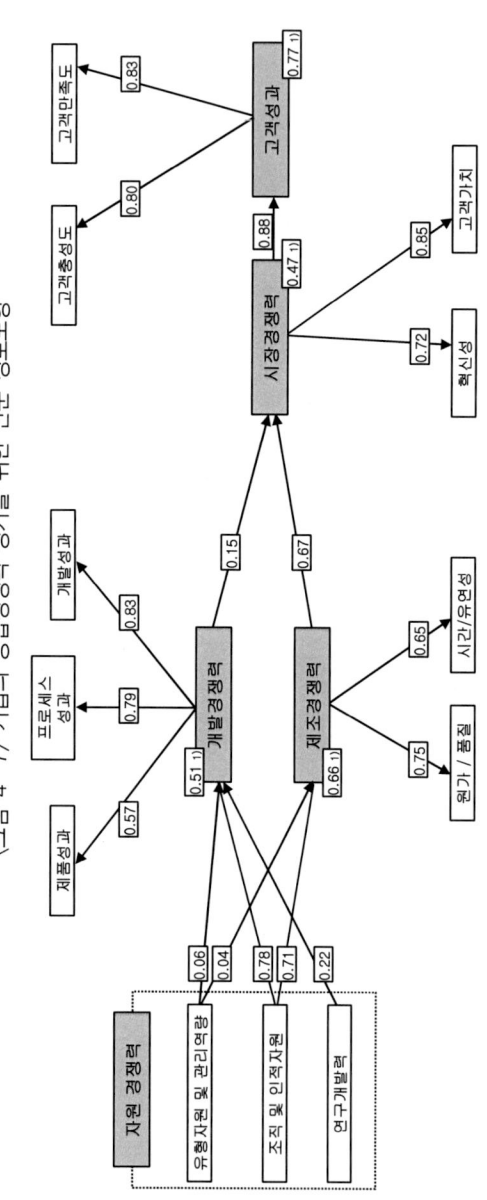

〈그림 4-7〉 기업의 종합경쟁력 평가를 위한 단순 경로모형

GFI=0.874, AGFI=0.848, RMR=0.051, P=0.000

주: 1) 회귀식의 적합도를 나타내는 결정계수(R-Square).
2) 결정계수 외의 다른 숫자, 즉 화살표 상에 기재된 경로계수(path coefficient)를 의미한다. 이 경로계수는 회귀식에서 얻은 독립변수의 표준화 회귀계수(standardized regression coefficient: Beta)를 사용함.

제6절 본 장의 실증적 연구 분석결과 요약

본 장의 실증적 연구 분석결과를 요약하면 다음과 같다.

첫째, 자원 및 경쟁역량 변수와 프로세스 경쟁력의 인과관계를 분석해 보면 개발경쟁력과 제조경쟁력은 공통적으로 주로 조직 및 인적자원의 영향을 받고 있는 것으로, 제조경쟁력보다는 개발경쟁력이 조직 및 인적자원으로부터 더 큰 영향을 받는 것으로 각각 추정되었다. 연구개발력은 개발경쟁력에 대하여서만 영향을 끼치는 반면에, 유형자원 및 관리역량은 개발경쟁력뿐만 아니라 제조경쟁력에도 영향을 미치는 것으로 추정되었다.

둘째, 개발경쟁력의 경우, 기술적 성과와 개발 납기 준수도, 개발 리드타임, 목표 달성도가 매우 높은 반면 파생상품 다양성이나 신제품 개발건수, 신제품 매출비중 등이 낮게 나타났다. 한편 제조경쟁력의 영향요인 분석결과를 보면 개발경쟁력의 경우와 마찬가지로, 납기 준수율과 생산품질, 개발 리드타임 경쟁력, 다품종 생산능력, 물량 유연성이 매우 높은 반면에 제조원가 경쟁력이 상대적으로 낮게 나타났다.

셋째, 프로세스 경쟁력과 시장경쟁력의 인과관계를 분석해 보면 개발경쟁력과 제조경쟁력 모두 시장경쟁력에 유의한 영향을 미치고 있는 것으로 나타났지만 개발경쟁력보다 제조경쟁력이 시장경쟁력에 더 큰 영향을 주고 있는 것으로 추정되었다.

넷째, 시장경쟁력의 영향요인을 보면 시장경쟁력에는 개발경쟁력

(0.13)보다 제조경쟁력(0.67)이 4배 이상의 높은 영향력을 끼치는 것으로 나타났다. 고객성과에는 시장경쟁력(0.88)이 높은 영향력을 보이는 것으로 나타났다.

마지막으로, 고객성과가 2개의 측정지표인 고객만족도와 고객충성도에 미치는 영향력을 경로계수로써 추정하면 고객충성도(0.84)가 고객만족도(0.79)보다 더 큰 영향을 받는 것으로 나타났다.

제5장

제품디자인이 품질경쟁력에
미치는 영향에 관한 실증적 분석

제1절 본 연구의 품질경쟁력 측정 및 평가모형

Ferdows and DeMeyer(1990)의 경쟁역량의 축적이론에 따르면 품질은 유연성, 시간, 원가의 역량을 축적하기 위해 기본적으로 보유해야 하는 능력이다.

제조업의 경쟁역량을 생산 부문에 초점을 맞추어 품질 차원을 설계품질(design quality), 규격품질(conformance), 경험품질(performance)로 재구분할 수 있다(〈표 5-1〉 참조). 품질을 세 가지, 즉 설계품질, 규격품질, 경험품질로 분류하는 이유는 품질의 원천 및 실현 시점에서 제품개발과 서비스 영역을 포괄하기 때문이다. 설계품질은 연구개발 및 제품개발 부문에서 주로 이루어지고, 규격품질의 성과는 생산 부문에서 핵심적인 차원이며 경험품질은 소비자 영역에서 감지된다.[39]

---

39) 소비자 영역의 경험품질은 소비자가 직접 느끼는 인식경험 품질(perception - expectation quality)과 소비자의 인식 여부와는 상관없이 일정한 기준을 가지고 관찰할 수 있는 관측가능 품질(observable quality)로 구분하여 설명할 수 있다.

〈표 5-1〉 품질 차원의 구성

품질 차원	품질 원천	실현 시점	기존 품질 차원
설계품질 (Design Quality)	제품개발	생산, 소비자	Aesthetics, Feature(Garvin, 1988.) Design Quality, Product Improvement (Forker et al., 1996.)
규격품질 (Conformance)	생산	생산, 소비자	Conformance(Garvin, 1988.) Quality(Forker et al., 1996.) Internal Quality(De Toni et al., 1996.)
경험품질 (Performance)	제품개발, 생산	소비자	Performance(Garvin, 1988.) Perceived Quality(Garvin, 1988; De Toni et al., 1996.)

본 연구는 신제품 개발 프로세스의 품질 차원에서 설계품질을 두 가지, 즉 설계제품 품질과 설계공정 품질로 구분한다. 설계제품 품질은 설계단계에서 제품의 기술적 속성으로 결정되는 품질인 반면에 설계공정 품질은 설계단계에서 결정되는 공정품질로서 생산용이성, 시험용이성 등을 포괄한다.

본 연구는 설계제품 품질로서 제품성능의 기술적 성과, 신뢰성, 핵심요소 기술력을 측정하는 반면에 설계공정 품질로서 제품의 생산용이성과 시험용이성과 함께 신제품 안정화 일수, 설계변경 건수를 측정하고자 한다.

본 연구는 신제품 개발 프로세스의 품질 차원에서 설계품질을 두 가지, 즉 설계제품 품질과 설계공정 품질로 구분하고자 한다. 우선, 설계제품 품질은 설계 단계에서 제품의 기술적 속성으로 결정되는 제품품질로서 제품의 기능성, 제품의 기본 성능, 제품성능의 기술적 성과, 제품수명(내구성), 제품의 신뢰성, 제품의 핵심요소 기술력, 제품의 사용 편의성, 제품의 서비스 용이성, 제품의 생산 용이성, 제품디자인으로 구성된다. 다음으로, 설계공정 품질은 설계단계에서 결정되는 공정

품질로서 설계변경 건수 또는 시방변경 건수, 양산 후 품질안정화를 위한 능력 수준 혹은 소요 기간, 공정불량률로 구성된다.

설계제품 품질과 관련하여, Garvin(1984, 1987, 1988.)은 품질의 차원을 8개, 즉 성능(performance), 특징(features), 신뢰성(reliability), 일치성(conformance), 내구성(durability), 서비스 용이성(serviceability), 심미성(aesthetics), 인지된 품질(perceived quality)로 정의하였다. 성능(performance)은 제품의 주요한 기능적 특성을, 특징(features)은 제품의 주요한 기능적 특성을 보완하는 속성을, 신뢰성(reliability)은 특정한 기간 내에 발생할 제품 고장의 확률을, 일치성(conformance)은 제품디자인 및 기능적 특성이 사전적 기준을 충족하는 범위를, 내구성(durability)은 제품이 폐기되기 전까지 소비자가 제품을 사용하는 기간을, 서비스 용이성(serviceability)은 고장 수리가 얼마나 빠르게, 얼마나 쉽게, 얼마나 예의바르게 수행되는지를, 심미성(aesthetics)은 제품이 소비자의 오각에 어떻게 느껴지는가를, 인지된 품질(perceived quality)은 제품 및 제조기업의 명성, 이미지 등을 각각 나타낸다.

그러나 본 연구의 주된 목적은 제품디자인이 포함된 품질경쟁력을 실증적으로 평가하는 것이므로 상기한 Garvin(1988)의 8개 품질 차원을 최대한 수용하되 본 연구의 목적에 부합되도록 다음과 같이 조정하고자 한다. 본 연구의 품질경쟁력의 세부 결정요인은 〈그림 5-1〉과 같다.

품질 차원에 있어서 Garvin(1984, 1987, 1988.)과 본 연구의 차이점은 다음과 같다.

① Garvin의 여덟 가지 품질 차원은 본 연구에 모두 도입되었다. 다시 말하면, 상기의 두 연구에서 제품신뢰성, 제품수명(내구성), 서비스 용이성은 일치한다. Garvin의 성능(performance)은 본 연구의 기본 성

능. Garvin의 특징(features)은 본 연구의 제품 가능성이, Garvin의 일치성(conformance)은 본 연구의 제품성능의 기술적 성과가, Garvin의 심미성(aesthetics)은 본 연구의 제품디자인이 각각 대변한다. Garvin의 인지된 품질(perceived quality)은 본 연구모형에서는 상위개념인 브랜드 가치와 기업 이미지로 반영되어 있다.

② Garvin의 여덟 가지 차원 외에, 본 연구는 3개 차원, 즉 생산 용이성·사용 편의성과 핵심요소 기술력을 설계제품 품질 차원에 추가적으로 도입·보완하였다. 앞의 2개(생산 용이성 및 사용 편의성)는 서비스 용이성과 궤를 같이하는 것이며 마지막의 핵심요소 기술력은 지속적 제품 개선(continuous product improvement)을 반영하는 것이다(Vickery and Droge, 1996.).

③ 본 연구는 전술한 설계제품 품질뿐만 아니라 설계공정 품질을 도입하였는데, 이것은 3개 차원, 즉 설계 또는 시방 변경능력, 양산 후 품질안정화 능력, 공정불량률로 구성된다.

〈그림 5-1〉 본 연구의 품질경쟁력 인과모형

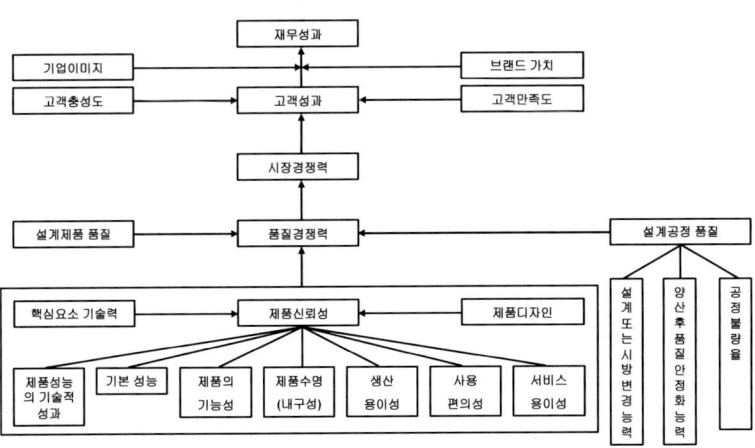

제2절 품질경쟁력의 결정요인 분석

1. 품질경쟁력 관련 측정변수

〈표 5-2〉 품질경쟁력 관련 측정변수

No	본 연구의 측정변수	변수	측정단위	측정지표	자료구분
1	제품성능의 기술적 성과 수준	V117	5점 척도	설계제품 품질	정성자료
2	제품의 신뢰성 수준	V118	5점 척도	설계제품 품질	정성자료
3	제품의 핵심요소 기술력 수준	V119	5점 척도	설계제품 품질	정성자료
4	제품의 생산 용이성 수준	V120	5점 척도	설계제품 품질	정성자료
5	제품의 서비스 용이성 수준	V121	5점 척도	설계제품 품질	정성자료
6	제품의 기본 성능 수준	V122	5점 척도	설계제품 품질	정성자료
7	제품의 기능성 수준	V123	5점 척도	설계제품 품질	정성자료
8	제품디자인 수준	V124	5점 척도	설계제품 품질	정성자료
9	제품수명(내구성) 수준	V125	5점 척도	설계제품 품질	정성자료
10	사용 편의성 수준	V126	5점 척도	설계제품 품질	정성자료
11	설계변경 건수 또는 시방변경 건수	V76	건	설계공정 품질	정량자료
12	양산 후, 품질 안정화 능력 수준	V111	5점 척도	설계공정 품질	정성자료
13	양산 후, 품질 안정화 일수(일)	V139	일	설계공정 품질	정량자료
14	양산 후, 품질 안정화 일수 (시간)	V140	시간	설계공정 품질	정량자료
15	공정품질 수준	V147	5점 척도	일치 품질	정성자료
16	공정 불량률(총합 불량률)	V132	%	일치 품질	정량자료
17	자사 제품의 시장품질 수준(주력 제품 기준)	V32	%	시장품질	정량자료

2. 품질경쟁력 지수의 도출

본 연구의 종합경쟁력 평가모형을 추정하는 데 사용되었던 표본자료 중에서 설계제품 품질 관련 변수들을 이용한 요인분석 결과는 〈표 5-3〉과 같다. 이들의 요인적재치를 중심으로 평가해 보면 제품의 기능성(0.848)이 가장 높게, 제품의 서비스 용이성(0.772)과 제품디자인(0.727)이 가장 낮게 각각 나타났다.

〈표 5-3〉 품질경쟁력 지수의 요인분석: 제조업 전체

측정변수	변 수	요인적재치	가중치
제품의 기능성	V123	0.848	0.114
제품의 기본 성능	V122	0.840	0.112
제품성능의 기술적 성과	V117	0.809	0.104
제품의 사용 편의성	V126	0.808	0.104
제품수명(내구성)	V125	0.807	0.104
제품신뢰성(고장률 기준)	V118	0.804	0.103
제품의 핵심요소 기술력	V119	0.781	0.097
제품의 서비스 용이성(분해/수리)	V121	0.772	0.095
제품의 생산 용이성	V120	0.726	0.084
제품디자인	V124	0.727	0.084
고유치(Eigen Value)		6.288	

상기의 분석결과를 토대로, 품질경쟁력 지수(QCI: quantity competitiveness index)는 다음과 같은 수식으로 나타낼 수 있다.

148

$$QCI = 0.114 \times V123 + 0.112 \times V122 + 0.104 \times V117 + 0.104 \times V126$$
$$+ 0.104 \times V125 + 0.103 \times V118 + 0.097 \times V119$$
$$+ 0.095 \times V121 + 0.084 \times V120 + 0.084 \times V124 \qquad (5-1)$$

여기서 유의할 것은 한국 제조업의 경우 품질경쟁력 지수(QCI)를 결정하는 데 있어서 일반적으로 제품수명(V125), 제품신뢰성(V118), 제품디자인(V124) 등이 큰 영향을 끼칠 것이라고 생각하는 바와는 다르게 제품의 기능성(V123)과 기본 성능 수준(V122)이 가장 영향력이 큰 변수들로 추정되었다는 점이다. 즉 수요자의 요구조건과의 일치성(conformance) 즉 제품의 기능성(V123)과 제품의 기본 성능(V122)이 품질경쟁력 지수(QCI)를 경정하는 데 있어서 가장 중요한 변수라는 점이다.

3. 품질경쟁력 지수의 비교분석

〈표 5-4〉는 산업 부문별 및 제품유형별 품질경쟁력 세부 변수의 성과 지수를 나타낸다. 우선, 제조업 전체의 측면에서 보면 제품의 기본 성능(V122, 3.70)>제품의 신뢰성(V118, 3.66)>제품성능의 기술적 성과(V117, 3.64)>제품수명(V125, 3.63)>제품의 기능성(V123, 3.62)>제품의 핵심요소 기술력(V119, 3.57)>제품의 생산 용이성(V120, 3.56)>제품의 사용 편의성(V126, 3.52)>제품의 서비스 용이성(V121, 3.47)>제품디자인(V124, 3.45)의 순으로 추정되었다.

산업 부문별로 보면 상기한 10개 변수에 대한 성과 지수가 대개 화학 및 의약품에서 가장 낮은 수준을, 기계 및 장비와 전자제품에서 가장 높은 수준을 각각 보였다. 한편 제품 유형별로 보면 대개 최종산업재가 가장 높은 성과 지수를 보였다.

〈표 5-4〉 품질경쟁력 세부 변수의 성과 지수 평균치

측정변수 (신뢰도 =0.9337) (고유치 =6.288)	제조업 전체	산업 부문별 분석						
		화학 및 의약품	1차 금속	조립 금속	기계 및 장비	전기 기계	전자 제품	자동차 부품
제품의 기능성(V123)	3.62	3.60	3.59	3.71	3.76	3.48	3.69	3.76
제품의 기본 성능[1](V122)	3.70	3.72	3.63	3.71	3.79	3.74	3.80	3.76
제품성능의 기술적 성과(V117)	3.64	3.53	3.67	3.71	3.76	3.63	3.80	3.50
제품의 사용 편의성(V126)	3.52	3.47	3.48	3.50	3.56	3.37	3.69	3.64
제품수명(내구성)(V125)	3.63	3.47	3.67	3.82	3.79	3.63	3.65	3.71
제품의 신뢰성[2](V118)	3.66	3.53	3.74	3.79	3.76	3.81	3.71	3.52
제품의 핵심요소 기술력(V119)	3.57	3.49	3.59	3.64	3.68	3.63	3.57	3.60
제품의 서비스 용이성[3](V121)	3.47	3.35	3.41	3.36	3.56	3.52	3.57	3.48
제품의 생산 용이성(V120)	3.56	3.51	3.48	3.39	3.67	3.63	3.65	3.69
제품디자인(V124)	3.45	3.35	3.56	3.57	3.42	3.33	3.39	3.67

측정변수 (신뢰도 =0.9337) (고유치 =6.288)	제조업 전체	제품유형별 분석				
		원재료 및 소재	부품	시스템	최종 소비재	최종 산업재
제품의 기능성(V123)	3.62	3.63	3.60	3.72	3.46	3.78
제품의 기본 성능[1](V122)	3.70	3.63	3.74	3.88	3.57	3.84
제품성능의 기술적 성과(V117)	3.64	3.68	3.61	3.60	3.57	3.71
제품의 사용 편의성(V126)	3.52	3.54	3.52	3.52	3.39	3.62
제품수명(내구성)(V125)	3.63	3.61	3.69	3.72	3.42	3.79
제품의 신뢰성[2](V118)	3.66	3.72	3.63	3.64	3.57	3.76
제품의 핵심요소 기술력(V119)	3.57	3.64	3.51	3.48	3.58	3.61
제품의 서비스 용이성[3](V121)	3.47	3.47	3.50	3.36	3.38	3.58
제품의 생산 용이성(V120)	3.56	3.59	3.58	3.44	3.54	3.54
제품디자인(V124)	3.45	3.49	3.49	3.40	3.35	3.47

본 연구의 주요 분석대상인 제품디자인(V124)의 경우, 제조업 전체의 성과 지수는 3.45로 추정되었다. 산업 부문별로 보면 자동차부품(3.67)〉조립금속(3.57)〉1차 금속(3.56)〉기계 및 장비(3.42)〉전자제품(3.39)〉화학 및 의약품(3.35)〉전기기계(3.33)의 순으로 나타났다. 한편 제품유형

별로 보면 원재료 및 소재(3.49)와 부품(3.49)〉최종산업재(3.47)〉시스템
(3.40)〉최종소비재(3.35)의 순으로 나타났다.

4. 품질경쟁력의 결정요인에 관한 가설검정

본 연구의 품질경쟁력 결정요인에 관한 가설검정은 〈그림 5-2〉와
같으며, 이의 분석결과는 〈표 5-5〉에 요약되어 있다.

〈그림 5-2〉 품질경쟁력의 결정요인에 관한 가설검정

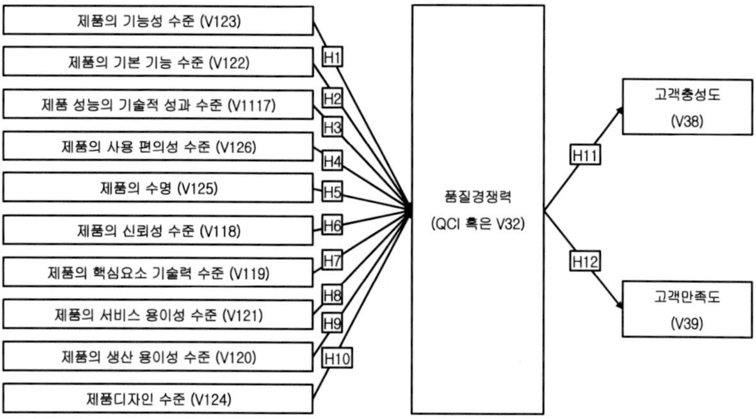

H_1 요구조건과의 일치성(conformance), 즉 제품의 기능성 수준(V123)이 높을수록 품질
     (QCI 혹은 V32)이 좋다.
H_2 제품의 기본 성능 수준(V122)이 적절할수록 품질(QCI 혹은 V32)이 좋다.
H_3 제품성능의 기술적 성과 수준(V117)이 우수할수록 품질(QCI 혹은 V32)이 좋다.
H_4 제품의 사용 편의성 수준(V126)이 높을수록 품질(QCI 혹은 V32)이 좋다.
H_5 제품의 수명(V125)이 길수록 품질(QCI 혹은 V32)이 좋다.
H_6 제품의 신뢰성 수준(V118)이 높을수록 품질(QCI 혹은 V32)이 좋다.
H_7 제품의 핵심요소 기술력 수준(V119)이 높을수록 품질(QCI 혹은 V32)이 좋다.
H_8 제품의 서비스 용이성 수준(V121)이 높을수록 품질(QCI 혹은 V32)이 좋다.
H_9 제품의 생산 용이성 수준(V120)이 높을수록 품질(QCI 혹은 V32)이 좋다.
H_{10} 제품디자인 수준(V124)이 높을수록 품질(QCI 혹은 V32)이 좋다.
H_{11} 고객충성도(V38)가 높을수록 품질(QCI 혹은 V32)이 좋다.
H_{12} 고객만족도(V39)가 높을수록 품질(QCI 혹은 V32)이 좋다.

품질 결정요인에 관한 가설검정 결과를 제조업 전체를 중심으로 보면 결정요인 변수로 선정한 10개 설명변수(V123, V122, V117, V126, V125, V118, V119, V121, V120, V124) 모두가 품질경쟁력 지수(QCI)에 대하여 매우 유의적으로 추정되었으며, 따라서 10개 가설(H_1, H_2, ……, H_{10}) 모두가 높은 유의수준에서 채택되었다. 심지어, V32(자사 제품의 시장품질 수준)를 종속변수로서 선택하였을 때에도 V126(제품의 사용 편의성 수준)을 설명변수로 도입한 경우를 제외하고서는 모든 설명변수들이 높은 유의수준을 보였다.

그러나 7개 산업 부문별 및 5개 제품유형별 가설검정에서는, 종속변수를 품질경쟁력 지수(QCI)가 아닌 자사 제품의 품질 수준(V32)을 선택한 경우, 10개 가설(H_1, H_2, ……, H_{10})의 거의 모두가 기각되었다.

여기서 흥미로운 것은 나머지 2개 가설: H_{11} 및 H_{12}의 경우, 종속변수를 QCI가 아닌 V32를 선택한 경우 모두 채택되었다는 점이다. 이것은 소비자의 직접적 평가는 QCI가 아닌 V32에 반영된다는 것을 의미하므로 논리적으로 높은 타당성을 보인다.

〈표 5-5〉 제조업 전체와 산업 부문별 및 제품유형별 품질 결정요인에 관한 가설 검정[1]

가설(독립변수)[2] / 종속변수[3] 산업 및 제품유형 / 제조업 제품유형	H₁ (V123)		H₂ (V122)		H₃ (V117)		H₄ (V126)		H₅ (V125)		H₆ (V118)		H₇ (V119)		H₈ (V121)		H₉ (V120)		H₁₀ (V124)		H₁₁ (V38)		H₁₂ (V39)	
	QCI	V32	QCI	V32	QCI	V32	QCI	V32	QCI	V32	QCI	V32	QCI	V32	QCI	V32	QCI	V32	QCI	V32	QCI	V32	QCI	V32
제조업 전체	◉	○	◉	◎	◉	◉	◉	◉	◉	◉	◉	◉	◉	◉	◉	◉	◉	◎	◉	○	◎	◉	◉	◉
(1) 화학 및 의약품	◉	◉	◉	×	◉	×	◉	◉	◉	◉	◉	×	◉	×	◉	◉	◉	×	◉	×	◉	◉	×	◉
(2) 1차금속	◉	×	◉	×	◉	×	◉	×	◉	◉	◉	×	◉	×	◉	◉	◉	×	◉	○	×	◉	◎	◉
(3) 조립 금속	◉	×	◉	×	◉	◉	◉	◉	◉	◉	◉	◉	◉	○	◉	◉	◎	◉	◉	×	×	◉	×	◉
(4) 기계 및 장비	◉	×	◉	○	◉	◉	◉	◉	◉	◉	◉	◉	◉	◉	◉	◉	◉	×	◉	×	×	◉	×	◉
(5) 전기 기계	◉	×	◉	×	◉	×	◉	◉	◉	◉	◉	◉	◉	×	◉	◉	◉	×	◉	×	◎	◎	×	◉
(6) 전자	◉	×	◉	×	◉	○	◉	◉	◉	◉	◉	◉	◉	×	◉	×	◉	×	◉	×	×	◉	○	◉
(7) 자동차부품	◉	×	◉	×	◉	×	◉	◉	◉	○	◉	◉	◉	◎	◉	◉	◉	×	◉	◉	×	◉	×	◉
(8) 원재료 소재	◉	×	◉	◎	◉	◉	◉	×	◉	×	◉	◉	◉	◎	◉	◉	◉	×	◉	×	◎	◉	×	◉
(9) 부품	◉	×	◉	×	◉	×	◉	◉	◉	◎	◉	○	◉	×	◉	◉	◉	×	◉	○	○	×	×	◉
(10) 시스템	◉	×	◉	×	◉	×	◉	◉	◉	×	◉	◎	◉	×	◉	◉	◉	×	◉	×	×	×	×	○
(11) 최종소비재	◉	×	◉	×	◉	×	◉	◉	◉	×	◉	×	◉	×	◉	◉	◉	×	◉	×	×	×	×	○
(12) 최종산업재	◉	×	◉	×	◉	×	◉	◉	◉	×	◉	×	◉	×	◉	◉	◉	×	◉	×	×	×	×	○

주: 1) 회귀분석을 통하여 추정된 회귀계수 값이 (+)의 값을 갖고 유의수준이 *p<0.05인 경우, 주어진 가설을 채택한 경우. 특히 **p<0.01과 ***p<0.001 하에서 주어진 가설을 채택한 경우. ◎와 ⊙로 각각 표시함. (-) 값을 갖고 유의수준이 p>0.05인 경우, 주어진 가설을 기각(×)함. 한편, 회귀계수의 추정치가 p>0.05인 경우 ○한 반면에, 회귀계수의 추정치가 (-)값을 갖고 유의수준이 p>0.05인 경우.

2) V123=제품의 사용 편의성 수준
　V126=제품의 기능적 기본 성능 수준
　V119=제품의 핵심요소 기술력 수준
　V124=제품디자인

　V122=제품의 기능적 기본 성능 수준
　V125=제품수명, 즉 내구성 수준
　V121=제품 서비스 용이성 수준
　V38=고객충성도

　V117=제품성능등의 기술적 성과 수준
　V118=제품신뢰성 수준
　V120=제품의 생산 용이성 수준
　V39=고객만족도

3) QCI=품질경쟁력 지수
　V32=자사 제품의 시장품질 수준

5. 품질경쟁력의 상관관계 분석

5-1. 제조업 전체의 경우

〈그림 5-3〉은 품질경쟁력 지수와 동 요인들 간의 피어슨 상관계수 (γ)를 추정한 것이다.

〈그림 5-3〉 품질경쟁력 지수와 동 요인들 간의 피어슨 상관계수

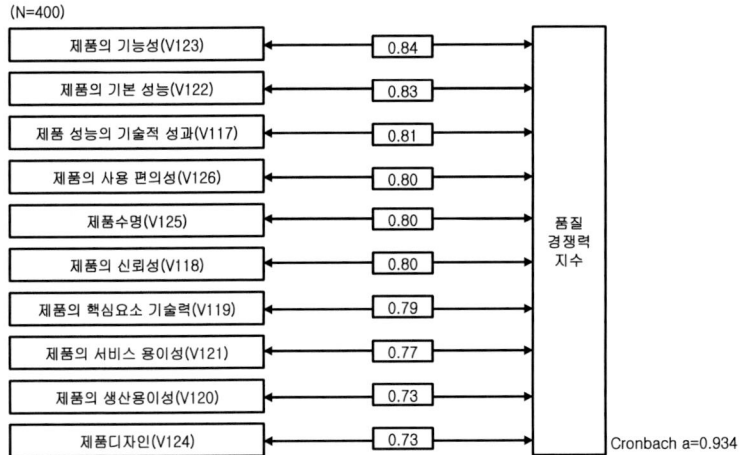

주: 1) 피어슨 상관계수, $r = \dfrac{cov(x, y)}{\sqrt{V(x)}\sqrt{V(y)}} = \dfrac{\sum(x_i - \bar{x})(y_i - \bar{y})}{\sqrt{\sum(x_i - \bar{x})^2}\sqrt{\sum(y_i - \bar{y})^2}}$

　　여기서 연속형의 변수 X와 Y의 표본 분산 V(x)와 V(y):

$$V(x) = s_x^2 = \frac{\sum(x_i - \bar{x})^2}{n-1} \ . \quad V(y) = s_y^2 = \frac{\sum(y_i - \bar{y})^2}{n-1}$$

　　두 변수의 공분산 cov(x, y):

$$cov(x, y) = \frac{\sum(x_i - \bar{x})(y_i - \bar{y})}{n-1}$$

　2) Cronbach $\alpha = \dfrac{n}{n-1}\left(1 - \dfrac{\sum_{i=1}^{\infty} Var(X_i)}{Var(\sum_{i=1}^{\infty} X_i)}\right)$

여기에서 Cronbach α 값(0.934)과 고유치(6.288)는 높은 개념타당성 과 신뢰도를 나타낸다. 품질경쟁력 지수에 가장 큰 영향력을 가진 변 수는 제품의 기능성(V123)으로, 가장 낮은 영향력을 가진 변수는 제 품의 생산 용이성(V120)과 제품디자인(V124)으로 각각 나타났다.

5-2. 산업 부문별 분석

품질경쟁력 지수와 동 요인들 간의 피어슨 상관계수 분석(〈표 5- 6〉 참조)을 산업 부문별로 보면 화학 및 의약품과 전기기계 부문의 경우를 제외한 나머지 5개 산업 부문에서 제품 기능성(V123)의 상관 계수가 매우 높은 것으로 나타났다. 화학 및 의약품에서는 제품의 사 용 편의성(0.89)이, 전기기계/변환장치에서는 제품의 서비스 용이성 (0.84)이 각각 높은 상관계수를 보였다.

〈표 5-6〉 품질경쟁력 지수와 동 요인들의 산업 부문별 피어슨 상

요 인 \ 산업 부문	화학관계수 및 의약품	1차 금속	조립 금속	기계 장비	전기 기계	전자 제품	자동차 부품
제품의 기능성(V123)	0.86	0.90	0.94	0.87	0.77	0.90	0.94
제품의 기본 성능(V122)	0.80	0.85	0.92	0.83	0.74	0.79	0.94
제품성능의 기술적 성과(V117)	0.81	0.75	0.91	0.82	0.71	0.71	0.89
제품의 사용 편의성(V126)	0.89	0.75	0.73	0.85	0.71	0.87	0.92
제품수명(V125)	0.86	0.90	0.91	0.83	0.71	0.86	0.94
제품의 신뢰성(V118)	0.81	0.76	0.83	0.80	0.74	0.84	0.88
제품의 핵심요소 기술력(V119)	0.73	0.78	0.86	0.84	0.60	0.74	0.88
제품의 서비스 용이성(V121)	0.72	0.82	0.77	0.79	0.84	0.69	0.82
제품의 생산 용이성(V120)	0.64	0.69	0.60	0.68	0.63	0.74	0.85
제품디자인(V124)	0.84	0.89	0.84	0.78	0.81	0.67	0.82

주: $p < 0.001$.

한편 품질경쟁력의 요인별로 보면 제품디자인은 1차금속에서 제품의 서비스 용이성은 전기기계에서 제품성능의 기술적 성과는 조립금속에서 기능성은 조립금속과 자동차부품에서 제품의 기본 성능·제품수명(내구성)·제품의 사용 편의성·제품신뢰성·제품의 핵심요소 기술력·제품의 생산 용이성 모두 자동차부품에서 각각 가장 높은 상관계수를 보였다.

여기서 유의할 것은 10개 품질경쟁력 요인들 중에서 3개(제품디자인, 제품성능의 기술적 성과, 제품의 서비스 용이성)를 제외한 나머지 7개 요인들이 다른 6개 산업 부문에서보다 자동차부품에서 가장 높은 품질경쟁력 지수와의 상관계수를 보였다는 점이다. 이것은 자동차부품의 특성을 여실히 반영하고 있다고 말할 수 있다.

5-3. 제품유형별 분석

제품유형별 피어슨 상관계수 분석(〈표 5-7〉 참조)에 의하면, 원재료/소재에서는 제품의 사용 편의성(0.93)이, 부품에서는 제품의 기능성(0.90)이, 시스템에서는 제품의 기본 성능(0.88), 최종소비재에서는 제품의 기능성(0.86)과 사용 편의성(0.86)이, 최종산업재에서는 제품의 기본 성능(0.87), 제품의 기능성(0.87), 제품수명(0.87)이 각각 가장 높은 상관계수를 보였다.

한편 품질경쟁력 요인별로 보면 10개의 요인들 중에서 3개의 요인(제품의 기능성, 제품의 신뢰성, 제품의 핵심요소 기술력)을 제외한 나머지 7개 요인들이 다른 5개 제품유형에서보다 원재료/소재에서 가장 높은 품질경쟁력 지수와의 상관계수를 보였다. 제품디자인도 원재료/소재에서 가장 높은 상관계수를 보였다는 점은 특기할 만하다.

〈표 5-7〉 품질경쟁력 지수와 동 요인들의 제품유형별 피어슨 상관계수

요 인＼제품유형	원재료/소재	부품	시스템	최종소비재	최종산업재
제품의 기능성(V123)	0.85	0.90	0.83	0.86	0.87
제품의 기본 성능(V122)	0.89	0.82	0.88	0.85	0.87
제품성능의 기술적 성과(V117)	0.85	0.78	0.83	0.80	0.81
제품의 사용 편의성(V126)	0.93	0.86	0.69	0.86	0.77
제품수명(V125)	0.92	0.86	0.73	0.83	0.87
제품의 신뢰성(V118)	0.82	0.80	0.75	0.76	0.84
제품의 핵심요소 기술력(V119)	0.80	0.80	0.70	0.79	0.81
제품의 서비스 용이성(V120)	0.83	0.76	0.67	0.77	0.76
제품의 생산 용이성(V121)	0.78	0.74	0.75	0.72	0.70
제품디자인(V124)	0.92	0.80	0.54	0.75	0.78

주: $p < 0.001$.

6. 품질함수의 추정과 품질경쟁력의 평가

6-1. 품질함수의 추정

전술한 품질 결정요인에 관한 가설검정, 품질경쟁력의 상관관계 분석, 품질경쟁력 지수의 도출에서 분석된 결과를 바탕으로, 본 연구의 품질함수는 다음과 같이 정의하며,[40] 이의 추정결과는 〈표 5-8〉과 같다.

---

[40] 본 연구는 다음과 같은 자연대수(natural logrithm) 형태의 품질함수를 선정하기도 하였으나 통계자료가 5점 등간척도라는 특성으로 인하여 적합도가 매우 낮았다.

$Q = A(X_1)^\alpha \cdot (X_2)^\beta \cdot (X_3)^\gamma \cdot (X_4)^\tau$

$\ln Q = \ln A + \alpha \ln X_1 + \beta \ln X_2 + \gamma \ln X_3 + \tau \ln X_4$

$\hat{Q} = \hat{A} + \alpha \hat{X_1} + \beta \hat{X_2} + \gamma \hat{X_3} + \tau \hat{X_4}$

$$QCI = \beta_0 + \beta_1 P + \beta_2 R + \beta_3 D + \beta_4 A \qquad (5-2)$$

$\beta_0, \beta_1, \beta_2, \beta_3, \beta_4$: 측정 계수

C(constant): 상수항

QCI(quality competitiveness index): 품질경쟁력 지수

P(performance) = 제품의 기본 성능(V122)

R(reliability) = 제품의 신뢰성(V118)

D(durability) = 제품수명(V125)

A(aesthetics) = 제품디자인(V124)

〈표 5-8〉 품질함수의 추정 결과

설 명 변 수		종속변수(QCI)[1], [2]	
	추정계수	추정치	t 값
상수	β_0	0.3231***	6.294
P(제품의 기본 성능)	β_1	0.2608***	14.288
R(제품의 신뢰성)	β_2	0.2741***	17.424
D(제품수명)	β_3	0.1857***	10.331
A(제품디자인)	β_4	0.1808***	11.659
Adjusted R^2=0.9128; ***p$<$0.001 Significance F=0.0000			

주 1) 종속변수를 V32(자사 제품의 시장품질 수준)로 선정하였을 때, Adjusted R^2= 0.0241: 4개의 추정계수가 모두 p$>$0.05로 비유의적으로 추정되었다.

상기의 추정 결과 품질경쟁력 지수(QCI)는 주로 제품의 기본 성능 (P, V122), 제품의 신뢰성(R, V118), 제품수명(D, V125), 제품디자인 (A, V124)의 순으로 결정된다고 말할 수 있다. 즉

$$QCI = 0.3231 + 0.2608P + 0.2741R + 0.1857D + 0.1808A \quad (5-3)^{[41]}$$
$$(6.294)^{***} \ (14.288)^{***} \ (17.424)^{***} \ (10.331)^{***} \ (11.659)^{***}$$

6-2. 품질경쟁력 지수 및 세부 성과 지수의 평가

전술한 품질함수의 추정결과를 토대로, 품질경쟁력 지수 동 지수의 4개 세부성과(즉 제품성능, 제품신뢰성, 제품수명, 제품디자인)의 성과 지수를 제조업 전체, 7개 산업 부문, 5개 제품유형별로 도출 및 비교 분석하면 〈표 5-9〉와 같다.

〈표 5-9〉 본 연구의 품질경쟁력 지수 및 세부 성과 지수

구 분		품질경쟁력 지수[1]	제품 성능[2]	제품 신뢰성[3]	제품 수명[4]	제품 디자인[5]
제조업 전체		3.62	3.70	3.66	3.63	3.45
산업 부문별	화학 및 의약품	3.53	3.72	3.53	3.47	3.35
	1차 금속	3.65	3.63	3.74	3.67	3.56
	조립금속	3.73	3.71	3.79	3.82	3.57
	기계 및 장비	3.71	3.79	3.76	3.79	3.42
	전기기계	3.64	3.74	3.81	3.63	3.33
	전자제품	3.66	3.80	3.71	3.65	3.39
	자동차부품	3.68	3.76	3.52	3.71	3.67
제품 유형별	원재료 및 소재	3.61	3.63	3.72	3.61	3.49
	부품	3.65	3.74	3.63	3.69	3.49
	시스템	3.69	3.88	3.64	3.72	3.40
	최종소비재	3.48	3.57	3.57	3.42	3.35
	최종산업재	3.74	3.84	3.76	3.79	3.47

주 1) 단순 경로도형하에서의 품질경쟁력 지수
   $= V118 \times 0.214 + V122 \times 0.294 + V125 \times 0.296 + V124 \times 0.196$
   2) 제품성능: V122:   3) 제품신뢰성: V118
   4) 제품수명: V125:   5) 제품디자인 = V125

---

41) 식(5-3)을 식(5-1)과 비교하면, 식(5-1)은 요인분석에 의하여 도출된 측정변수들의 가중치를 토대로 추정된 잠재요인, 즉 품질경쟁력 지수 (QCI)의 선형관계를 나타내는 반면에 식(6-3)은 회귀분석(OLS)에 의하여 도출된 설명변수들의 회귀계수를 토대로 추정된 BLUE(best linear unbiased estimation)의 선형회귀방정식이다.

제조업 전체의 측면에서 보면 품질경쟁력 지수(3.62)로, 세부성과 지수의 순위는 제품성능(3.70), 제품신뢰성(3.66), 제품수명(3.63), 제품디자인(3.45)으로 각각 나타났다. 그러나 각 산업 부문 및 각 제품유형의 특성을 반영하여 상기의 순위가 다르게 나타났다.

우선, 품질경쟁력 지수(QCI)의 경우, 산업 부문별로 비교해 보면 화학 및 의약품(3.53)을 제외한 나머지 6개 산업 부문이, 제품유형별로 보면 부품, 시스템, 최종산업재가 각각 제조업 전체 평균 수준(3.62)보다 더 높은 품질경쟁력 수준을 보였다. 특히 조립금속(3.74)과 최종산업재(3.74)의 품질경쟁력 지수는 가장 높게 나타났던 반면에 화학 및 의약품(3.53)과 최종소비재(3.48)의 동 지수는 가장 낮게 추정되었다.

제품성능의 성과 지수를 보면 제조업 전체 평균은 3.70인데, 전자제품(3.80)과 시스템(3.88)이 각각 가장 높게, 1차금속(3.63)과 최종소비재(3.57)가 각각 가장 낮게 추정되었다.

제품신뢰성의 성과 지수를 보면 제조업 전체 평균은 3.66인데, 전기기계(3.81)와 최종산업재(3.76)가 각각 가장 높게, 자동차부품(3.52)과 최종소비재(3.57)가 각각 가장 낮게 추정되었다.

제품수명의 성과 지수를 보면 제조업 전체 평균은 3.63인데, 조립금속(3.82)과 최종산업재(3.79)가 각각 가장 높게, 화학 및 의약품(3.47)과 최종소비재(3.42)가 각각 가장 낮게 추정되었다.

제품디자인의 성과 지수를 보면 제조업 전체 평균은 3.45인데, 자동차부품(3.67)과 원재료 및 소재(3.49) 및 부품(3.49)이 각각 가장 높게, 전기기계(3.33)와 최종소비재(3.35)가 각각 가장 낮게 추정되었다.

제3절 품질경쟁력을 도입한 기업의 종합경쟁력 평가모 형과 실증 분석

제4장의 〈그림 4-6〉의 기업의 종합경쟁력 평가를 위한 상세 경로 도형에 품질경쟁력을 도입하면 〈그림 5-4〉와 같은 경로도형을 도출 할 수 있다. 또한 제4장의 〈그림 4-7〉과 같이, 〈그림 5-4〉의 상세 구조방정식 모형의 모수를 줄임으로써 〈그림 5-5〉와 같은 단순 구조 방정식 모형을 도출할 수 있다.

우선, 〈그림 5-4〉의 종합경쟁력 평가를 위한 상세 경로도형과 관련 된 인과모형의 적합도 분석을 위한 기초적합지수(GFI)는 0.844, 수정 적합지수(AGFI)는 0.816, 원소평균자승잔차(RMR)는 0.074로 각각 추정되었는데 이들 지수들은 모두 〈그림 5-4〉의 경로도형이 적합도 가 높다는 것을 말해 준다. 그리고 동 모형의 모든 경로계수들이 $p<0.001$로 매우 유의적으로 추정되었다. 또한 〈그림 5-5〉의 종합경쟁 력 평가를 위한 단순 경로모형의 적합도 지수, 즉 GFI(0.779), AGFI (0.684), RMR(0.066)는 본 모형의 적합도가 매우 높다는 것을 나타낸 다. 그리고 동 모형의 모든 경로계수들이 $p<0.001$로 매우 유의적으로 추정되었다.

〈그림 5-4〉의 종합경쟁력 평가모형에서는 개발경쟁력은 협력업체 의 경쟁력 수준(0.01), 생산기반 및 혁신활동 수준(0.02), 협력업체와 의 파트너십(0.02), 연구개발력(0.67), 종업원의 교육시간 및 만족도 (0.02), 조직성과(0.01)에 의하여 결정되는 것으로 추정되었다. 그리고 개발경쟁력은 신제품 개발건수(0.71), 신제품 매출 비중(0.69), 신제품 파생모델 다양성(0.66), 양산 후 품질안정화 능력(0.60), 기술적 목표 달성도(0.76), 개발 리드타임(0.71), 개발 납기 준수(0.71), 신기술 사

업화 능력(0.77)에 각각 영향을 끼치는 것으로 추정되었다.

한편 제조경쟁력은 협력업체의 경쟁력 수준(0.38), 참여적 조직(0.09), 생산기반 및 혁신활동 수준(0.50)에 의하여 결정되는 것으로 추정되었다. 그리고 제조경쟁력은 협력업체의 경쟁력 수준(0.22), 사업장 수준(0.39), 협력업체와의 파트너십(0.55), 연구개발력(0.51), 종업원의 교육시간 및 만족도(0.34), 조직성과(0.44)에 각각 영향을 끼치는 것으로 추정되었다.

상기의 추정결과는, 각 경로계수의 수치에서 다소 차이가 있지만, 종합경쟁력 평가모형의 〈그림 4-6〉와 〈그림 5-4〉는 동일한 경로도형을 보이고 있다. 그러나 전자의 경우와는 달리, 후자에서는 개발경쟁력과 제조경쟁력은 시장경쟁력을 결정하기 전에 품질경쟁력을 결정하는 것으로 추정되었다. 품질경쟁력에 대한 개발경쟁력의 경로계수(0.56)는 제조경쟁력의 경로계수(0.11)보다 4배 이상 높은 것으로 추정되었다. 이것은 전자의 경우에서 시장경쟁력에 대한 제조경쟁력의 경로계수(0.63)가 개발경쟁력의 경로계수(0.16)보다 무려 4배가 더 크게 추정되었다는 것과 매우 대조가 된다. 그러나 개발경쟁력이 품질경쟁력에 대하여 제조경쟁력보다 더 큰 영향을 끼쳐, 품질경쟁력으로 하여금 시장경쟁력을 더 높일 수 있다는 것은 보다 현실적인 추론이 될 수 있다.

품질경쟁력은 제품성능(0.86), 제품신뢰성(0.75), 제품수명(0.77)에 각각 영향을 끼치는 것으로 추정되었다. 품질경쟁력(0.25)은 시장경쟁력을 결정하며, 다시 시장경쟁력(0.06)은 고객성과를 결정하는 것으로 추정되었다.

시장경쟁력은 제품 가격경쟁력(0.48), 시장 품질경쟁력(0.69), 신제품 출시 빈도(0.62), 혁신경쟁력(0.58), 고객 리드타임 경쟁력(0.75),

판매제품 모델 수(0.65), 고객서비스(0.68)에 각각 영향을 끼치는 것으로 추정되었다. 그리고 고객성과는 고객 유지율(0.80), 고객만족도(0.85)에 각각 영향을 끼치는 것으로 추정되었다.

한편 종합경쟁력 평가를 위한 단순 경로도형의 〈그림 5-5〉에서는 프로세스 경쟁력의 결정요인들을 세 가지 요인, 즉 유형자원 및 관리역량, 조직 및 인적자원, 연구개발력으로, 개발경쟁력의 영향력에 대한 대상으로서 세 가지 변수, 즉 제품성과, 프로세스 성과, 개발성과로, 제조경쟁력의 영향력에 대한 대상으로서 두 가지 변수, 즉 원가/품질과 시간/유연성으로, 시장경쟁력의 영향력에 대한 대상으로서 두 가지 변수, 즉 혁신성과 고객가치로 각각 통합되었다. 각 경로계수에 대한 해석은 전술한 상세 경로도형의 경우와 동일하다.

〈그림 5-4〉 품질경쟁력을 도입한 기업의 종합경쟁력 평가를 위한 상세 경로도형

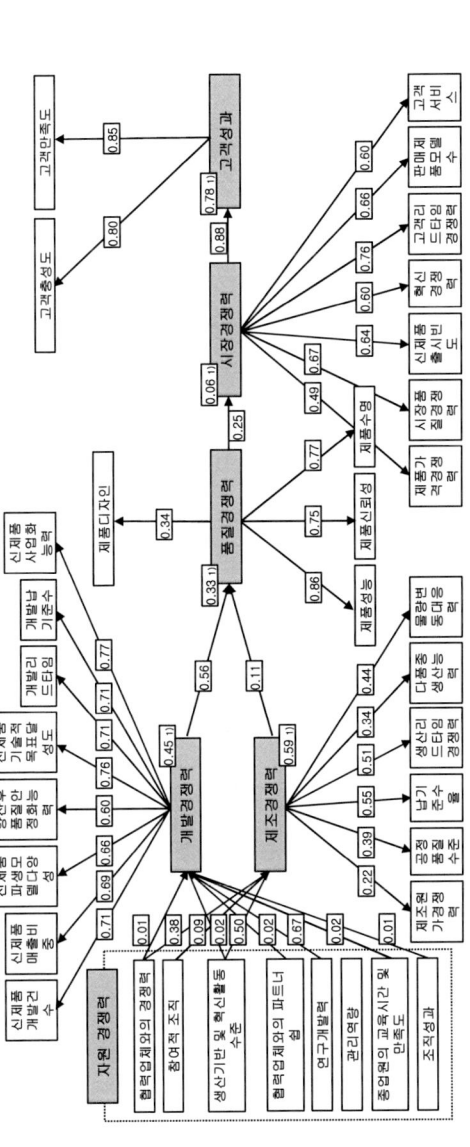

GFI=0.779, AGFI=0.684, RMR=0.066, P=0.000

주: 1) GFI(Goodness of Fit Index): 주어진 모형이 전체 자료를 얼마나 잘 설명하는지를 나타내는 지표로서 1에 가까울수록 좋은 모형인 것으로 판단

2) AGFI(Adjusted GFI): GFI를 자유도에 의해서 조정해준 지표를 의미

3) RMR(Root Mean-square Residual): 관측 매트릭로부터 모델의 편차 개념으로서 0.08 이하이면 적합한 것으로 판단

4) P: 카이제곱 검정의 유의 확률

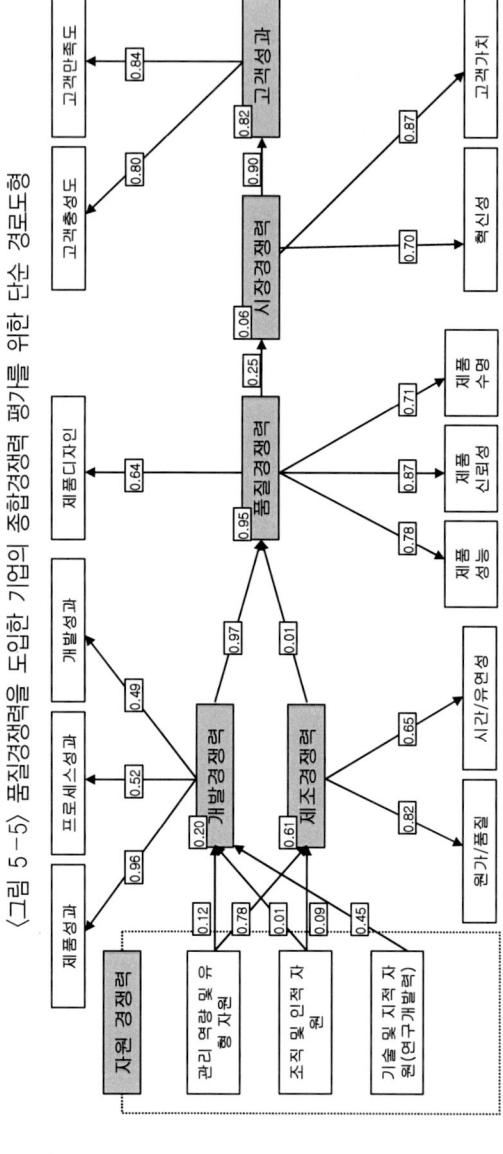

〈그림 5-5〉 품질경쟁력을 도입한 기업의 종합경쟁력 평가를 위한 단순 경로모형

GFI=0.779, AGFI=0.684, RMR=0.066, P=0.000

주: 1) GFI(Goodness of Fit Index): 주어진 모형이 전체 자료를 얼마나 잘 설명하는지를 나타내는 지표로서 0.9 이상인 경우, 좋은 모형인 것으로 판단

2) AGFI(Adjusted GFI): GFI를 자유도에 의해서 조정해 준 지표를 의미

3) RMR(Root Mean-square Residual): 관측데이터로부터 모델의 편차 개념으로서 0.08 이하이면 적합한 것으로 판단

4) P: 카이제곱 검정의 유의 확률

제4절 제품디자인이 품질경쟁력에 미치는 영향에 관한 가설검정

이제 본 연구는 제품디자인이 품질경쟁력에 미치는 영향에 관한 가설검정을 실시함으로써 전반적인 기업경영 시스템하에서 제품디자인은 품질경쟁력과 어떻게 기능적으로 연계 및 통합될 수 있는가를 분석하고자 한다.[42]

1. 제품디자인의 파급효과에 관한 가설검정

우선, 제품디자인의 파급효과를 분석하기 위하여 본 연구는 〈그림 5-6〉과 같은 가설을 세웠으며, 이들의 검정 결과는 〈표 5-10〉에 요약되어 있다.

〈그림 5-6〉 제품디자인의 파급효과에 대한 가설검정

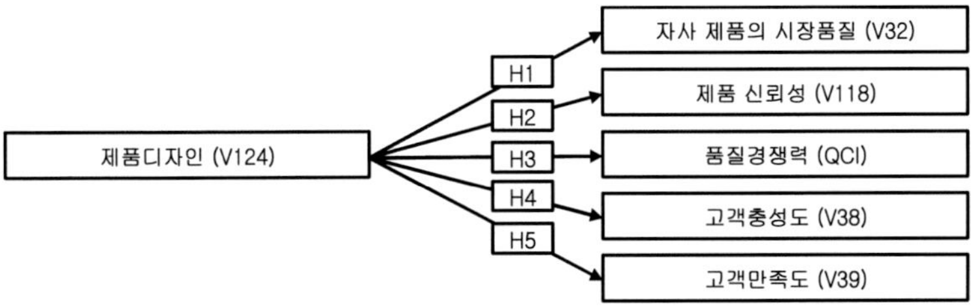

H_1: 제품디자인(V124)이 좋을수록 자사 제품의 시장품질 수준(V32)이 좋다.
H_2: 제품디자인(V124)이 좋을수록 제품신뢰성 수준(V118)이 높다.
H_3: 제품디자인(V124)이 좋을수록 품질경쟁력 지수(QCI)가 높다.
H_4: 제품디자인(V124)이 좋을수록 고객충성도(V38)가 높다.
H_5: 제품디자인(V124)이 좋을수록 고객만족도(V39)가 높다.

---

42) Pawer and Driva, 1999; Stehn and Bergström, 2002; Sroufe, Curkovic, Montabon and Melynyk, 2000; Swink, 2000; Song, Souder and Dyer, 1997; Ahire and Dreyfus, 2000.

〈표 5 - 10〉 제품디자인[1]의 파급효과에 관한 가설 검정

가설(종속변수)[2] / 산업 및 제품유형	H_1 (V32)	H_2 (V118)	H_3 (QCI)	H_4 (V38)	H_5 (V39)
제조업 전체	○	◉	◉	×	×
(1) 화학 및 의약품	×	○	◉	×	×
(2) 1차금속	○	◎	◉	×	◉
(3) 조립 금속	×	◎	◉	×	×
(4) 기계 및 장비	×	◉	◉	×	×
(5) 전기기계	×	×	◉	×	×
(6) 전자	×	○	◉	×	×
(7) 자동차부품	○	◉	◉	×	×
(8) 원재료 소재	×	◉	◉	×	×
(9) 부품	○	◉	◉	×	×
(10) 시스템	×	×	×	×	×
(11) 최종소비재	×	◉	◉	×	×
(12) 최종산업재	×	◉	◉	×	×

주: 주어진 가설의 ***$p<0.001$하에서 채택은 ◉로, **$p<0.01$하에서 채택은 ◎로,
*$p<0.05$하에서 채택은 ○로, 또한 기각은 X로 각각 표시함.
1) 본 연구의 측정변수(V124)
2) V32=자사 제품의 시장 품질: V118=제품신뢰성
QCI=품질경쟁력 지수: V38=고객충성도: V39=고객만족도

상기의 가설검정 결과를 제조업 전체의 측면에서 보면 제품디자인
(V124)은 자사 제품의 시장 품질(V32), 제품신뢰성(V118), 품질경
쟁력 지수(QCI)를 각각 높일 것이라는 가설(H_1, H_2, H_3)은 매우 높
은 유의수준하에서 채택되었던 반면에 고객충성도(V38)와 고객만족
도(V39)를 높일 것이라는 가설(H_4, H_5)은 모두 기각되었다. 특히 제
품신뢰성(V118)과 품질경쟁력 지수(QCI)에 대한 제품디자인(V124)
의 긍정적 기여에 관한 가설(H_2, H_3)은 7개 산업 부문에서나 4개 제
품유형(시스템 제외)에서도 거의 모두 높게 채택되었다.

2. 제품디자인과 품질경쟁력의 상관관계에 관한 가설검정

다른 성과와 마찬가지로 디자인 수준을 높이고자 하는 기업의 궁극적 목적은 고객만족과 고객충성을 통하여 시장성과를 높이고자 하는 것이다. 그러나 전술한 제품디자인이 미치는 영향에 관한 가설검정 결과를 보면 제품디자인(V124)이 고객만족(V39) 및 고객충성(V38)을 높일 것이라는 가설을 제조업 전체에서나 7개 산업 부문 및 5개 제품 유형에서도 모두 기각되었다.

상기의 이유를 규명하고 디자인과 품질경쟁력과의 기능적 관계를 분석하기 위하여 본 연구는 다음과 같은 두 가지 가설, 즉 〈그림 5-7〉과 〈그림 5-8〉을 세우고자 한다. 이들의 차이점은 제품디자인의 기능적 역할에 있다. 즉 〈그림 5-7〉에서는 제품디자인(V124)이 품질경쟁력(QCI 혹은 V32)에 영향을 받아 고객만족(V39)과 고객충성(V38)에게 영향을 주는 것인 반면에, 〈그림 5-8〉에서는 제품디자인(V124)이 품질경쟁력(QCI)으로부터 영향을 받는 것이 아니라 오히려 품질경쟁력(QCI)에게 영향을 끼치며, 제품디자인(V124)이 고객만족(V39)에게 직접적으로 영향을 끼치는 것이 아니라, 우선 품질경쟁력(QCI)을 통하여 간접적으로 고객만족(V39)에게 영향을 끼치고, 이어서 고객만족(V39)이 고객충성(V38)을 야기한다는 것이다.

2-1. 제품디자인과 품질경쟁력의 상관관계에 관한 가설검정 Ⅰ

〈그림 5-7〉 제품디자인과 품질경쟁력의 상관관계에 관한 가설검정 Ⅰ

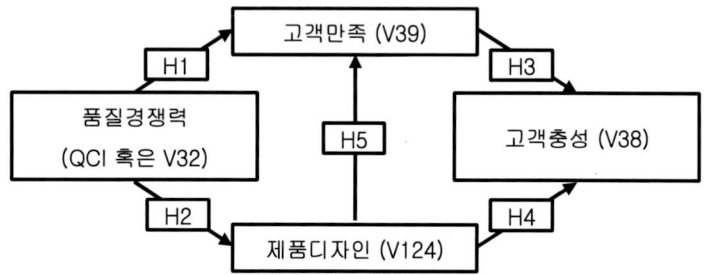

H₁: 품질경쟁력(QCI 혹은 V32)은 고객만족도(V39)에 正(+)의 효과를 산출
한다.
H₂: 제품의 품질경쟁력(QCI 혹은 V32)은 제품디자인(V124)에 正(+)의
효과를 산출한다.
H₃: 고객만족도(V39)는 고객충성도(V38)에 正(+)의 효과를 산출한다.
H₄: 제품디자인(V124)은 고객만족도(V39)에 正(+)의 효과를 산출한다.
H₅: 제품디자인(V124)은 고객충성도(V38)에 正(+)의 효과를 산출한다.

상기의 분석결과를 제조업 전체의 측면에서 보면 품질경쟁력(QCI
혹은 V32)이 고객만족(V39)을 높일 것이라는 가설(H₁), 또한 품질경
쟁력(QCI 혹은 V32)이 제품디자인 수준(V124)을 높일 것이라는 가
설(H₂) 그리고 고객만족(V39)은 고객충성(V38)을 높일 것이라는 가
설(H₃)은 모두 매우 유의적으로 나타나 채택되었다. 이와 반면에 제
품디자인(V124)은 고객만족(V39)을 높일 것이라는 가설(H₄), 또한
제품디자인(V124)은 고객충성(V38)을 높일 것이라는 가설(H₅)은 모
두 기각되었다.

한편 상기한 본 연구의 분석에서 흥미로운 것은 가설 H₁에서 고객만족
(V39)에 대하여 더 높은 유의수준을 보인 품질경쟁력은 자사 제품의 시
장품질 수준(V32)인 반면에 가설 H₂에서 제품디자인(V124)에 대하여

더 높은 유의수준을 보인 품질경쟁력은 본 연구가 도출한 품질경쟁력 지수(QCI)라는 점이다. 이것은 매우 논리적인 결과라고 볼 수 있다. 왜냐하면 고객만족(V39)은 소비자가 해당 제품의 시장품질 수준에 대한 평가의 결과인 반면에 제품디자인(V124)은 품질경쟁력 지수(QCI)의 복합요인들로부터 영향을 받는 것으로 해석될 수 있기 때문이다.

〈표 5-11〉 제품디자인과 품질경쟁력의 상관관계에 관한 가설검정

가설 산업 및 제품유형	H₁		H₂		H₃	H₄	H₅
	QCI →V39	V32 →V39	QCI →V124	V32 →V124	V39 →V38	V124 →V39	V124 →V38
제조업 전체	◎	◉	◉	○	◉	×	×
(1) 화학 및 의약품	×	◉	◉	×	◉	×	×
(2) 1차금속	◎	◉	◉	○	◎	×	◉
(3) 조립금속	×	◉	◉	×	◉	×	×
(4) 기계 및 장비	×	◉	◉	×	◉	×	×
(5) 전기기계	×	◉	◉	×	◉	×	×
(6) 전자제품	○	◉	◉	×	◉	×	×
(7) 자동차부품	×	◎	◉	○	◉	×	×
(8) 원재료 소재	○	◉	◉	×	◉	×	×
(9) 부품	×	◉	◉	○	◉	×	×
(10) 시스템	×	◎	×	×	◎	×	×
(11) 최종소비재	×	◉	◉	×	◉	×	×
(12) 최종산업재	○	◉	◉	×	◉	×	×

주: 주어진 가설의 ***$p < 0.001$하에서 채택은 ◉로, **$p < 0.01$하에서 채택은 ◎로, *$p < 0.05$하에서 채택은 ○로, 또한 기각은 X로 각각 표시함.

2-2. 디자인과 품질경쟁력의 상관관계에 관한 가설검정 Ⅱ

상기한 디자인과 품질경쟁력의 상관관계에 관한 가설검정 Ⅰ로부터, 제품디자인(V124)이 고객만족(V39)이나 고객충성(V38)에게 직접적으

로 영향을 끼치지 않는다는 것을 알 수 있다. 따라서 본 연구는 〈그림 5
-8〉과 같은 가설을 세웠다. 이 가설의 검정 결과는 〈표 5-12〉와 같다.

〈그림 5-8〉 디자인과 품질경쟁력의 상관관계에 관한 가설검정 Ⅱ

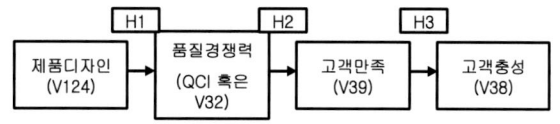

〈표 5-12〉 디자인과 품질경쟁력의 상관관계에 관한 가설검정 Ⅱ

가설 종속변수 설명변수 산업 및 제품유형	H_1 종속변수 V124(제품디자인) 연구개발 력지수	V99	V145	H_2 V124→ QCI	H_3 QCI→ V39	H_4 V39→ V38
제조업 전체	◉	◉	◎	◉	◎	◉
(1) 화학 및 의약품	×	×	×	◉	×	◉
(2) 1차금속	×	×	×	◉	◎	◎
(3) 조립금속	◎	◉	×	◉	×	◉
(4) 기계 및 장비	◉	◉	×	◉	×	◉
(5) 전기기계	○	◎	◎	◉	×	◉
(6) 전자제품	◎	○	×	◉	○	◉
(7) 자동차부품	×	×	×	◉	×	◉
(8) 원재료 소재	◉	◉	×	◉	○	◉
(9) 부품	◉	◉	×	◉	×	◉
(10) 시스템	×	×	×	×	×	◎
(11) 최종소비재	◎	◎	×	◉	×	◉
(12) 최종산업재	◎	◎	○	◉	○	◉

주: 1) 주어진 가설의 ***p〈0.001하에서 채택은 ◉로, **p〈0.01하에서 채택은 ◎
　　로,*p〈0.05하에서 채택은 ○로, 또한 기각은 X로 각각 표시함.
　2) 연구개발력지수: V99×0.387+V100×0.346+V101×0.267
　3) V99: 연구개발 투자 수준
　4) V145: 혁신활동 수준

제조업 전체의 경우를 보면 제품디자인(V124)에게 영향을 끼치는 유의적인 변수로서 연구개발력 지수, 연구개발 투자 수준(V99), 5S, TPM, 6Sigma 운동, QC 등 혁신활동 수준(V145)으로 나타났으며,[43] 또한 제품디자인→품질경쟁력→고객만족→고객충성의 각 인과관계가 높은 유의수준에서 채택되었다. 이 분석결과는 디자인과 품질경쟁력 간의 상관관계에는 다음과 같은 명제가 성립된다.

〈명 제〉

> ○ 제품디자인은 우선 품질경쟁력에 영향을 줌으로써 간접적으로 고객만족과 고객충성을 유발한다.

상기의 분석결과와 대조적인 연구로서, Pullman, Moore and Wardell (2002)을 들 수 있다. 이들은 신상품 디자인을 2개의 제품디자인 접근방법, 즉 ① QFD(quality function deployment),[44] ② 컨조인트 분석(conjoint analysis)[45]을 비교분석하였는데, 그들의 결론은 다음과 같다. 즉 전자는 제품개발자(엔지니어, 기술개발담당자, 품질관리팀)가 계획하

---

43) 본 연구는 제품디자인(V124)의 결정요인을 규명하기 위하여 가능한 모든 설명변수들을 적용시켜 보았다. 예로서 V11(석박사 인력 수), V12(연구 및 제품개발 기술인력 수), V71(최근 3년간 연구개발 총 투자비용), V86(기초 연구과제 건수), V93(기초연구 투자금액 비중), V94(응용연구 투자금액 비중)이다. 그러나 이 여섯 가지 변수는 $p > 0.05$로서 모두 기각되었다.

44) QFD 접근방법은 일본의 제품디자인 및 제품개발 방법이다(Cristano, Liker and White, 2000; Griffin, 1992.).

45) Green and Krieger, 1991; Moore, Louviere and Verma, 1999; Page and Rogenbaum, 1987; Vriens, Loosachilder, Rogenbergen and Wittink, 1998.

고 있는 것이 가장 고객 니즈(needs)를 만족시킬 것이라고 생각하는 반면에 후자는 마케팅 담당자들이 제품의 특징에 대한 고객의 현재 선호를 더 잘 파악할 수 있다고 생각한다. 물론 그들이 주장하듯이, 제품디자인의 변화에 대한 시장의 반응을 제대로 예측하기 위해서는, 이 두 접근방법은 상호 보완적으로, 또한 동시적으로 결합됨으로써 이들 간의 피드백이 이루어져야 한다.

그러나 본 연구의 분석결과(상기의 명제)는 제품디자인의 접근방법을 QFD나 컨조인트 분석으로 나누어 각각 가설 검정한 결과가 아니다. 본 연구가 강조하고자 하는 것은 제품디자인의 기능적 역할과 고객만족 사이에는 품질경쟁력이 교량적 역할을 담당한다는 것이다.

제5절 본 장의 실증적 연구 분석결과 요약

본 장의 실증적 연구 분석결과를 요약하면 다음과 같다.

첫째, 기업의 종합경쟁력 평가모형은, 품질경쟁력을 도입하거나 혹은 하지 않거나, 각 경로계수의 수치에서 다소 차이가 있지만, 동일한 경로도형 구조를 보이고 있다. 그러나 품질경쟁력을 도입하지 않은 종합경쟁력 평가모형의 경우와는 달리, 품질경쟁력을 도입한 종합경쟁력 평가모형에서는 개발경쟁력과 제조경쟁력은 시장경쟁력을 결정하기 전에 품질경쟁력을 결정하는 것으로 추정되었다.

둘째, 품질경쟁력에 대한 개발경쟁력의 경로계수는 제조경쟁력의 경로계수보다 4배 이상 높은 것으로 추정되었다. 이것은 개발경쟁력이 품질경쟁력에 대하여 제조경쟁력보다 더 큰 영향을 끼쳐, 품질경쟁력으로 하여금 시장경쟁력을 더 높일 수 있다는 것은 보다 현실적인 추론이 될 수 있다.

한편 디자인과 품질경쟁력의 상관관계에 관한 가설검정에서는 제조업 전체의 경우를 보면 제품디자인에게 영향을 끼치는 유의적인 변수로서 연구개발력 지수, 연구개발 투자 수준, 혁신활동 수준으로 나타났다. 또한 제품디자인→품질경쟁력→고객만족→고객충성의 각 인과관계가 높은 유의수준에서 채택되었다. 따라서 제품디자인은 우선 품질경쟁력에 영향을 줌으로써 간접적으로 고객만족과 고객충성을 유발한다는 명제가 성립되었다.

제6장

결   론

제1절 본 연구의 분석결과 및 의의

1. 본 연구의 분석결과

1-1. 제품디자인이 품질경쟁력에 미치는 영향에 관한 실증적 분석결과

본 연구의 목적은 제품디자인을 품질경쟁력의 결정요인으로서 포함시켜 기업의 종합경쟁력 평가모형하에서 제품디자인의 위치(Positioning)와 품질경쟁력에 대한 자원 및 경쟁역량, 프로세스 경쟁력, 시장경쟁력과 고객성과와의 기능적 관계를 실증적으로 규명하며, 품질경쟁력에 대한 제품디자인의 영향력을 산업 부문별 및 제품유형별로 비교분석하는 것이다. 본 연구의 주요 분석결과는 다음과 같다.

첫째, 품질경쟁력이 가장 큰 영향을 미치는 측정변수의 순서는 기본성능, 내구성, 제품신뢰성, 제품디자인으로 나타났다. 이것은 한국의 제조업이 아직 디자인이 품질경쟁력에 크게 영향을 미치는 단계에 이르지 못하고 있음을 나타낸다고 할 수 있다. 그리고 향후 제품디자인이 다른 기능들과 통합되어 품질경쟁력, 나아가 기업의 경쟁력을 더욱 높여야 된다는 규범적 시사점을 의미한다.

기술이 보편화되지 않은 시장 초기에서는 소비자 선택에 가장 큰 영향을 미치는 변수가 일반적으로 가격경쟁력과 제품의 성능, 수명, 신뢰성이다. 그러나 기술이 평준화되어 상품의 차별화가 어려운 성숙기에서는 특히 상품의 심미적 요소와 고객서비스가 소비자 선택에 상대적으로 더 큰 영향을 미친다. 따라서 시장이 성숙기에 진입하고 기술이 보편화됨에 따라, 우수한 제품디자인은 품질경쟁력과 시장경쟁력을 높여 고객만족과 고객충성을 유발할 뿐만 아니라 상품가치를 더욱 높이게 된다. 한국소비자보호원(1999)의 발표에 의하면, 상품 및 서비스의 구매 결정에서 디자인(52%)을 품질(22%)과 가격(14%)보다 더 우선적으로 고려한다는 조사결과를 유의할 필요가 있다.

둘째, 제품디자인이 품질경쟁력에 미치는 영향에 대한 연구의 가설검정에 의하면, 제품디자인에게 영향을 끼치는 유의적인 변수는 연구개발력, 연구개발 투자 수준, 혁신활동(5S, TPM, 6Sigma 운동, QC 등) 수준인 것으로 추정되었다. 이것은 과거 상품의 모양내기(styling)로만 이해되었던 제품디자인의 역할이 상품 개념의 확립, 제반 기능(제품개발, 제품디자인, 제조, 마케팅, 판매 등)의 통합 및 조정을 의미한다는 것을 통계적으로 뒷받침해 주는 것이라고 말할 수 있다.

셋째, 제품디자인이 미치는 영향은 제품디자인→품질경쟁력→고객만족→고객충성의 인과관계로 나타나는 것으로 추정되었다. 즉 제품디자인은 직접적으로 고객만족과 고객충성을 유발시키는 것이 아니라 우선 품질경쟁력을 높여 간접적으로 고객만족과 고객충성을 높이는 것으로 추정되었다. 이는 결과적으로 기업의 경쟁력을 제고시키게 되는 것이다. 이 분석결과는 디자인 경영이 통합된 제품 품질의 중요한 결정인자라고 분석한 Flynn et al.(1994), Ahire et al.(1996), Ahire and

Dreyfus(2000) 등을 실증적으로 뒷받침한다고 말할 수 있다. 즉 본 연구의 실증적 분석결과는 제품디자인과 고객만족 사이에는 품질경쟁력이 교량적 역할을 담당한다는 것이다.

1-2. 종합경쟁력 평가모형에 관한 실증적 분석결과

본 연구의 목적은 한국 제조기업의 자원 및 경쟁역량, 프로세스(개발·제조) 경쟁력과 시장경쟁력, 고객성과 사이의 인과관계 분석모형과 경쟁력 평가모형의 통합적 모형인 기업의 종합경쟁력 평가모형을 개발하는 것이다. 이와 동시에, 제조기업의 종합적인 경쟁력(자원경쟁력, 프로세스 경쟁력, 시장경쟁력, 고객성과)을 단일지표로 측정할 수 있는 종합경쟁력 지수(CCI: Comprehensive Competitiveness Index)를 개발하여 산업 전체, 7개 산업 부문별, 5개 제품유형별로 각각 측정하는 것이다.

상기와 같은 본 연구의 시도는 Cross and Lynch(1991)와 Bittici et al.(1997)의 SMART, Fitzgerald et al.(1991)와 Ghalyyivini et al.(1997)의 Integrated Dynamics PMS, 이승규 외(1998)의 SPMES, 한국생산성본부(2002)의 균형경쟁력 모형 등을 배경으로 한다. 그러나 본 연구에서 개발하고자 하는 종합경쟁력 평가모형은 기존 PMES(performance measurement and evaluation system) 모형과 다음과 같은 측면에서 차이가 있다.

첫째, 본 연구의 종합경쟁력 평가모형은 특히 품질경쟁력을 강조한다는 점이다. 본 연구는 산업자원부 기술표준원(1999)의 모형(〈표 2-2〉 참조)과 본 연구의 설문조사에 의거하여 품질경쟁력을 기술적 성과, 제품의 신뢰성, 제품의 핵심요소 기술력, 제품의 생산 용이성, 제

품의 서비스 용이성: 기본 성능, 기능성, 제품디자인, 내구성, 사용 편의성에 의하여 결정되는 경쟁력으로 정의 및 측정하였다.

둘째, 기업 내부 프로세스 역량과 함께 고객성과를 고려함으로써 전술한 Kaplan and Norton(1992)의 균형성과표(BSC: Balanced Score Card)의 개념에 충실함으로써 기존의 PMES가 추구하는 성과지표의 전략적 연계 및 측정지표 간 인과관계뿐만 아니라 BSC의 균형성과를 추구한다는 점이다. 이 결과 본 연구의 종합경쟁력 평가모형은 자원 및 경쟁역량의 개발과 프로세스(개발·제조) 활동이 시장경쟁력의 향상에 기여할 수 있는지의 여부를 각각 진단하고 조정할 수 있는 방향을 제시할 수 있다.

1-3. 종합경쟁력 평가모형의 영향요인 및 파급효과 분석결과

첫째, 자원 및 경쟁역량 변수와 프로세스(개발 및 제조) 경쟁력의 인과관계를 분석해 보면 개발경쟁력과 제조경쟁력은 공통적으로 주로 조직 및 인적자원의 영향을 받으며, 제조경쟁력보다는 개발경쟁력이 조직 및 인적자원으로부터 더 큰 영향을 받는 것으로 추정되었다. 개발경쟁력에 대하여 조직 및 인적자원 다음의 순서로 큰 영향을 끼치는 요인은 연구개발력, 유형자원 및 관리역량의 순으로 측정되었다. 연구개발력은 개발경쟁력에 대하여서만 영향을 끼치는 반면에, 유형자원 및 관리역량은 개발경쟁력뿐만 아니라 제조경쟁력에도 영향을 미치는 것으로 추정되었다.

상기의 분석결과는 한국 제조업의 개발경쟁력이 주로 유형자원 및 관리역량에 의하여 결정되는 단계에서 조직 및 인적자원에 의하여 결정되는 단계로 발전하였지만 연구개발력에 의하여 결정되는 단계에는 아직 도달하지 못했음을 말해 준다.

또한 한국 제조업의 제조경쟁력은, 전술한 개발경쟁력의 경우와 같이, 주로 조직 및 인적자원에 의하여 결정되는 것으로 추정되었다. 이 것은 다시 한국 제조업의 제조경쟁력은 고도기술과 지식자원에 의존하기보다는 직접적 투자와 인적 노력에 의해 결정된다는 것으로 해석된다. 이것은 한국 제조업이 기술역량을 신제품 개발의 고도화에 좀더 잘 활용하는 관리 및 조직역량을 발전시켜야 하며, 생산 부문에 있어서는 조직의 압력과 인적 노력에 의존하는 현장개선 활동에 의한 발전 행태보다는 고도 생산기술의 개발과 적용에 의한 발전 행태가 필요하다는 것을 의미한다.

따라서 향후에는 제조업 경쟁력의 질적 도약을 위해서 개발경쟁력의 확보가 필요하다는 것을 알 수 있다. 이를 위해서 개별 기업은 개발경쟁력이 실제의 시장성과로 연결되는 기술개발전략과 신제품 개발전략을 체계적으로 수립하고 실천해야 할 것이다.

둘째, 개발경쟁력의 경우, 기술적 성과와 개발 납기 준수도, 개발 리드타임, 목표 달성도가 매우 높은 반면 파생상품 다양성이나 신제품 개발건수, 신제품 매출비중 등이 낮게 나타났다. 이 분석결과는 전반적으로 한국 제조업들이 체계적인 연구개발 프로젝트 관리는 잘하고 있으나 기술개발 성과를 전략적으로 기업성과에 연결시키는 활동이 아직까지 매우 부족하다는 것으로 해석된다.

한편 제조경쟁력의 영향요인 분석결과를 보면 개발경쟁력의 경우와 마찬가지로, 납기 준수율과 생산품질, 개발 리드타임 경쟁력, 다품종 생산능력, 물량 유연성이 매우 높은 반면에 제조원가 경쟁력이 상대적으로 낮게 나타났다. 이 분석결과는 한국 제조업의 제조경쟁력의 경쟁

차원이 단순 원가 경쟁에서 품질, 시간, 유연성 등으로 다양해지면서
고도화 단계에 진입했음을 보여준다. 또한 이 분석결과는 품질, 시간,
유연성 경쟁력이 아직 원가 경쟁력으로 이어지지 못하고 추가비용을
수반하고 있음을 보여준다. 즉 한국 제조업의 역량이 아직 품질, 시간,
유연성 추구와 비용 증가의 구조적 경합관계(trade-off)를 넘어서지
못하고 있음을 알 수 있다.

셋째, 프로세스(개발 및 제조) 경쟁력과 시장경쟁력의 인과관계를
분석해 보면 개발경쟁력과 제조경쟁력 모두 시장경쟁력에 유의한 영
향을 미치고 있는 것으로 나타났지만 개발경쟁력보다 제조경쟁력이
시장경쟁력에 더 큰 영향을 주고 있는 것으로 추정되었다. 상술하면,
시장경쟁력에는 개발경쟁력(0.15)보다는 제조경쟁력(0.63)이 무려 4배
나 더 큰 영향력을 갖는 것으로 추정되었다. 시장경쟁력이 각 측정지
표에 미치는 영향력을 경로계수로써 추정하면 고객 리드타임 경쟁력
(0.76)이 가장 큰 영향을 받는 것으로 나타났다. 그다음으로 시장품질
경쟁력(0.67), 판매제품 모델 수(0.66), 신제품 출시 빈도(0.64), 혁신
경쟁력(0.60), 고객서비스(0.60), 제품가격 경쟁력(0.49)의 순으로 나타
났다. 시장경쟁력은 고객가치(0.85)와 혁신성(0.72)에, 고객성과는 고
객만족도(0.83)와 고객충성도(0.80)에 각각 영향력을 끼치는 것으로
나타났다.

넷째, 시장경쟁력의 영향요인을 보면 개발경쟁력이나 제조경쟁력의
경우와 마찬가지로, 서비스 경쟁력과 품질경쟁력이 매우 높은 반면에
혁신경쟁력과 신제품 출시빈도가 상대적으로 낮게 나타났다. 이 분석
결과는, 개발경쟁력의 분석결과와 마찬가지로, 한국 제조업이 주어진

상황에서 구체적인 개별단위 경영활동은 매우 활발하지만 지속적인 기업성장을 위한 신제품 개발 및 혁신활동은 아직 체계적으로 전개하고 있지 않고 있다는 것으로 해석된다.

다섯째, 시장경쟁력과 고객성과의 인과관계를 분석해 보면 시장경쟁력이 고객성과에 매우 큰 영향을 미치는 것으로 나타났다. 고객성과가 2개의 측정지표인 고객만족도와 고객충성도에 미치는 영향력을 경로계수로써 추정하면 고객충성도(0.84)가 고객만족도(0.79)보다 더 큰 영향을 받는 것으로 나타났다.

1-4. 품질경쟁력 평가모형의 영향요인 및 파급효과 분석결과

첫째, 기업의 종합경쟁력 평가모형은, 품질경쟁력을 도입한 경우 혹은 도입하지 않은 경우, 각 경로계수의 수치에서 다소 차이가 있지만, 동일한 경로도형 구조를 보이고 있다. 그러나 품질경쟁력을 도입하지 않은 종합경쟁력 평가모형의 경우와는 달리, 품질경쟁력을 도입한 종합경쟁력 평가모형에서는 개발경쟁력과 제조경쟁력은 시장경쟁력을 결정하기 전에 품질경쟁력을 결정하는 것으로 추정되었다.

품질경쟁력에 대한 개발경쟁력의 경로계수(0.56)는 제조경쟁력의 경로계수(0.11)보다 4배 이상 높은 것으로 추정되었다. 이것은 종합경쟁력 평가모형에서 시장경쟁력에 대한 제조경쟁력의 경로계수(0.63)가 개발경쟁력의 경로계수(0.16)보다 무려 4배가 더 크게 추정되었다는 것과 매우 대조가 된다. 그러나 개발경쟁력이 품질경쟁력에 대하여 제조경쟁력보다 더 큰 영향을 끼쳐, 품질경쟁력으로 하여금 시장경쟁력을 더 높일 수 있다는 것은 보다 현실적인 추론이 될 수 있다.

둘째, 품질경쟁력은 제품성능(0.86), 제품신뢰성(0.75), 제품수명

(0.77), 제품디자인(0.34)에 각각 영향을 끼치는 것으로 추정되었다. 품질경쟁력(0.25)은 시장경쟁력을 결정하며, 다시 시장경쟁력(0.06)은 고객성과를 결정하는 것으로 추정되었다.

시장경쟁력은 제품 가격경쟁력 (0.48), 시장 품질경쟁력(0.69), 신제품 출시 빈도(0.62), 혁신경쟁력(0.58), 고객 리드타임 경쟁력(0.75), 판매제품 모델 수(0.65), 고객서비스(0.68)에 각각 영향을 끼치는 것으로 추정되었다. 그리고 고객성과는 고객충성도(0.80), 고객만족도(0.85)에 각각 영향을 끼치는 것으로 추정되었다.

한편 종합경쟁력 평가를 위한 단순 경로도형에서는 프로세스 경쟁력의 결정요인들을 세 가지 요인, 즉 유형자원 및 관리역량, 조직 및 인적자원, 연구개발력으로, 개발경쟁력의 파급효과대상으로서 세 가지 변수, 즉 제품 성과, 프로세스 성과, 개발 성과로, 제조경쟁력의 파급효과 대상으로서 두 가지 변수, 즉 원가/품질과 시간/유연성으로, 시장경쟁력의 파급효과 대상으로서 두 가지 변수, 즉 혁신성과 고객가치로 각각 통합되었다. 각 경로계수에 대한 해석은 전술한 상세 경로도형의 경우와 동일하다.

2. 본 연구의 의의

본 연구는 기업경영 시스템에서 디자인의 기능적 관계를 이론적으로 규명함으로써 디자인의 실증적 위치와 기능적 역할을 평가하기 위하여 제품디자인이 품질경쟁력의 결정요인으로 포함된 기업의 종합경쟁력 평가모형을 개발하였다. 본 연구의 실증적 분석결과는 다음과 같은 의의를 가진다.

첫째, 본 연구의 제품디자인의 품질경쟁력에 미치는 영향에 관한 가설검정 결과를 통해, 제품디자인은 고객만족을 직접적으로 유발하는 것이 아니라 품질경쟁력을 경유하여 간접적으로 고객만족을 유도한다는 것을 알 수 있다. 즉 다품종 소량생산 체제하에서의 상품가치는 고객에 의하여 인지된 가치로서 결정되는데, 디자인이 제품의 가치와 품질을 높이는 핵심요소로서 소비자에게 작용하여 기업의 시장성과를 높인다고 해석할 수 있다. 그럼으로써 결국 디자인이 기업경영 시스템 하에서 핵심가치로서 자리잡을 수 있는 것이다.

둘째, 기업의 종합경쟁력 평가모형을 통해 어떻게 제품디자인이 연구개발, 제조, 고객만족 등의 제반 기능들과 상호 작용하며 이들 기능들의 통합과 조정을 추구할 수 있는가를 설명할 수 있다.

셋째, 자원경쟁력→프로세스 경쟁력→품질경쟁력→시장경쟁력→고객성과로 연결되는 기업의 종합경쟁력 평가모형의 개발을 시도하기 위하여 본 연구는 외부에서 설문조사를 통하여 400개 기업의 경쟁력 측정 지표를 조사하여 주요 변수들 간의 인과관계를 구조방정식 모형을 이용하여 추정하였다. 이러한 인과관계 분석은 경영학 분야에서는 많이 이루어져 왔으나 디자인 분야에서는 거의 발표된 적이 없다.

넷째, 지금까지의 경쟁력 성과의 측정과 진단 및 평가를 위한 모형은 대개 생산 프로세스나 연구개발 프로세스에 국한된 부분 모형이거나, 최고 경영층을 위한 전략적 성과/경쟁력 측정 모형으로 추상적인 지표를 이용한 것이 대부분이었다. 그러나 제조업의 경쟁력과 신뢰성을 측정하기 위해서는 제품과 공정기술의 기초연구부터 실제 응용능력까지, 개발 프로세스와 생산물류 프로세스의 관리기술 또는 시스템 기술까지를 포괄하여야 하며 이들 요소 경쟁력 사이의 상호 인과관계에 대한 고려가 필요하다. 따라서 본 연구에서 제시한 종합경쟁력 평가모형은 균형성과표로 대표되는 추상적 측정모형과, 상세한 세부지표로 구성된 부분적 경쟁력 측정모형의 한계를 극복한 모형으로 평가될 수 있다.

제2절 본 연구의 한계 및 향후 연구방향

본 연구의 한계점과 향후 연구방향을 제시하면 다음과 같다.

첫째, 본 연구의 실증적 분석결과에서는, 기업의 궁극적 목표인 재무성과에 관해서 시장경쟁력과 고객성과가 직접적인 영향력을 미치지 못하는 것으로 나타났다. 그 이유는 기업의 수익성 요인(가격경쟁, 원가구성, 고객관계 등), 마케팅 및 영업능력 차이 등과 같은, 본 연구모형에서 고려되지 못한 다른 상황변수들이 오히려 수익성에 미치는 영향력이 매우 크기 때문인 것으로 해석된다. 또한 고객성과와 재무성과 사이의 시차의 존재, 측정방법의 차이 등도 상기의 분석결과를 초래할 수 있을 것이다. 이러한 변수들 사이의 인과관계를 보다 정확히 추정하기 위해서는 상기한 변수들에 대한 통제나 모형 변경 등에 의한 정밀한 재검토가 필요하다.

둘째, 본 연구는 국내 제조업 분야의 기업들을 대상으로 2003년 기업 활동 현황에 대한 설문조사를 통해 수집한 응답 자료를 통계적으로 분석함으로써 최근 현황을 반영하는 데는 미흡하다. 그러나 연차적 설문조사를 통해 연구의 계속성을 향후 유지한다면 시계열적 분석도 가능할 것이다.

셋째, 본 연구의 종합경쟁력 평가모형에서는 디자인을 외형 디자인 (styling)으로 한정지어, 제품디자인과 제품신뢰성, 제품수명, 제품성능 을 품질경쟁력의 결정요인으로 설정하였다. 이는 제품디자인이 다른 요인들과 함께 제품의 가치와 품질을 높이는 품질경쟁력의 핵심요소 로서 소비자에게 작용함을 증명하기 위함이었다. 그러나 실제로 제품 디자인 자체가 무수히 많은 요인을 포함하고 있다. 보다 정확한 추정 을 위해서는 상기한 변수들에 대한 재검토가 필요하다.

참고문헌

국내문헌

권영걸, 김현, 윤종영(2002), 『기업·디자인·성공』, 도서출판국제.

김인호(2006), 『다이나믹 매니지먼트와 기업일반이론』, 비봉출판사.

박상범(1998), "성과 측정시스템의 특성과 효과에 관한 실증적 연구", 석사학위논문, 한국과학기술원.

이승규·라준영·이수열(1998), "전략적 성과 측정 시스템 특성에 관한 연구", 한국경영과학회 학술대회.

임양택(2003), 『우리나라 산업경쟁력과 유망산업의 기술 로드 맵에 관한 연구』, 한양대학교 신뢰성분석연구센터.

임양택(2003), 『한국 제조업의 신뢰성 향상을 위한 기술 로드 맵에 관한 연구』, 한양대학교 신뢰성분석연구센터.

임채숙·임양택, 『종합경쟁력 평가모형의 개발 및 측정에 관한 연구: 한국 제조업 부문을 중심으로』, 기술경영경제학회, 2004. 6.

임채숙·임양택, 『품질경쟁력 평가모형에서 제품디자인의 인과관계와 디자인 경영에 관한 실증적 분석: 한국 제조업 부문을 중심으로』, 기술경영경제학회, 2004. 6.

임채숙, 『품질경쟁력 인과모형하에서 산업 디자인의 기능적 역할에 관한 실증 분석: 한국 제조업부문을 중심으로』, 한국디자인학회, 2004.

임채숙, 『제품디자인의 파급효과와 품질경쟁력의 결정요인에 관한 연구』, 한국디자인학회, 2005.

현대경제개발연구원(1996), "고객가치 창조와 디자인 경영", VIP 레포트.

홍성태(1999), 『보이지 않는 뿌리』, 박영사.

국외문헌

Ahire, Sanjay L. and Dreyfus, Paul, 『The impact of design management and process management on quality: an empirical investigation』, Journal of Operations Management, Vol.18, pp.549~575, 2000.

Azzone, G. et al.(1991), "Design of performance measurement for time -based companies", International Journal of Operations and Production Management, 11(3), pp.77~85.

Cox Ⅲ. J. F. and A. Lockamy Ⅲ(1994), Reengineering performance measurement, Irwin, IL.

Cross, K. F. and R. L Lynch (1989), "The SMART way to define and sustain success", National Productivity Review, 8, pp.24~33.

De Toni, A. et al.(1995), "An instrument for quality performance measurement", International Journal of Production Economics, 38, pp.199~207.

Dixon, J. R. et al.(1990), The new performance challenge: Measuring operations for world class competition, Homewood: DowJones - Irwin.

Fitzgerald, L. et al.(1991), Performance measurement in service business, London: CIMA.

Forker, L. B. et al.(1996), 『The contribution of quality to business performance』. Ghalayini, A. M. and J. S. Nobel(1996), "The changing basis of performance measurement", International Journal of Operations and Production management, 16(8), pp.63~80.

Garvin, David A.(1988), Management quality, New York: The Free Press.

Ghalyyivini, A. M. and Nobel, J. S.(1996), "The Changing Basis of

Performance Measurement", *International Journal of Operations & Production Management*, Vol.16, No.8, pp.63~80.

Hair, J. F., Anderson, R. E., Black, W. C.(1995), *Multivariate Data Analysis with Reading*, New Jersey: Prentice-Hall.

Kaplan R .S. and D. P. Norton(1996), "Using the balanced scorecard as a strategic management system", *Harvard Business Review*, Jan -Feb., pp.75~85.

Kaplan R. S. and D. P. Norton(1992), "The balanced scorecard: Measures that drive performance", *Harvard Business Review*, 70(Jan-Feb), pp.71~79.

Lim, Chae-Suk, 『An Empirical Study on Corporate Comprehensive Competitiveness Evaluation Model: Korean Manufacturing Sector』, paper presented to the PICMET(Portland International Conference Management of Engineering and Technology) '04 Conference(July 31~August 04) in Seoul for the consideration of Outstanding Student Paper Award, 2004.

Lim, Yang-Taek(2000), "A New Measurement of the Level of S & T, Its International Comparison, and Some Econometric Applications in the Knowledge-based Economies", paper presented at the International Symposium on Industrial/Technological Competitiveness of the Knowledge-based Economies, Taiwan Economic Development Institute, August 3.

Neely, A., M. Bourne and M. Kennerly(2000), "Performance measurement system design—developing and testing a process—based approach", *International Journal of Operations and Production Management*, 20(10), pp.1119~1145.

Sethi, A. K. and S. P. Sethi(1990), "Flexibility in manufacturing: A survey", *The International Journal of Flexible Manufacturing Systems*, 2, pp.289~328.

Song, X. Michael, Souder, William E. and Dyer, Barbara, 『A Causal Model of the Impact of Skills, Synergy, and Design Sensitivity on New Product Performance』, *Journal of Product Innovation Management*, Vol.14, pp.88~101, 1997.

Pawar, Kulwant S. and Driva, Helen, 『Performance measurement for product design and development in a manufacturing environment』, *International Journal of Production Economics*, Vol.60-61, pp.61~ 68, 1999.

Srikanth, M. L. and S. A. Robertson(1995), "Measurement for effective decision making", Wallingford, Connecticut: The Spectrum Publishing company.

〈설문지〉

2003년도 우리나라 제조기업의
제품신뢰성 및 경쟁력 평가를 위한 실태조사

귀사의 무궁한 발전을 기원합니다.

1. 본 설문은 우리나라 기업의 기술 및 제조경쟁력을 평가하기 위해 산업자원부와 한양대학교 신뢰성분석연구센터(RARC)가 공동으로 경쟁력 및 신뢰성 지수개발 및 영향요인 평가를 위해 실시하는 실태조사입니다.

2. 귀사의 설문 결과는 통계분석을 위한 목적 이외에는 사용하지 않으며 통계법에 의거하여 비밀이 철저히 보장됩니다.

3. 본 조사의 결과는 우리나라 제조업의 경쟁력 및 신뢰성을 평가하고 경쟁력 및 신뢰성 향상을 위한 발전방향을 제시하는 연구에 활용될 것입니다. 이 사업이 우리나라 제조업의 경쟁력 및 신뢰성 향상과 귀사의 발전에 이바지할 수 있도록 적극적인 협조를 부탁드립니다.

감사합니다.

산업자원부
한양대학교 신뢰성분석연구센터(RARC)
(Tel: 02 – 2295 – 2689)

설문 작성방법 안내

1. 본 설문의 조사 내용은 정답이나 바람직한 상태를 묻는 것이 아니라 귀 사업부의 현재 경영상황을 정확히 파악하기 위한 실태조사입니다. 일부의 업체에 대해서는 직접적인 설문수거와 인터뷰를 수행하여 조사의 객관성과 정확성을 높이고자 하였습니다.

2. 본 설문은 해당 부서별 구분에 따라 세 부분으로 구성되어 있습니다. 사업부 기획 부문에서 응답이 용이하지 않은 부분은 해당 부서별로 구분하여 작성하신 후 취합하여 동봉한 봉투의 주소로 월일까지 송부하여 주시기 바랍니다.

　A. 기업 일반 현황(1~4 page) : 사업부 기획 관리 및 총무부서

　B. 기술 및 개발 부문(5~8 page) : 연구소 또는 제품개발 부서

　C. 생산 부문(9~11 Page) : 주요 사업장 생산 부문

3. 본 설문에서 경쟁사는 주력시장에서의 주요 경쟁업체(국내 및 국외업체 불문)를 기준으로 응답해 주십시오.

4. 5점 척도로 구성된 문항에 대해서는 귀사의 상황과 가장 적합한 번호에 ○표 해 주십시오.

5. 가급적 모든 항목에 응답해 주시고 본 설문에 대한 문의는 다음의 전화나 e-mail로 연락하여 주시기 바랍니다.

한양대학교 신뢰성분석연구센터

(133-791) 서울시 성동구 행당동 17

한양종합기술원 B 114호

전화: (02) 2295-2689

팩스: (02) 2295-0279

A. 기업 일반 현황

1. 회사명

1) 회사명: _____(주식)회사 _____사업부

2) 대표 사업장(공장): _____사업장

※ 대표 사업장 기준으로 작성하는 항목에는 위의 사업장을 기준으로 작성해 주십시오.

3) 창업연도(사업부 분리/신설): _____년도

4) 사업 진출연도: _____년도

2. 주요 제품

1) 주요 제품: _____/_____/_____

2) 제품유형: 원재료 및 소재□
　　　　　　 부　품□
　　　　　　 시스템 부문□
　　　　　　 최종소비재□
　　　　　　 최종산업재□

3. 주요 공정유형(주요 제품 기준)

1) 귀 사업부의 주요 공정은 다음 보기 중에서 어느 유형과 가장 유사합니까?

(공정유형이 다른 다수 공정인 경우 가장 중요한 공정을 중심으로 하나만 선택)

유형A)	제품을 고정시키고 사람과 장비가 이동하면서 생산한다(Fixed layout, 예: 조선).	☐
유형B)	설비·공정 간의 공정순서 및 물류가 일정치 않고 주문에 따라서 다양한 제품을 생산한다(개별공정 작업장, job shop, 예: 주문형 주조공정).	☐
유형C)	공정순서가 일정하지만 라인으로 연결되어 있지 않고 한 공정에서 뱃치/로드 단위로 생산된 후 다음 공정으로 이동한다(뱃치생산 공정, 예: 중장비 조립공장).	☐
유형D)	자재가 정해진 작업순서에 준하여 라인을 따라 이동하며 주로 작업자에 의하여 완제품이 생산된다(작업자 중심 컨베이어 라인, 예: 노동집약적 전자제품 조립공정).	☐
유형E)	자재가 정해진 작업순서에 준하여 라인을 따라 이동하며 주로 설비 및 기계에 의하여 완제품이 생산된다(설비중심 컨베이어 라인, 예: 자동화된 자동차 생산라인).	☐
유형F)	한 가지 자재(액체, 기체 분말)가 설비 내에서 중단 없이 흘러가 완제품이 생산된다(장치형 흐름생산 공정, 예: 정유, 화학, 맥주, 철강).	☐

4. 구성인원(2002년 12월말 사업부 기준)

인력현황		인력 수
총 종업원		명
석, 박사 인력		명
연구 및 제품개발기술 인력(연구소 및 설계 부서)		명
공정개발 및 생산기술 인력(생산기술 및 관리)		명
사무기술직		명
현장기능직	직접 인력(생산현장 및 인력)	명
	용역 인력(분사 또는 공정을 아웃소싱한 경우)	명

5. 종업원 교육 및 만족도

1인당 월평균 종업원 교육시간(OJT 제외, 집체교육 포함)	시 간
	매우낮다 ─ 낮다 ─ 보통이다 ─ 높다 ─ 매우높다
1) 귀사의 종업원 교육시간은 경쟁사에 비하여 어느 정도입니까?	1·····2·····3·····4·····5
2) 귀사의 종업원 만족도 수준은 경쟁사의 종업원의 만족도 수준에 비하여 어느 정도입니까?	1·····2·····3·····4·····5

6. 조직 구조

	매우낮다 ─ 낮다 ─ 보통이다 ─ 높다 ─ 매우높다
1) 업무수행과 관련된 규정과 제도, 절차가 명문화되어 있다.	1·····2·····3·····4·····5
2) 임원을 포함한 모든 종업원들은 회사의 규정과 제도를 반드시 지켜야 한다.	1·····2·····3·····4·····5
3) 의사결정권한이 실제 업무를 수행하는 종업원에게 부여되어 있다.	1·····2·····3·····4·····5
4) 모든 종업원들은 자신의 업무와 관련된 의사결정에 참여하고 있다.	1·····2·····3·····4·····5
5) CFT(Cross functional Team)와 같이 각 부서의 기능을 통합하여 문제를 해결하는 공식적 활동이 잘 이루어지고 있다.	1·····2·····3·····4·····5
6) 개발, 생산, 마케팅, 영업 등 각 기능부서 간 의사소통이 잘 이루어지고 있다.	1·····2·····3·····4·····5

7. 조직 문화

	매우낮다 ├ 낮다 ┤ 보통이다 ├ 높다 ┤ 매우높다
1) 업무상 중요한 의사결정 사안을 종업원들이 자율적으로 결정할 수 있다.	1·····2·····3·····4·····5
2) 종업원 모두가 팀에 대한 공동체의식과 서로에 대한 관심이 높다.	1·····2·····3·····4·····5
3) 종업원에게 창조적 아이디어제시와 위험 감수가 장려되며 실패가 허용된다.	1·····2·····3·····4·····5
4) 업무 일정과 성과 목표가 높아서 종업원들이 긴장감과 압박감을 느낀다.	1·····2·····3·····4·····5
5) 종업원들의 실적에 따른 성과금제도가 매우 엄격하게 적용되고 있다.	1·····2·····3·····4·····5

8. 시장경쟁력 평가(주력제품 기준)

	매우낮다 ├ 낮다 ┤ 보통이다 ├ 높다 ┤ 매우높다
1) 동종업계 경쟁사 평균수준과 비교하여 시장에서 제품의 가격 경쟁력은 어느 정도입니까?	1·····2·····3·····4·····5
2) 동종업계 경쟁사 평균수준과 비교하여 제품의 시장 품질 수준은 어느 정도입니까?	1·····2·····3·····4·····5
3) 동종업계 경쟁사 평균수준과 비교하여 신제품 출시 빈도는 어느 정도입니까?	1·····2·····3·····4·····5
4) 동종업계 경쟁사 평균수준과 비교하여 시장 최초의 혁신적인 신제품을 출시하는 능력은 어느 정도입니까?	1·····2·····3·····4·····5
5) 동종업계 경쟁사 평균수준과 비교하여 제품의 고객 리드타임 경쟁력은 어느 정도입니까?	1·····2·····3·····4·····5
6) 동종업계 경쟁사 평균수준과 비교하여 판매하는 제품 모델 수는 어느 정도입니까?	1·····2·····3·····4·····5
7) 동종업계 경쟁사 평균수준과 비교하여 고객서비스(고객응대, A/S) 수준은 어느 정도입니까?	1·····2·····3·····4·····5
8) 동종업계 경쟁사 평균수준과 비교하여 기존 고객 유지율은 어느 정도입니까?	1·····2·····3·····4·····5
9) 동종업계 경쟁사 평균수준과 비교하여 종합 고객만족도 수준은 어느 정도입니까?	1·····2·····3·····4·····5

9. 시장 및 고객성과(주력제품 2002년 기준)

반품률 (연간 반품 수/ 연간 총 공장출하량)	%	고객 리드타임 (직접 납품하는 업체 또는 소비자에게 주문을 받아 제품을 인도하기까지 걸리는 총 시간)	국내	일
			해외 (선적 시까지)	일
기존 고객 이탈률 (전년도 고객 중에서 이탈한 고객의 비율)	%	건당 평균서비스 시간 (고객의 수리요청에서 수리완료까지 걸리는 시간)	시간	

10. 주력 시장 내 동종업계 상위 3개사의 시장 점유율

(주력제품 2002년 기준)

주력시장: 국내시장☐ 세계시장☐ (하나만 선택하여 그 기준으로 답해 주십시오)			
회사명			
시장 점유율	%	%	%
귀사가 상위 3개사에 해당되지 않는 경우 시장점유율			%

11. 제조원가(2002년 사업부 기준, 제조원가 명세서 참조)

제조원가		2001년	2002년
매출액		백만 원	백만 원
재료비(원부재료 외 모든 소요자재 포함)		백만 원	백만 원
노무비		백만 원	백만 원
제조경비	감가상각	백만 원	백만 원
	일반 경비	백만 원	백만 원
총 제조원가 (재료비와 노무비 총합이 아닌 제조원가 명세서상의 총 제조원가)		백만 원	백만 원
연평균 월말 재고액		백만 원	백만 원

12. 재무성과(2002년 사업부 기준, 대차대조표 및 손익계산서 참조)

성과 항목	2001년	2002년
총 자산	백만 원	백만 원
영업이익	백만 원	백만 원
유동자산	백만 원	백만 원
유동부채	백만 원	백만 원

B. 기술 및 개발 부문(본사기획 및 기술개발부서, 연구소 작성)

※ 신제품은 출시된 기존 제품 개선(개선제품)을 포함하는 개념으로 2001 - 2002년에 시장에 출시된 제품을 의미합니다(파생모델, 기반제품 (플랫폼) 또는 혁신적 개발제품).

1. 연구개발 성과(사업장 및 연구소의 2002년도 총합을 계산)

최근 3년간 연구개발 총 투자비용 (R & D, 신제품 및 공정개발 경상연구비 인건비 포함)	백만 원	최근 3년간 총 기술특허 등록 건수	건
최근 3년간 논문발표 건수		건	

2. 제품개발 성과(사업장 및 연구소 관련 부문의 2002년 기준)

총 판매 제품 수 (신제품과 같은 기준을 적용 1년 동안 생산한 총 기반제품 또는 혁신제품 수)	종	전년대비 재료비 절감액 (신제품을 포함한 전 제품의 재료비 절감액)	백만 원
설계변경 건수 또는 시방변경 건수 (설계부서 내 건수)	건	개발 납기 준수율 (신제품 개발 목표 기간 내에 개발이 완료되는 비율)	%
신제품개발 리드타임 (신제품개발시작부터 시장 출시까지 걸리는 평균시간)	년 개월	혁신개발제품 또는 최초개발제품 수 (최근 3년간 기준)	건
신제품 총 모델 수 (예: 소나타 Gold, GLS 등 모델단위)	건	신제품 매출액 (신제품 총 파생모델 기준)	백만 원
평균 신제품 출시주기 (최근 3년간 기준)	개월	외주(아웃소싱)를 통해 수행한 연구개발투자 비중 (최근 3년간 기준)	%

3. 기술혁신 현황(사업부 내 모든 사업장 및 연구소, 종합연구소의 관련 부문의 각 연도 총합)

		2001	2002
	기초연구 과제	건	건
상용화 연구개발	혁신적 제품 개발과제(Breakthrough) (기존의 제품이나 공정과는 완전히 다른 혁신적인 제 품 또는 새로운 신시장이나 사업을 창출하는 제품군)	건	건
	기반제품 개발과제(Platform) (파생제품의 기본 아키텍처를 개발하는 플랫폼 제품군)	건	건
	파생제품 개발과제(Derivative) (플랫폼 제품에서 고객의 요구를 만족시키기 위한 세부 제품군)	건	건

4. 귀사의 기술혁신에 대한 노력을 아래와 같이 구분할 때, 각각의 투자금액이 차지하는 비중은 어느 정도입니까? 합계가 100%가 되도록 하여 주십시오(사업장 및 연구소의 관련 부문의 2002년 기준).

1) 기초연구	%	2) 응용연구	%
3) 신제품 개발(개발연구)	%	4) 기존제품 개선(개발연구)	%
5) 신공정 개발(개발연구)	%	6) 기존공정 개선(개발연구)	%

5. 기술 및 개발 성과(사업장 및 연구소 기준)

	매우 낮다 — 낮다 — 보통이다 — 높다 — 매우 높다
1) 동종업계 경쟁사 평균수준과 비교하여 연구개발 투자수준은 어느 정도입니까?	1·····2·····3·····4·····5
2) 동종업계 경쟁사 평균수준과 비교하여 연구개발 특허 및 논문발표 건수의 수준은 어느 정도입니까?	1·····2·····3·····4·····5

6. 입지 조건

	매우 낮다 — 낮다 — 보통이다 — 높다 — 매우 높다
1) 연구소 입지는 동종업계 경쟁사에 비해 연구개발 기술, 정보, 지식 공유 및 확보 측면에서 어떻습니까?	1·····2·····3·····4·····5

7. 기술개발(연구개발 및 공정기술개발 포함)

	매우 낮다 — 낮다 — 보통이다 — 높다 — 매우 높다
1) 도입할 기술의 선택 및 설지/시운전능력(기술도입)	1·····2·····3·····4·····5
2) 작동/운영 및 유지보수 능력(운영기술)	1·····2·····3·····4·····5
3) 기술의 소화/흡수 및 적용능력(기술개선)	1·····2·····3·····4·····5
4) 새로운 혁신기술의 설계/개발능력(기술혁신)	1·····2·····3·····4·····5

8. 기술제휴업체의 경쟁력

	매우 낮다 — 낮다 — 보통이다 — 높다 — 매우 높다
1) 주요 기술제휴업체의 기술 및 제품 개발력은 어느 정도입니까?	1·····2·····3·····4·····5

9. 신제품 개발 경쟁력

	매우 낮다 — 낮다 — 보통이다 — 높다 — 매우 높다
1) 동종업계 경쟁사 평균수준과 비교하여 신제품 개발 건수는 어느 정도입니까?	1·····2·····3·····4·····5
2) 동종업계 경쟁사 평균수준과 비교하여 신제품의 매출비중은 어느 정도입니까?	1·····2·····3·····4·····5
3) 동종업계 경쟁사 평균수준과 비교하여 신제품의 파생모델 다양성은 어느 정도입니까?	1·····2·····3·····4·····5
4) 동종업계 경쟁사 평균수준과 비교하여 제품의 재료비 비중은 어느 정도입니까?	1·····2·····3·····4·····5
5) 동종업계 경쟁사 평균수준과 비교하여 양산 후 품질안정화 능력은 어느 정도입니까?	1·····2·····3·····4·····5
6) 신제품 개발과제의 실제 연구비용은 계획했던 연구비용과 비교하여 어느 정도입니까?	1·····2·····3·····4·····5
7) 신제품 개발과제의 기술적 목표 달성도는 어느 정도입니까?	1·····2·····3·····4·····5
8) 동종업계 경쟁사 평균수준과 비교하여 신제품 개발 리드타임 경쟁력은 어느 정도입니까?	1·····2·····3·····4·····5
9) 동종업계 경쟁사 평균수준과 비교하여 신제품 개발 납기 준수도는 어느 정도입니까?	1·····2·····3·····4·····5
10) 동종업계 경쟁사 평균수준과 비교하여 개발된 기술결과를 다양한 제품에 응용하는 신기술 사업화 능력은 어느 정도입니까?	1·····2·····3·····4·····5

10. 제품경쟁력(주력제품 기준)

	매우 낮다 — 낮다 — 보통이다 — 높다 — 매우 높다
1) 동종업계 경쟁사 평균수준과 비교하여 제품성능의 기술적 성과(예: TV브라운관의 기술적 평면도)는 어느 정도입니까?	1·····2·····3·····4·····5
2) 동종업계 경쟁사 평균수준과 비교하여 제품의 신뢰성(수명시험 시 고장률)은 어느 정도입니까?	1·····2·····3·····4·····5
3) 동종업계 경쟁사 평균수준과 비교하여 제품의 핵심요소 기술력은 어느 정도입니까?	1·····2·····3·····4·····5
4) 동종업계 경쟁사 평균수준과 비교하여 제품의 생산 용이성(가공, 조립용이성) 수준은 어느 정도입니까?	1·····2·····3·····4·····5
5) 동종업계 경쟁사 평균수준과 비교하여 서비스 용이성(분해 및 수리) 수준은 어느 정도입니까?	1·····2·····3·····4·····5

11. 시장제품 품질경쟁력(주력제품 기준)

	매우 낮다 — 낮다 — 보통이다 — 높다 — 매우 높다
1) 동종업계 경쟁사 평균수준과 비교하여 주력제품의 기본 성능(예: TV의 화질, 차량용 에어컨의 출력, 냉각속도 등)은 어느 정도입니까?	1·····2·····3·····4·····5
2) 동종업계 경쟁사 평균수준과 비교하여 주력제품의 기능성은 어느 정도입니까?	1·····2·····3·····4·····5
3) 동종업계 경쟁사 평균수준과 비교하여 주력제품의 디자인은 어느 정도입니까?	1·····2·····3·····4·····5
4) 동종업계 경쟁사 평균수준과 비교하여 주력제품의 내구성은 어느 정도입니까?	1·····2·····3·····4·····5
5) 동종업계 경쟁사 평균수준과 비교하여 주력제품의 사용 편의성은 어느 정도입니까?	1·····2·····3·····4·····5

C. 생산 부문(본사기획 및 생산지원 부문, 사업장 생산 부문 작성)

1. 물적자원 및 인적자원의 투자성과(사업장 내 사업장의 최근 3개년도 총합, 확정생산계획 기본 주기는 대표 사업장 기준)

※ 확정생산계획 기본 주기는 생산계획을 확정하는 기본 주기이며 명시적으로 생산계획의 변경이 불가능한 기간과는 구별됩니다.

최근 3년간 생산시설 및 장비 투자비용 (FMS, 자동 창고 시스템 등 자동화 및 첨단설비 포함, 부동산 및 기존 설비유지 보수 제외)	백만 원	최근 3년간 정보시스템 총 투자비용 (ERP, EDI, SCM, DSS e-mail, 사무자동화 등 운영비 제외)	백만 원
확정생산계획 기본 주기 (MPS 기본 주기)		月□ 순(10일)□ 주(6일)□ 3일□ 1일□	

2. 혁신활동 성과(사업부 소속 사업장의 2002년도 총합)

※ 혁신활동은 5S, TPM, 6 시그마운동, QC 등의 혁신 및 개선 프로그램 등을 의미합니다.

혁신활동 개선금액	백만 원	총 제안 건수	건

3. 품질 및 납기, 제품 다양성 역량(대표 사업장 2002년 기준)

공정불량률(총합불량률) (공정 중 총 불량 수/생산제품 수)	% PPM	납기 준수율 (납기 준수건수/총 주문건수)	%
생산리드타임 (자재가 충분할 때 단위제품의 생산 후 출고까지 걸리는 시간)	일 시간	일일 생산 제품 수 (파생모델 수준의 완제품 기준)	종
완제품 생산라인 수 또는 작업장 수	개	신제품 양산안정화 일수 (양산 시작 이후 기존의 품질 안정 수준까지 걸리는 시간)	일 시간

4. 물적 및 인적자원의 투자수준 비교(사업장 전체 수준)

※ 공정시설 및 장비의 자동화 수준: 다품종을 생산할 수 있는 유연성은 낮지만, 첨단장비, 높은 수준의 자동화 설비 등을 보유하고 있는 경우 수준이 높다고 평가

	매우 낮다 ─ 낮다 ─ 보통 이다 ─ 높다 ─ 매우 높다
1) 동종업계 경쟁사와 비교하여 시설 및 장비의 자동화 수준은 어느 정도입니까?(유연자동화 시스템을 제외한 완전자동화를 의미)	1·····2·····3·····4·····5
2) 동종업계 경쟁사와 비교하여 시설 및 장비의 다품종 생산능력은 어느 정도입니까?(빠른 준비 교체시간, 유연자동화 시스템 포함)	1·····2·····3·····4·····5
3) 동종업계 경쟁사와 비교하여 정보시스템 수준은 어느 정도입니까?	1·····2·····3·····4·····5
4) 동종업계 경쟁사와 비교하여 확정생산계획 기본 주기가 빠른 수준은 어느 정도입니까?	1·····2·····3·····4·····5
5) 동종업계 경쟁사 평균수준과 비교하여 혁신활동 수준은 어느 정도입니까?	1·····2·····3·····4·····5

5. 제조 경쟁력 평가(점수가 높을수록 경쟁력 높음)

	매우 낮다 ─ 낮다 ─ 보통 이다 ─ 높다 ─ 매우 높다
1) 동종업계 경쟁사 평균수준과 비교하여 제조원가 경쟁력은 어느 정도입니까?	1·····2·····3·····4·····5
2) 동종업계 경쟁사 평균수준과 비교하여 공정품질 수준은 어느 정도입니까?	1·····2·····3·····4·····5
3) 동종업계 경쟁사 평균수준과 비교하여 납기 준수율은 어느 정도입니까?	1·····2·····3·····4·····5
4) 동종업계 경쟁사 평균수준과 비교하여 생산리드타임 경쟁력은 어느 정도입니까?	1·····2·····3·····4·····5
5) 동종업계 경쟁사 평균수준과 비교하여 다품종 생산능력은 어느 정도입니까?	1·····2·····3·····4·····5
6) 동종업계 경쟁사 평균수준과 비교하여 급격한 물량 변동에 대응하는 능력은 어느 정도입니까?	1·····2·····3·····4·····5

6. 입지조건

	매우 낮다 ├─ 낮다 ─ 보통 이다 ─ 높다 ─┤ 매우 높다
1) 공장입지는 동종업계 경쟁사에 비해 공업용수 및 에너지 공급, 교통, 부품 산업 인프라 측면에서 어떻습니까?	1·····2·····3·····4·····5
2) 공장입지는 동종업계 경쟁사에 비해 인력확보, 생활건강, 교육환경 측면에서 어떻습니까?	1·····2·····3·····4·····5

7. 협력업체의 경쟁력(협력업체가 속한 업계의 일반적인 수준을 기준으로 작성)

	매우 낮다 ├─ 낮다 ─ 보통 이다 ─ 높다 ─┤ 매우 높다
1) 주요 협력업체의 원료 및 부품 공급 가격 경쟁력은 어느 정도입니까?	1·····2·····3·····4·····5
2) 주요 협력업체의 원료 및 부품의 품질 수준은 어느 정도입니까?	1·····2·····3·····4·····5
3) 주요 협력업체의 납기 준수율 수준은 어느 정도입니까?	1·····2·····3·····4·····5
4) 주요 협력업체의 부품 공급 리드타임 경쟁력은 어느 정도입니까?	1·····2·····3·····4·····5
5) 물량변동 요구에 대한 협력업체의 대응력은 어느 정도입니까?	1·····2·····3·····4·····5
6) 다품종 생산 요구에 대한 협력업체의 대응력은 어느 정도입니까?	1·····2·····3·····4·····5

8. 협력업체와 파트너십(협력업체가 속한 업계의 일반적인 수준을 기준으로 작성)

	매우낮다 ├ 낮다 ┼ 보통이다 ┼ 높다 ┤ 매우높다
1) 협력업체와 정보 공유(수요정보, 생산정보, 판매정보, 가격정보 등) 수준은 어느 정도입니까?	1·····2·····3·····4·····5
2) 협력업체에 대한 기술 및 혁신 활동 지원 수준은 어느 정도입니까?(지식 공유)	1·····2·····3·····4·····5
3) 협력업체에 대한 개발 및 설비 투자 지원, 경영자금 지원, 개선 성과 보상, 공동 혁신활동에 대한 이익 공유 수준은 종합적으로 어느 정도입니까?	1·····2·····3·····4·····5

※ 본 조사에 대한 질문이나 의견이 있으시면 적어 주십시오.

조사 작성자	
전화	
팩스	

— **조사에 응해 주셔서 대단히 감사합니다.** —

부 록 A.

한국 제조기업의 경쟁력 현황에 대한 설문조사 결과 분석

제1절 한국 제조기업의 경쟁력 현황

1.자원 경쟁력

1－1. 인적자원

1) 조직구조

　산업 전체적으로 조직구조를 보면 모든 임직원은 업무수행과 관련한 제도 및 절차가 명문화되어 있지만(81.8%), 규정과 제도를 잘 지키고 있으며(82.3%), 의사결정권한이 실무자에게 이양되어 있지는 않은 것(25.0%)으로 나타났다.

　모든 임직원의 규정과 제도의 준수 정도는 조립금속 부문(89.3%)과 최종산업재(82.9%)에서 가장 높고, 업무수행 관련 제도 및 절차의 명문화 정도는 전자 부문(89.8%), 최종산업재(90.8%)에서 각각 높게 나타났다.

〈표 부록A. 1-1〉 조직구조

(단위: %)

구 분	전체 (N=400)	산업부문별 분석								제품유형별 분석				
		화학/의약품 (N=43)	1차 금속 (N=27)	조립 금속 (N=28)	기계/장비 (N=66)	전기 기계 (N=27)	전자 (N=49)	자동차 부품 (N=42)	기타 산업 (N=118)	원재료/소재 (N=92)	부품 (N=115)	시스템 부문 (N=25)	최종 소비재 (N=92)	최종 산업재 (N=76)
모든 임직원은 규정과 제도를 반드시 지켜야 함	82.3	74.4	85.2	89.3	83.3	81.5	85.7	81.0	81.4	82.6	84.3	76.0	80.4	82.9
업무수행 관련 제도, 절차가 명문화됨	81.8	65.1	85.2	85.7	86.4	85.2	89.8	88.1	77.1	77.2	87.0	88.0	70.7	90.8
개발,생산,마케팅 등 각 부서간 의사소통이 잘 이루어짐	52.0	41.9	70.4	50.0	51.5	51.9	59.2	42.9	52.5	47.8	53.0	64.0	55.4	47.4
종업원 자신의 업무 관련 의사결정에 참여함	37.5	30.2	51.9	39.3	43.9	29.6	42.9	31.0	34.7	40.2	38.3	44.0	34.8	34.2
각 부서의 기능을 통합하여 문제를 해결하는 기능이 잘 발달	35.0	32.6	18.5	39.3	36.4	40.7	49.0	40.5	28.8	29.3	40.0	44.0	33.7	32.9
의사결정 권한이 실제 업무를 수행하는 종업원에게 부여됨	25.0	20.9	29.6	32.1	30.3	25.9	30.6	23.8	18.6	29.3	25.2	24.0	22.8	22.4

주: 1) 전체 응답자 중에서 각 항목에 대하여 긍정하고 있는 비율(높음+매우 높음 응답자 수/전체 응답자 수).
   2) 사용변수: V20(업무수행 관련 규정과 제도, 절차 명문화 수준), V21(임직원이 회사의 규정과 제도를 준수하는 수준), V22(실무진에 의사결정권한 부여 수준), V23(자신의 업무와 관련된 의사결정에 참여 수준), V24(각 부서의 기능을 통합하여 문제 해결하는 수준), V25(부서 간 의사소통이 잘 되는 수준).

2) 조직 문화

산업 전체적으로 보면 팀에 대한 공동체 의식과 상호 관심의 정도가 높은(49.3%) 반면에 종업원의 자율적인 의사결정 정도는 낮은(18.3%) 것으로 나타났다.

종업원들의 팀에 대한 공동체 의식은 산업 부문별로는 1차금속 (59.3%)과 전기기계(59.3%) 부문에서 높게 나왔으며, 제품유형별로는 최종소비재 유형(56.5%)에서 가장 높게 나타났다.

〈표 부록A. 1 - 2〉 조직 문화

(단위: %)

구 분	전체 (N=400)	산업부문별 분석								제품유형별 분석				
		화학/ 의약품 (N=43)	1차 금속 (N=27)	조립 금속 (N=28)	기계/ 장비 (N=66)	전기 기계 (N=27)	전자 (N=49)	자동차 부품 (N=42)	기타 산업 (N=118)	원재료 /소재 (N=92)	부품 (N=115)	시스템 부문 (N=25)	최종 소비재 (N=92)	최종 산업재 (N=76)
종업원들의 팀에 대한 공동체의 식과 서로에 대한 관심이 높음	49.3	46.5	59.3	53.6	43.9	59.3	57.1	45.2	45.8	45.7	49.6	56.0	56.5	42.1
창조적 아이디어의 제시 및 위험 감수가 장려됨	31.3	30.2	40.7	28.6	30.3	29.6	38.8	33.3	27.1	32.6	33.9	28.0	29.3	28.9
업무일정과 성과목표로 인해 종 업원이 부담감을 느낌	25.8	27.9	22.2	21.4	28.8	14.8	26.5	31.0	25.4	21.7	28.7	24.0	22.8	30.3
실적에 따른 성과금제도가 엄격 하게 적용됨	19.3	20.9	11.1	25.0	18.2	7.4	26.5	11.9	22.0	13.0	23.5	16.0	20.7	19.7
중요한 의사결정을 종업원이 자 율적으로 결정할 수 있음	18.3	16.3	14.8	21.4	24.2	14.8	26.5	23.8	11.0	14.1	22.6	28.0	17.4	14.5

주: 1) 전체 응답자 중에서 각 항목에 대하여 긍정하고 있는 비율(높음+매우 높음 응답자 수/전체 응답자 수).
　　2) 사용변수: V26(업무상 중요한 의사결정사안을 종업원이 결정하는 수준), V27(공동체 의식과 서로에 대한 관심의 수준), V28(창조적 아이디어제시와 위험감수 장려, 실패 허용하는 수준), V29(종업원들의 긴장감 과 압박감의 수준), V30(실적에 따른 성과급 제도를 엄격히 적용하는 수준).

3) 사무기술직 인력

사무기술직 인력은 산업 전체 평균적으로 92명으로 나타났으며, 산 업 부문별로는 자동차부품 부문(187명)이, 제품유형별로는 시스템 부 문(179명)이 각각 상대적으로 가장 높게 나타났다.

〈그림 부록A. 1 - 1〉 사무기술직 인력 현황

(단위: 명)

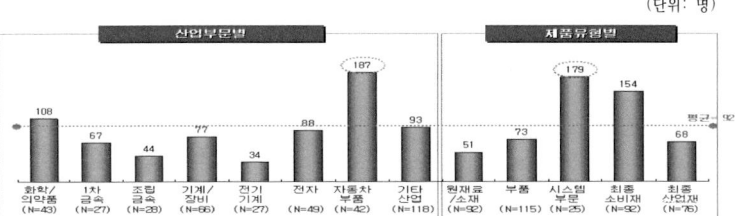

주: 사용변수 V14(사무기술직 인력 수).

4) 생산현장 인력

〈그림 부록A. 1-2〉 생산현장 인력 현황

(단위: 명)

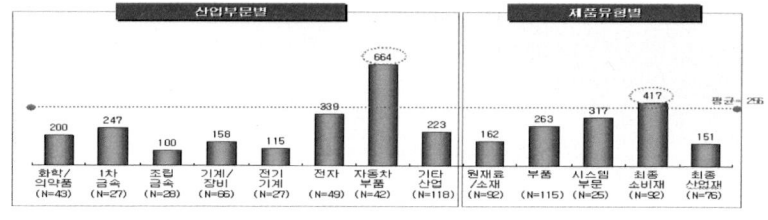

주: 사용변수 V15(직접 생산현장 인력 수).

생산현장 인력은 산업 전체 평균적으로 256명으로 나타났으며, 산업 부문별로는 자동차부품 부문(664명)이, 제품유형별로는 최종소비재(417명)가 각각 상대적으로 가장 높게 나타났다.

5) 연구개발 인력

산업 전체 평균적으로 연구개발 인력 비율은 총 종업원의 5.2%로 나타났다.

산업 부문별로는 전기기계 부문이 11.0%로 가장 높고, 그다음이 기계 및 장비 부문(8.0%), 조립금속 부문(7.0%) 순으로 나타났다.

제품유형별로는 최종산업재 유형이 7.6%로 가장 높으며, 그다음으로 시스템 부문(6.0%)이 나타났다.

〈그림 부록A. 1-3〉 연구개발 인력 현황

(단위: %)

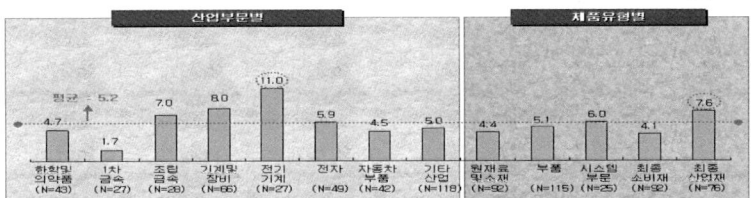

주: 1) 연구개발 인력 구성 비율=연구 및 제품개발 기술 인력(V12)/총 종업원 수(V10).
   2) 사용변수: V10(총 종업원 수), V12(연구 및 제품개발 기술인력 수).

6) 석·박사 인력

〈그림 부록A. 1-4〉 석·박사 인력 현황

(단위: 명)

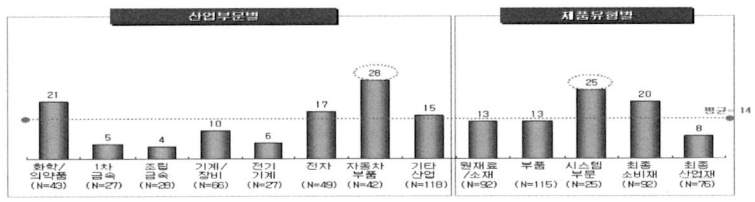

주: 사용변수 V11(석·박사 인력 수).

석·박사 인력은 산업 전체 평균적으로 14명으로 나타났으며, 산업
부문별로는 자동차부품 부문(28명)이, 제품유형별로는 시스템 부문(25
명)이 각각 상대적으로 가장 높게 나타났다.

7) 공정개발 및 생산기술 인력

공정개발 및 생산기술 인력은 산업 전체 평균적으로 32명으로 나타
났으며, 산업 부문별로는 전자 부문(52명)이, 제품유형별로는 시스템

212

부문(98명)이 각각 상대적으로 가장 높게 나타났다.

〈그림 부록A. 1 - 5〉 공정개발 및 생산기술 인력 현황

(단위: 명)

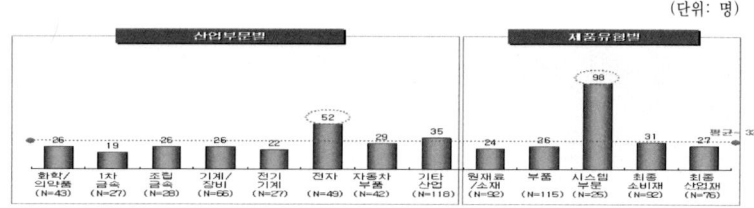

주: 사용변수 V13(공정개발 및 생산 기술인력 수).

8) 외주 연구개발 용역 인력

〈그림 부록A. 1 - 6〉 외주 연구개발 용역 인력 현황

(단위:명)

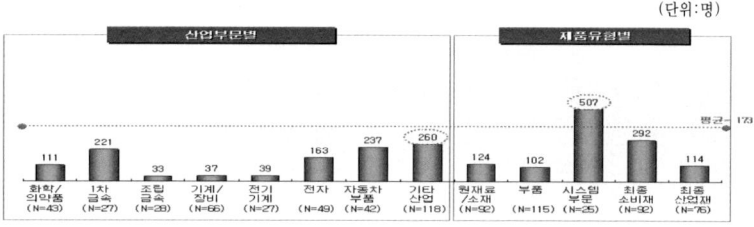

주: 사용변수 V16(외주 연구개발 용역 인력 수).

외주 연구개발 용역 인력은 산업 전체 평균적으로 173명으로 나타났으며, 산업 부문별로는 기타 산업 부문(260명)이, 제품유형별로는 시스템 부문(507명)이 각각 상대적으로 가장 높게 나타났다.

9) 종업원 교육시간 수준

〈그림 부록A. 1-7〉 종업원 교육시간 수준

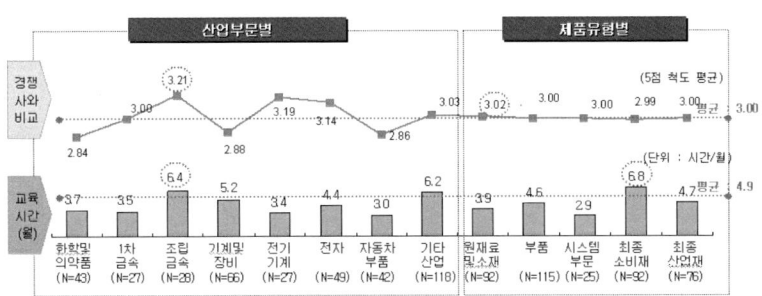

주: 1) 경쟁사와 비교: 경쟁사에 대비한 자사 교육시간의 수준.
　　2) 사용변수: V17(1인당 종업원 교육시간), V18(종업원 교육시간 수준).

　산업 전체적으로 종업원 교육시간은 월평균 4.9시간 정도로 나타났
다. 산업 부문별로는 조립금속 부문(6.4시간)이, 제품유형별로는 최종
소비재(6.8시간) 가장 높게 나타났다.

　경쟁사의 교육수준과 비교하여 자사의 교육수준이 상대적으로 높은
편이라고 평가한 비율은 산업 전체 평균적으로 21.3%로 나타났으며,
산업 부문별로 조립금속 부문(3.21점)이, 제품유형별로는 원재료 및
소재(3.02점)가 가장 높게 나타났다.

214

10) 종업원 만족도 수준

〈그림 부록A. 1-8〉 종업원 만족도 수준

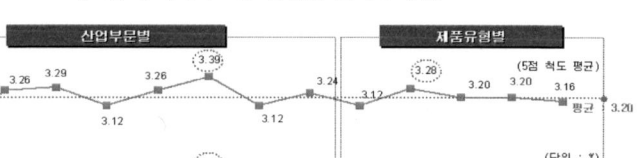

주: 1) 높다고 평가한 비율(5점 척도 기준으로 4점 응답자 수+5점 응답자 수)/전체 응답자 수.
    2) 사용변수 V19(종업원 만족도 수준).

종업원 만족도 수준이 높다고 평가한 비율은 산업 전체 평균적으로 31.8%로 나타났다. 산업 부문별로는 전자 부문(46.9%), 제품유형별로는 부품유형(35.7%)이 각각 상대적으로 가장 높게 나타났다. 이것은 경쟁사와 비교한 5점 척도 기준의 상대적 평가에서도 일관성 있게 나타났다.

1 - 2. 물적자원

1) 인프라 수준: 공업용수 및 에너지 공급, 교통, 부품 산업

〈그림 부록A. 1 - 9〉 인프라 수준: 공업용수 및 에너지
공급, 교통, 부품 산업

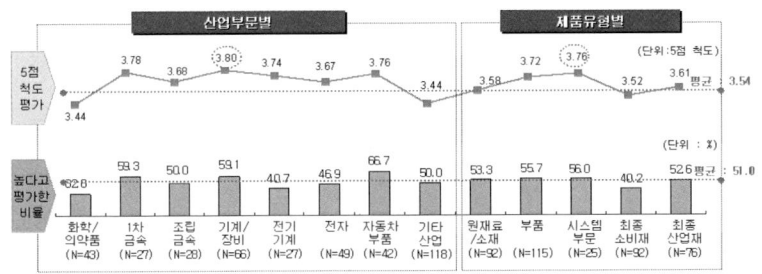

주: 1) 전체 응답자 중에서 각 항목에 대하여 긍정하고 있는 비율(높음+매우 높음 응답자 수/전체 응
　　 답자 수).
　 2) 사용변수: V152(공업용수 및 에너지 공급, 교통, 부품 산업 인프라 수준).

　공장입지 조건 중에서 공업용수 및 에너지 공급, 교통, 부품 산업
인프라 측면에서 경쟁사와 비교하여 유리하다고 인식하고 정도는 산
업 전체 평균적으로 5점 척도 기준 3.54점으로 높은 편으로 나타났으
며, 산업 부문별로는 기계 및 장비 부문(3.80점)이, 제품유형별로는 시
스템 부문(3.76점)이 각각 상대적으로 가장 높게 나타났다.

216

2) 공장입지 조건: 인력확보, 생활건강, 교육환경의 수준

〈그림 부록A. 1-10〉 공장입지 조건: 인력확보, 생활건강,
교육환경의 수준

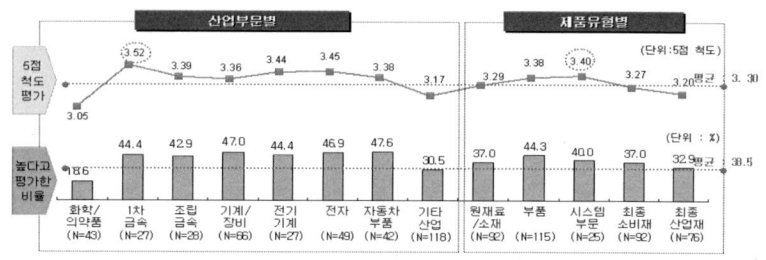

주: 1) 전체 응답자 중에서 각 항목에 대하여 긍정하고 있는 비율(높음+매우 높음 응답자 수/전체 응
  답자 수).
  2) 사용변수 V153(인력확보, 생활건강, 교육환경 수준).

공장입지 조건 중에서 인력확보, 생활건강, 교육환경 측면에서 경쟁
사와 비교하여 유리하다고 인식하고 있는 정도는 산업 전체 평균적으
로 5점 척도 기준 3.30점으로 나타났으며, 산업 부문별로는 1차금속
부문(3.52점)이, 제품유형별로 시스템 부문(3.40점)이 각각 상대적으로
가장 높게 나타났다.

3) 연구소 입지 조건: 연구개발 기술, 정보, 지식 공유 및 확보 수준

〈그림 부록A. 1 - 11〉 연구소 입지 조건: 연구개발 기술, 정보, 지식 공유 및 확보의 측면

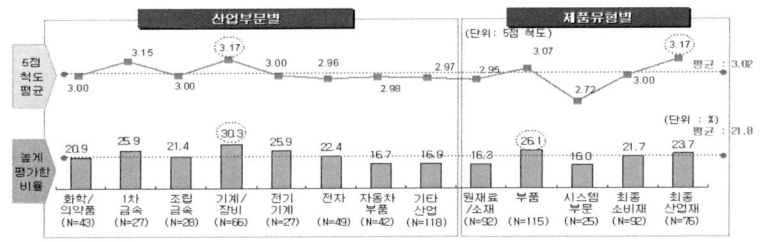

주: 1) 전체 응답자 중에서 각 항목에 대하여 긍정하고 있는 비율(높음+매우 높음 응답자 수/전체 응답자 수).
2) 사용변수 V101(연구개발 기술, 정보, 지식공유 및 확보 수준).

자사의 연구소 입지 조건이 연구개발 기술, 정보, 지식 공유 및 확보 측면에서 상대적으로 유리하다고 인식하는 정도는 산업 전체 평균적으로 21.8%로 나타났으며, 산업 부문별로는 기계 및 장비 부문(30.3%)이, 제품유형별로는 부품유형(26.1%)이 각각 상대적으로 가장 높게 인식하고 있는 것으로 나타났다.

연구소 입지 조건에 대한 전체적인 평가(5점 척도 기준)는 산업 전체 평균적으로 3.02점으로 나타났으며, 산업 부문별로는 기계 및 장비 부문(3.17점)이, 제품유형별로는 최종산업재 유형(3.17점)이 각각 상대적으로 가장 높게 나타났다.

218

4) 혁신활동(5S, TPM, 6Sigma, QC 등) 수준

〈그림 부록A. 1-12〉 혁신활동(5S, TPM, 6Sigma, QC 등) 수준

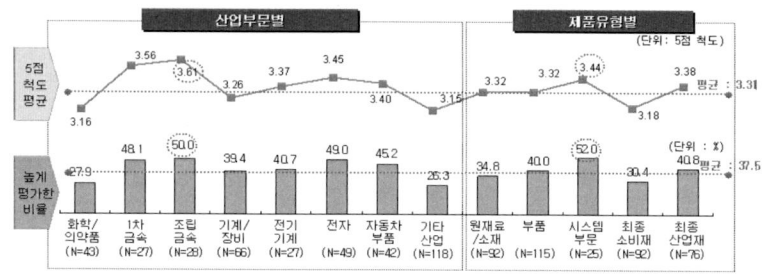

주: 1) 전체 응답자 중에서 각 항목에 대하여 긍정하고 있는 비율(높음+매우 높음 응답자 수/전체 응답
　　자 수).
　　2) 사용변수 V145(혁신활동 수준).

　혁신활동(5S, TPM, 6Sigma, QC 등) 수준에 대하여 '긍정적으로' 평가
하고 있는 비율은 산업 전체 평균적으로 37.5%로 나타났으며, 산업 부문
별로는 조립금속 부문(50.0%)이, 제품유형별로는 시스템 부문(52.0%)
이 각각 상대적으로 가장 높게 평가하는 것으로 나타났다.

　경쟁사 대비 혁신활동 수준(5점 척도 기준)을 보면 산업 전체 평균
적으로 3.31점으로 나타났으며, 산업 부문별로는 조립금속 부문(3.61
점)이, 제품유형별로는 시스템 부문(3.44점)이 각각 상대적으로 가장
높게 나타났다.

5) 혁신활동(5S, TPM, 6Sigma, QC 등) 성과

　혁신활동(5S, TPM, 6Sigma, QC 등) 성과는 생산 부문의 혁신 및
개선을 위한 투자금액이 매출액에서 차지하는 비율로서 산업 전체 평
균적으로 2.24%로 나타났으며, 산업 부문별로는 전자 부문(6.8%), 제

품유형별로는 부품 유형(4.1%)이 가장 높게 나타났다.

혁신활동은 위한 프로그램의 제안 건수는 산업 전체 평균적으로 2,673건으로 나타났으며, 산업 부문별로는 전자 부문(2,701건)이, 제품 유형별로는 시스템 부문(18,365건)이 각각 가장 높게 나타났다.

〈그림 부록A. 1-13〉 혁신활동(5S, TPM, 6Sigma, QC 등) 성과

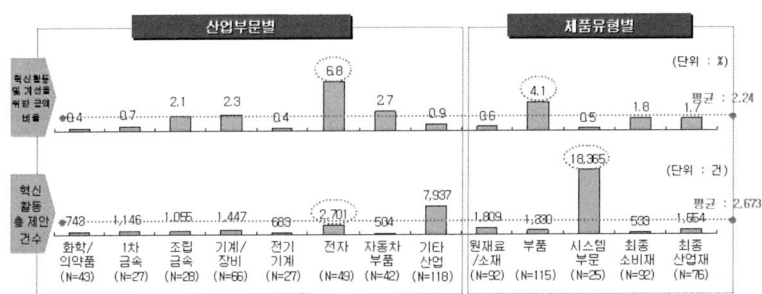

주: 1) 혁신활동: 5S, TPM, 6Sigma, QC 등의 혁신 및 개선 프로그램을 의미함.
　　2) 혁신활동 개선금액 비율: 개선금액(V130)/매출액(V54).
　　3) 사용변수: V54(2002년 매출액), V130(생산 부문의 혁신활동 개선금액), V131(생산 부문의 혁신활동 총 제안 건수).

6) 시설ㆍ장비에 대한 투자금액 및 자동화 수준

매출액에 대한 시설 및 장비 투자의 비중은 산업 전체 평균적으로 16.2%로 나타났으며, 산업 부문별로는 조립금속 부문(42.3%)이, 제품 유형별로는 부품 유형(22.8%)이 각각 가장 높게 나타났다.

경쟁사와 비교하여 자사 시설 및 장비의 자동화 수준을 평가한 결과 산업 전체 평균적으로 3.42점으로 나타났으며 산업 부문별로는 1차 금속 부문(3.59점)이, 제품유형별로는 원재료 및 소재 유형(3.50점)이 각각 가장 높게 나타났다.

〈그림 부록A. 1-14〉 시설·장비에 대한 투자금액 및 자동화 수준

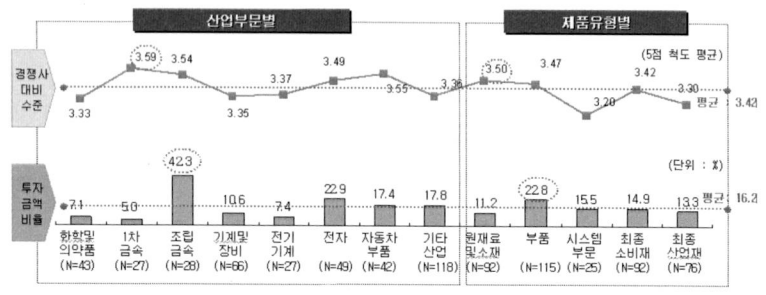

주: 1) 경쟁사 대비 수준: 경쟁사와 비교하여 자사의 수준을 5점 척도로 평가한 것.
　　2) 시설 및 장비 투자금액 비율: 최근 3년간 시설장비 투자금액(V127)/매출액(V54).
　　3) 사용변수: V54(2002년 매출액), V127(최근 3년간 생산시설 및 장비 투자비용), V141(시설 및 장비의 자동화 수준).

7) 정보시스템 투자비용 및 수준

〈그림 부록A. 1-15〉 정보시스템 투자비용 및 수준

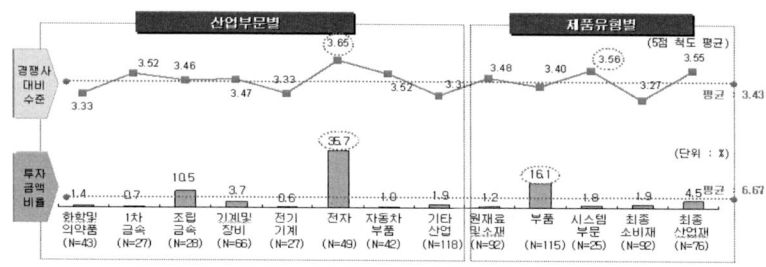

주: 1) 경쟁사 대비 수준: 경쟁사와 비교하여 자사의 수준을 5점 척도로 평가한 것.
　　2) 정보시스템 투자금액 비율: 최근 3년간 정보시스템 투자금액(V128)/매출액(V54).
　　3) 사용변수: V54(2002년 매출액), V128(최근 3년간 정보시스템 총 투자비용), V143(정보시스템 수준).

　매출액에 대한 정보시스템 투자의 비중은 산업 전체 평균적으로 6.67%로 나타났으며, 산업 부문별로는 전자 부문(35.7%)이, 제품유형별로는 부품 유형(16.1%)이 각각 가장 높게 나타났다.
　경쟁사와 비교하여 자사의 정보시스템 수준이 높다고 인식하는 정

도는 산업 전체 평균적으로 3.43점으로 나타났으며, 산업 부문별로 전자 부문(3.65점)이, 제품유형별로 시스템 부문(3.56점)이 각각 가장 높게 나타났다.

8) 시설 및 장비의 다품종 생산능력 수준

시설 및 장비의 다품종 생산능력 수준에 대하여 '긍정적으로' 평가하는 비율은 산업 전체 평균적으로 56.5%로 나타났으며, 산업 부문별로는 자동차부품(71.4%)이, 제품유형별로는 시스템 부문(72.0%)이 각각 상대적으로 가장 높게 나타났다.

경쟁사 대비 시설 및 장비의 다품종 생산능력 수준(5점 척도 기준)을 보면 산업 전체 평균적으로 3.61점으로 높은 것으로 나타났으며, 산업 부문별로는 자동차부품(3.86점)이, 제품유형별로는 시스템 부문(3.88점)이 각각 상대적으로 가장 높게 나타났다.

〈그림 부록A. 1 - 16〉 시설 및 장비의 다품종 생산능력 수준

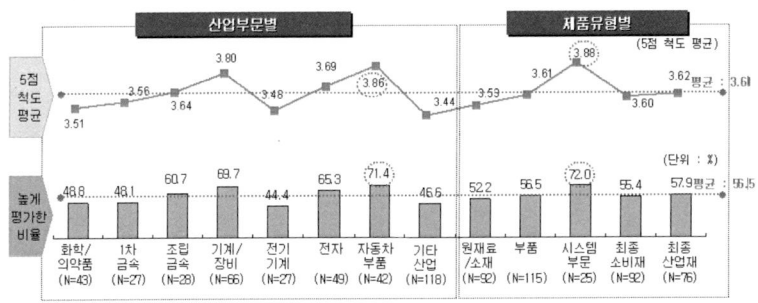

주: 1) 전체 응답자 중에서 각 항목에 대하여 긍정하고 있는 비율(높음＋매우 높음 응답자 수/전체 응답자 수).
　　 2) 사용변수: V142(시설 및 장비의 다품종 생산능력 수준).

9) 확정 생산계획 기본 주기의 속도 수준

확정 생산계획 기본 주기의 속도 수준에 대하여 '긍정적으로' 평가
하는 비율은 산업 전체 평균적으로 40.3%로 나타났으며, 산업 부문별
로는 전자 부문(53.1%)이, 제품유형별로는 시스템 부문(44.0%)이 각
각 상대적으로 가장 높게 나타났다.

경쟁사 대비 확정생산계획 기본 주기 빠른 수준(5점 척도 기준)을
보면 산업 전체 평균적으로 3.40점으로 나타났으며, 산업 부문별로는
전자 부문(3.55점)이, 제품유형별로는 시스템 부문(3.48점)이 각각 상
대적으로 가장 높게 나타났다.

〈그림 부록A. 1-17〉 확정 생산계획 기본 주기

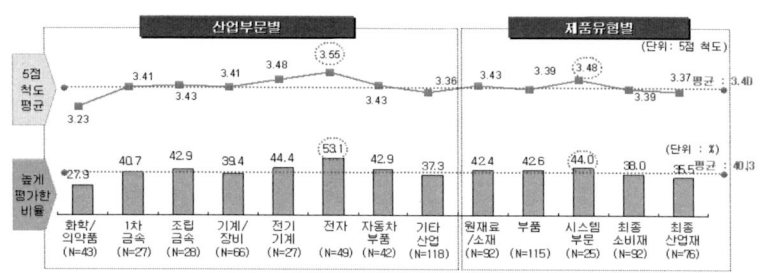

주: 1) 전체 응답자 중에서 각 항목에 대하여 긍정하고 있는 비율(높음+매우 높음 응답자 수/전체 응답
　　자 수).
　 2) 사용변수: V144(확정 생산계획 기본 주기의 속도 수준).

1-3. 무형 자산

1) 연구개발 투자 수준

<그림 부록A. 1-18> 연구개발 투자비용 및 수준

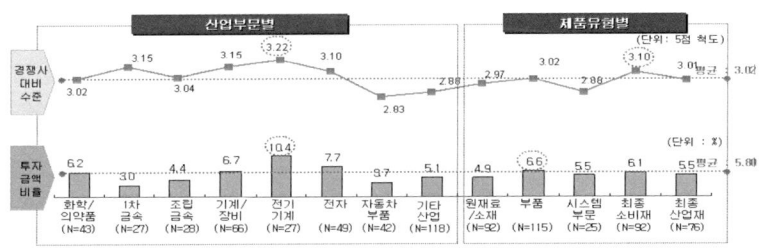

주: 1) 경쟁사 대비 수준: 경쟁사와 비교한 자사의 연구개발 투자 수준.
　　2) 최근 3년간 연구개발 투자금액 비율: 연구개발 투자금액(V71)/매출액(V54).
　　3) 사용변수: V54(2002년 매출액), V71(최근 3년간 연구개발 총 투자비용), V99(연구개발 투자 수준).

　매출액에 대한 연구개발 투자의 비중은 산업 전체 평균적으로 매출액의 5.8%를 차지하는 것으로 나타났으며, 산업 부문별로 전기기계 부문(10.4%)이, 제품유형별로는 부품 유형(6.6%)이 각각 가장 높게 나타났다.

　경쟁사와 비교한 자사의 연구개발 투자 수준의 정도(5점 척도 기준)는 산업 전체 평균적으로 3.02점으로 나타났으며, 산업 부문별로는 전기기계 부문(3.22점)이, 제품유형별로는 최종소비재 유형(3.10점)이 각각 상대적으로 가장 높게 나타났다.

224

2) 외주 연구개발 수준

외주 연구개발 투자 비중은 산업 전체 평균적으로 11.8%로 나타났으며, 산업 부문별로는 자동차부품(16.1%) 부문이, 제품유형별로는 최종소비재(44.0%)가 각각 상대적으로 가장 높게 나타났다.

<그림 부록A. 1 - 19> 외주 연구개발 수준

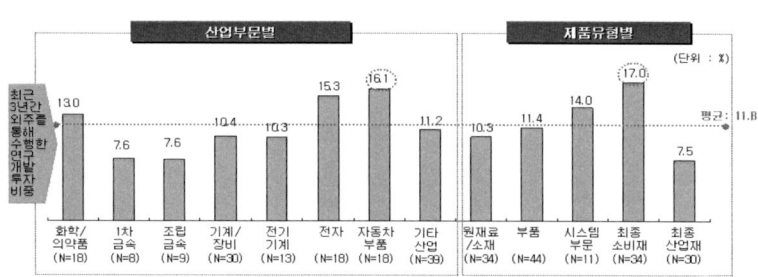

주: 1) 외주(아웃소싱)를 통해 수행한 연구개발투자 비중(최근 3년간 기준).
   2) 사용변수 V84(외주를 통해 수행한 연구개발의 최근 3년간 투자 비중).

3) 연구개발 특허 및 논문발표 건수 수준

연구개발 특허 및 논문발표 건수 수준에 대하여 '긍정적으로' 평가하는 비율은 산업 전체 평균적으로 15.0%로 나타났으며, 산업 부문별로는 기계 및 장비 부문(21.2%)이, 제품유형별로는 부품(17.4%)서 각각 상대적으로 높게 나타났다.

경쟁사와 비교한 자사의 연구개발 특허 및 논문발표 건수 수준(5점 척도 기준)은 산업 전체 평균적으로 2.73점으로 낮게 나타났으며, 산업 부문별로는 1차금속 부문(2.93점)이, 제품유형별로는 최종소비재 유형(2.82점)이 각각 상대적으로 가장 높은 것으로 나타났다.

〈그림 부록A. 1-20〉 연구개발 특허 및 논문발표 건수 수준

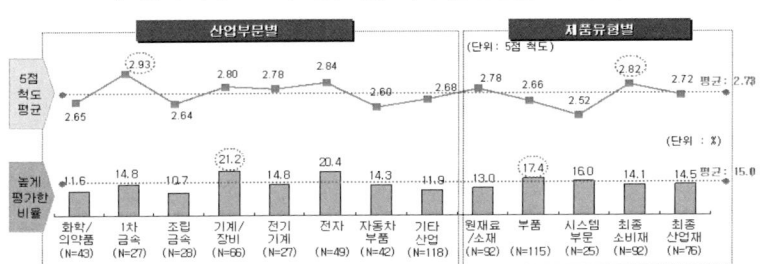

주: 1) 전체 응답자 중에서 각 항목에 대하여 긍정하고 있는 비율(높음+매우 높음 응답자 수/전체 응답
자 수).
2) 사용변수 V100(연구개발 특허 및 논문발표 건수 수준).

4) 특허등록 및 논문발표 건수

〈그림 부록A. 1-21〉 특허등록 및 논문발표 건수

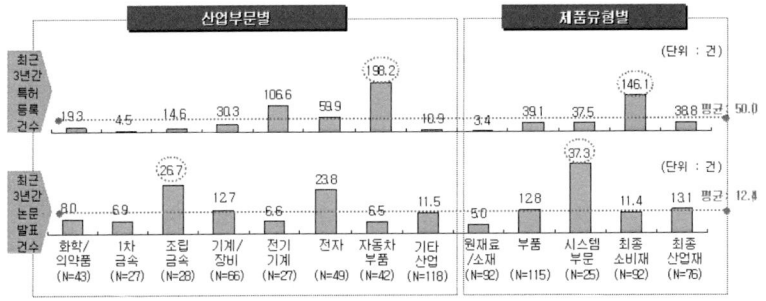

주: 사용변수 V72(최근 3년간 특허등록 건수), V73(최근 3년간 논문발표 건수).

최근 3년간 총 특허 등록 건수는 산업 전체 평균적으로 50건 정도로
나타났으며, 산업 부문별로는 자동차부품 부문(198.2건)이, 제품유형별
로는 최종소비재 유형(146.1건)이 각각 가장 높은 것으로 나타났다.

최근 3년간 논문발표 건수는 산업 전체 평균적으로 12.4건으로 나타
났으며, 산업 부문별로는 조립금속 부문(26.7건)이, 제품유형별로는 시
스템 부문(37.3건)이 각각 가장 높게 나타났다.

5) 협력업체와의 파트너십

협력업체와의 파트너십은 정보공유 정도와 기술 및 혁신활동에 대한 지원 수준 등으로 평가할 수 있는데, 정보공유 정도에 대하여 '긍정적으로' 평가하는 비율은 산업 전체 평균적으로 34.5%로 나타났으며, 산업 부문별로 조립금속 부문(53.6%)이, 제품유형별로는 원재료 및 소재 유형(40.2%)이 각각 가장 높게 평가하고 있는 것으로 나타났다.

6) 협력업체의 경쟁력 1:
원료 및 부품의 품질 수준/ 납기 준수율 수준

협력업체의 원료 및 부품의 품질 수준에 대하여 '긍정적으로' 평가하는 비율은 산업 전체 평균적으로 48.5%로 나타났으며, 산업 부문별로는 조립금속 부문(60.7%)이, 제품유형별로는 최종산업재 유형(53.9%)이 각각 상대적으로 가장 높게 평가하는 것으로 나타났다.

<그림 부록A. 1-22> 협력업체의 원료 및 부품의 품질 수준

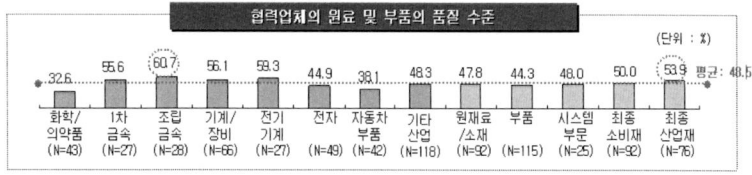

주: 1) 전체 응답자 중에서 각 항목에 대하여 긍정하고 있는 비율(높음+매우 높음 응답자 수/전체 응답
　　자 수).
　　2) 사용변수: V155(협력업체의 원료 및 부품 품질 수준).

납기 준수율 수준에 대해 산업 전체 평균적으로 56.8%가 만족하고 있으며, 산업 부문별로는 전기기계 부문(70.4%)이, 제품유형별로는 최종산업재 유형(63.2%)이 각각 상대적으로 가장 높게 평가하는 것으로 나타났다.

〈그림 부록A. 1-23〉 협력업체의 납기 준수율 수준

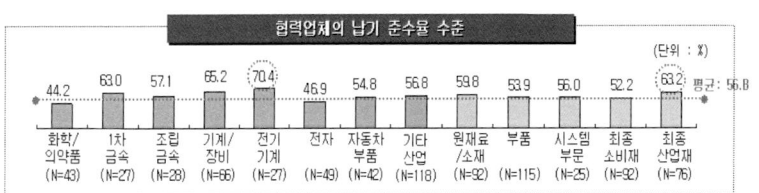

주: 1) 전체 응답자 중에서 각 항목에 대하여 긍정하고 있는 비율(높음+매우 높음 응답자 수/전체 응답자 수).
   2) 사용변수: V156(협력업체의 납기 준수율 수준).

7) 협력업체의 경쟁력 2: 부품공급 리드타임 및 물량변동 대응력

협력업체의 부품공급 리드타임 경쟁력 수준에 대해서 산업 전체 평
균적으로 43.8%가 높게 평가한 것으로 나타났으며, 산업 부문별로는
조립금속 부문(53.6%)이, 제품유형별로는 최종산업재(50.0%)가 각각
상대적으로 가장 높게 나타났다.

〈그림 부록A. 1-24〉 협력업체의 부품공급 리드타임 경쟁력

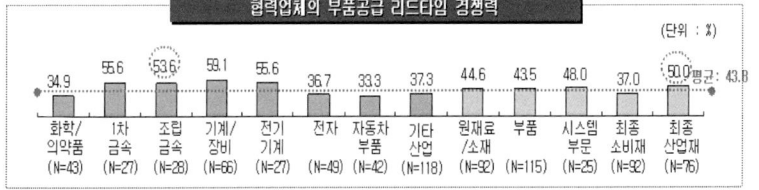

주: 1) 전체 응답자 중에서 각 항목에 대하여 긍정하고 있는 비율(높음+매우 높음 응답자 수/
      전체 응답자 수).
   2) 사용변수 V157(부품공급 리드타임 경쟁력).

물량변동에 대한 협력업체의 대응력 수준에 대해서 산업 전체 평균
적으로 47.8%가 높게 평가한 것으로 나타났으며, 산업 부문별로는 기계
및 장비 부문(60.6%)이, 제품유형별로는 최종 원재료 및 소재(52.2%)
가 각각 상대적으로 가장 높게 나타났다.

〈그림 부록A. 1-25〉 물량변동에 대한 협력업체의 대응력

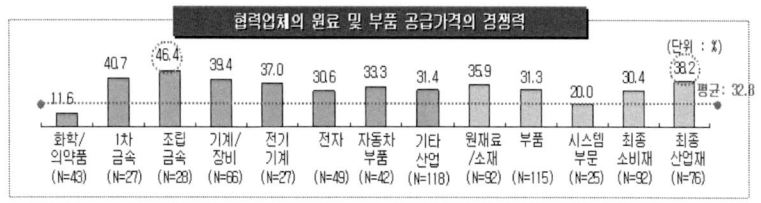

주: 1) 전체 응답자 중에서 각 항목에 대하여 긍정하고 있는 비율(높음+매우 높음 응답자 수/전체 응답자 수).
    2) 사용변수 V158(물량변동 대응력).

8) 협력업체의 경쟁력 3:
원료 및 부품 공급가격 및 다품종 소량 생산 대응력

협력업체의 원료 및 부품 공급가격의 경쟁력 수준은 산업 전체 평균적으로 32.8%가 높게 평가한 것으로 나타났다. 산업 부문별로는 조립금속 부문(46.4%)이, 제품유형별로는 최종산업재(38.2%)가 각각 상대적으로 가장 높게 나타났다.

〈그림 부록A. 1-26〉 협력업체의 원료 및 부품 공급가격의 경쟁력

협력업체의 원료 및 부품 공급가격의 경쟁력 (단위 : %)

화학/의약품(N=43)	1차금속(N=27)	조립금속(N=28)	기계/장비(N=66)	전기기계(N=27)	전자(N=49)	자동차부품(N=42)	기타산업(N=118)	원재료/소재(N=92)	부품(N=115)	시스템부문(N=25)	최종소비재(N=92)	최종산업재(N=76)
11.6	40.7	46.4	39.4	37.0	30.6	33.3	31.4	35.9	31.3	20.0	30.4	38.2

평균: 32.8

주: 1) 전체 응답자 중에서 각 항목에 대하여 긍정하고 있는 비율(높음+매우 높음 응답자 수/전체 응답자 수).
    2) 사용변수 V154(협력업체의 원료 및 부품 공급 가격).

다품종 생산 요구에 대한 협력업체의 경쟁력 수준은 산업 전체 평균적으로 43.0% 높게 평가한 것으로 나타났다. 산업 부문별로는 조립금속 부문(57.9%)이, 제품유형별로는 시스템 부문(52.0%)이 각각 상대적으로 가장 높게 나타났다.

〈그림 부록A. 1-27〉 다품종 생산 요구에 대한 협력업체의 대응력

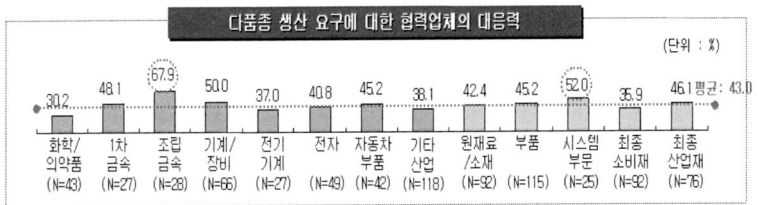

다품종 생산 요구에 대한 협력업체의 대응력

(단위 : %)

	화학/ 의약품 (N=43)	1차 금속 (N=27)	조립 금속 (N=28)	기계/ 장비 (N=66)	전기 기계 (N=27)	전자 (N=49)	자동차 부품 (N=42)	기타 산업 (N=118)	원재료 /소재 (N=92)	부품 (N=115)	시스템 부문 (N=25)	최종 소비재 (N=92)	최종 산업재 (N=76)
	30.2	48.1	67.9	50.0	37.0	40.8	45.2	38.1	42.4	45.2	52.0	35.9	46.1

평균: 43.0

주: 1) 전체 응답자 중에서 각 항목에 대하여 긍정하고 있는 비율(높음+매우 높음 응답자 수/전체 응답자 수).
　　2) 사용변수 V159(다품종 소량 생산 요구에 대한 협력업체 경쟁력).

2. 개발경쟁력

2-1. 기술혁신 현황

1) 기술혁신을 위한 투자 비중

〈그림 부록A. 2-1〉 기술혁신을 위한 투자 비중

기술혁신을 위한 투자 비중

(단위 : %)

	전체	산업부문별								제품유형별				
		화학및 의약품 (N=43)	1차 금속 (N=27)	조립 금속 (N=28)	기계및 장비 (N=66)	전기 기계 (N=27)	전자 (N=49)	자동차 부품 (N=42)	기타 산업 (N=118)	원재료 및소재 (N=92)	부품 (N=115)	시스템 부문 (N=25)	최종 소비재 (N=92)	최종 산업재 (N=76)
기초 연구	7.9	11.7	9.3	5.6	6.7	5.7	7.5	6.1	4.1	13.3	11.7	5.8	10.9
응용 연구	9.5	8.5	10.3	11.5	9.0	9.7	8.1		6.4 9.4	11.6	9.6	8.2 10.9	14.6
신제품 개발	34.2	29.8	34.5	35.3	35.3	36.0	34.1	34.3	37.8	22.9	39.6	28.7 39.9	28.7
기존제품 개선	24.4	28.7	21	21.5	25.9	22.9	23.7	31.2	23.5	25.6	22.2	26.7 20.7	24.4
신공정 개발	10.6	8.5	11.2	9.4	10.5	12.3	11.3	9.6	11.6	14.1	8.7	9.6 7.8	11.8
기존 공정 개선	13.4	12.7	13.8	16.8	12.6	13.5	15.4	14.6	11.3	12.5	12.6	15.0 14.9	9.6

주: 사용변수: V93(기초연구 투자금액 비중), V94(응용연구 투자금액 비중), V95(신제품 개발 투자금
　　액 비중), V96(기존제품 개선 투자금액 비중), V97(신공정 연구개발 투자금액 비중), V98(기존 공
　　정 개선·연구개발 투자금액 비중).

산업 전체 평균적으로 보면 기술혁신을 위한 각종 투자액 중에서

신제품 개발 투자가 34.2%로 가장 큰 비중을 차지하는 것으로 나타났고, 그다음으로 기존제품 개선(24.4%), 기존공정 개선(13.4%)의 순으로 나타났다.

신제품 개발을 위한 투자 비중이 가장 높은 분야는 산업 전체 평균적으로 34.2%로 나타났으며, 산업 부문별로는 전기기계(36.0%)가, 제품유형별로는 최종소비재(39.9%)가 각각 나타났다.

2) 실제 연구개발 투자 비중 수준

실제 연구개발 투자 비중 수준에 대하여 '긍정적으로' 평가하는 항목은 산업 전체 평균적으로 19.0%로 나타났으며, 산업 부문별로는 전기 및 기계 부문(33.3%)이, 제품유형별로는 최종소비재(20.7%)가 각각 상대적으로 가장 높게 평가하는 것으로 나타났다.

경쟁사 대비 실제 연구개발 투자 비중 수준(5점 척도 기준)을 보면 산업 전체 평균적으로 3.05점으로 나타났으며, 산업 부문별로는 전기 및 기계 부문(3.26점)이, 제품유형별로는 시스템 부문(3.16점)이 각각 상대적으로 가장 높게 나타났다.

〈그림 부록A. 2-2〉 실제 연구개발 투자 수준

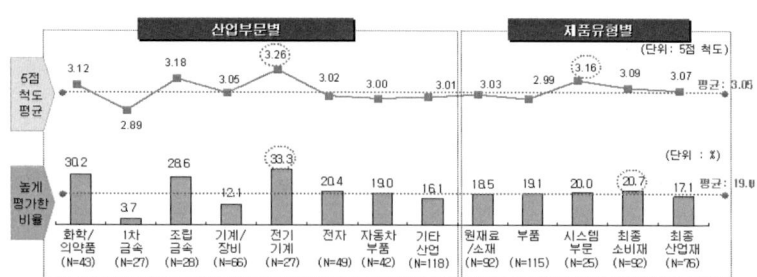

주: 1) 전체 응답자 중에서 각 항목에 대하여 긍정하고 있는 비율(높음+매우 높음 응답자 수/전체 응답자 수).
    2) 사용변수: V112(계획했던 연구비용 대비 실제 연구비용 수준).

3) 기초연구 및 혁신적 제품개발 현황

(1) 2001년도의 경우

2001년도의 기초연구 과제는 산업 전체 평균적으로 1.4건으로 나타났으며, 산업 부문 중에서는 조립금속 부문(6.2건)이, 제품유형 중에서는 시스템 부문 유형(2.7건)이 각각 상대적으로 가장 많이 기초연구 과제를 수행하는 것으로 나타났다.

2001년도의 혁신적 제품개발 과제는 산업 전체 평균적으로 0.8건으로 나타났으며, 산업 부문별로는 1차금속 부문(1.1건)이, 제품유형별로는 시스템 부문(1.0건)이 각각 상대적으로 가장 많이 혁신적 제품개발 과제를 수행하는 것으로 나타났다.

〈그림 부록A. 2-3〉 기초연구 및 혁신적 제품개발 현황: 2001년

주: 사용변수 V85(2001년 기초연구 과제 건수), V87(2001년 혁신적 제품개발 과제 건수).

(2) 2002년도의 경우

2002년도의 기초연구 과제는 산업 전체 평균적으로 1.6건으로 나타났으며, 산업 부문 중에서는 조립금속 부문(5.5건)이, 제품유형 중에서

는 시스템 부문(3.5건)이 각각 상대적으로 가장 많이 기초연구 과제를
수행하는 것으로 나타났다.

 2002년도의 혁신적 제품개발 과제는 산업 전체 평균적으로 1.1건으
로 나타났다. 산업 부문별로는 전기기계 부문(2.0건)이, 제품유형별로
는 원재료 및 소재(1.3건)가 각각 상대적으로 가장 많이 혁신적 제품
개발 과제를 수행하는 것으로 나타났다.

<그림 부록A. 2-4> 기초연구 및 혁신적 제품개발 현황: 2002년

주: 사용변수 V86(2002년 기초연구 과제 건수), V88(2002년 혁신적 제품개발 과제
).

4) 기술적 목표 달성도

<그림 부록A. 2-5> 기술적 목표 달성도

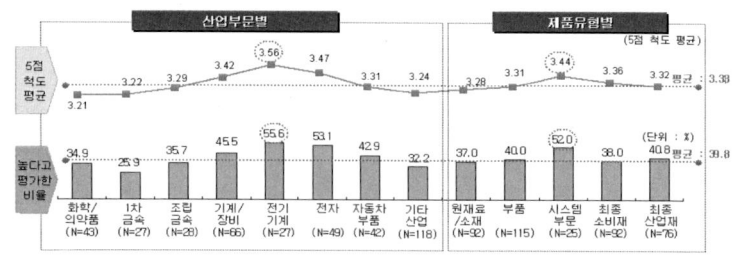

주: 1) 높다고 평가한 비율: 경쟁사와 비교하여 자사의 기술적 목표 달성도가 높은 편(5점 척도 기
      준으로 4점, 5점)이라고 평가한 비율.
   2) 사용변수: V99 및 V100.

경쟁사 대비 기술적 목표 달성도(5점 척도 기준)를 보면 산업 전체 평균적으로 3.33점으로 나타났으며, 산업 부문별로는 전기 및 기계 (3.56점)가, 제품유형별로는 시스템(3.44점)이 각각 상대적으로 가장 높게 나타났다.

자사의 기술적 목표 달성도에 대하여 높게 평가하고 항목은 산업 전체 평균적으로 39.8%로 나타났으며, 산업 부문별로는 전기 및 기계(55.6%) 가, 제품유형별로는 시스템(52.0%)이 각각 가장 좁게 나타났다.

5) 기반·파생 제품 개발 현황

(1) 2001년도의 경우

2001년도 기반제품 개발과제는 산업 전체 평균적으로 2.3건으로 나타났다. 산업 부문별로는 전기기계(5.5건) 부문이, 제품유형별로는 부품(4.2건)이 각각 상대적으로 높게 나타났다.

2001년도 파생제품 개발과제는 산업 전체 평균적으로 5.1건으로 나타났으며, 산업 부문별로는 전기기계 부문(29.2건)이, 제품유형별로는 부품(9.1건)이 각각 상대적으로 높게 나타났다.

〈그림 부록A. 2-6〉 기반 ·파생 제품개발 현황: 2001년

주: 사용변수 V89(2001년 기반제품 개발과제 건수), V91(2001년 파생제품 개발과제 건수).

(2) 2002년도의 경우

2002년도 기반제품 개발과제는 산업 전체 평균적으로 2.9건으로 나타났으며, 산업 부문별로는 전기기계 부문(7.2건), 제품유형별로는 부품 유형(5.5건)이 각각 상대적으로 높게 나타났다.

2002년도 파생제품 개발과제는 산업 전체 평균적으로 5.2건으로 나타났으며, 산업 부문별로는 전기기계 부문(15.0건), 제품유형별로는 부품 유형(8.0건)이 각각 상대적으로 높게 나타났다.

〈그림 부록A. 2-7〉 기반 ·파생 제품개발 현황: 2002년

주: 사용변수 V90(2001년 기반제품 개발과제 건수), V92(2002년 파생제품 개발과제 건수).

6) 신제품 파생모델의 다양성

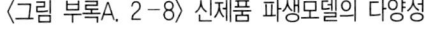

〈그림 부록A. 2-8〉 신제품 파생모델의 다양성

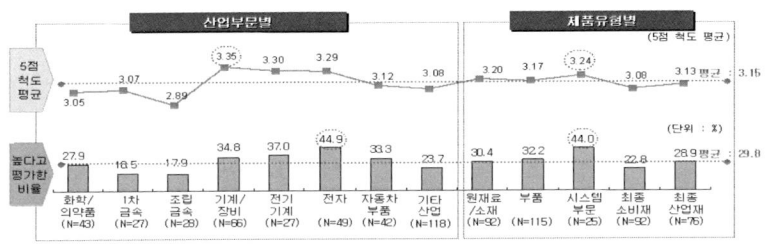

주: 1) 높다고 평가한 비율: 경쟁사와 비교하여 자사의 신제품 파생모델의 다양성이 상대적으로 높은 편
     (5점 척도 기준으로 4점, 5점)이라고 평가한 비율.
   2) 사용변수 V109(신제품 파생모델 다양성 수준).

신제품 파생모델의 다양성 수준은 산업 전체 평균적으로 29.8%로 나타났으며, 전자 부문(44.9%)과 시스템(44.0%)에서 각각 상대적으로 높게 나타났다.

경쟁사와 비교한 신제품 파생모델의 다양성 정도(5점 척도 기준)는 산업 전체 평균적으로 3.15점으로 나타났으며, 산업 부문 중에서는 기계 및 장비 부문(3.35점)이, 제품유형 중에서는 시스템 부문(3.24점)이 각각 상대적으로 높게 나타났다.

2-2. 기술혁신 능력 수준

1) 설계/개발 기술

자사의 기술혁신 능력(새로운 혁신기술의 설계 및 개발 능력)에 대해 산업 전체 평균적으로 40.3%가 높은 편이라고 인식하고 있으며, 산업 부문별로는 전기기계(48.1%)가, 제품유형별로는 원재료 및 소재

(44.6%)가 각각 상대적으로 가장 높게 나타났다.

경쟁사와 비교한 자사의 기술혁신 능력 수준(5점 척도 기준)은 산업 전체 평균적으로 3.81점으로 나타났으며, 산업 부문별로는 전자 부문(3.45점)이, 제품유형별로는 최종산업재(3.38점)가 각각 상대적으로 가장 높게 나타났다.

〈그림 부록A. 2-9〉 혁신기술의 능력

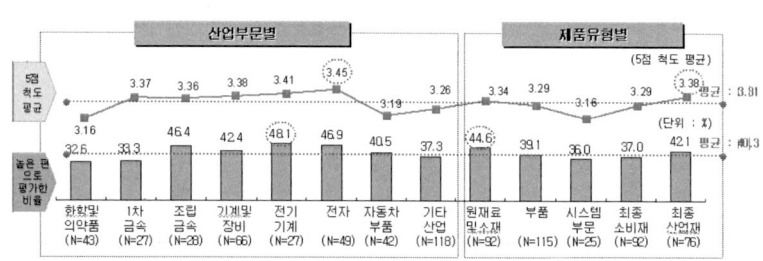

주: 1) 높은 편으로 평가한 비율: 자사의 혁신기술 능력이 상대적으로 높은 편(5점 척도 기준으로 4점, 5점)이라고 평가한 비율.
    2) 사용변수 V105(설계/개발 기술: 새로운 혁신기술의 설계 및 개발 능력 수준).

2) 설계 변경 또는 시방 변경 건수

설계 변경 건수 또는 시방 변경 건수(연간)는 산업 전체 평균적으로 약 60건 정도인 것으로 나타났다. 산업 부문별로 보면 자동차부품 부문이 78.9건으로 가장 높은 것으로 나타났으며, 그다음으로는 기계 및 장비(78.5건), 전자 부문(64.3건) 순으로 나타났다. 제품유형별로는 부품 유형이 83.4건으로 가장 높게 나타났으며, 그다음으로는 최종산업재(79.6건), 원재료 및 소재(46.9건) 유형 순으로 나타났다.

<그림 부록A. 2-10> 설계 변경 또는 시방 변경 건수

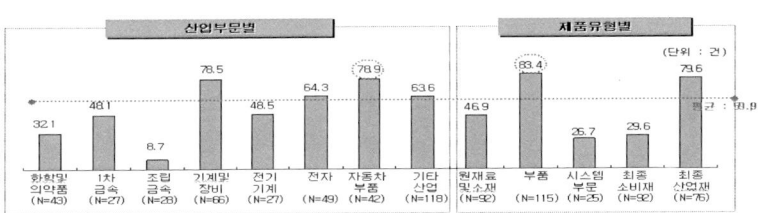

주: 사용변수 V76(설계변경 건수 또는 시방변경 건수).

3) 기술의 소화·흡수·응용 능력

<그림 부록A. 2-11> 기술의 소화·흡수·응용 능력

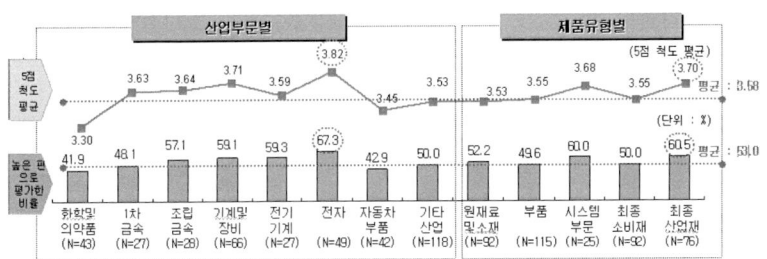

주: 1) 높은 편으로 평가한 비율: 자사의 기술개선 능력이 상대적으로 높은 편(5점 척도 기준으로 4점, 5점)이라고 평가한 비율.
   2) 사용변수 V104(기술 개선 능력: 기술의 소화, 흡수 및 적용 능력 수준).

  자사의 기술의 소화, 흡수 및 응용 능력에 대해 산업 전체 평균적으로 53.0%가 높은 편이라고 인식하고 있으며, 산업 부문별로는 전자 부문(67.3%)이, 제품유형별로는 최종산업재(60.5%)가 각각 상대적으로 가장 높게 나타났다.

  경쟁사와 비교한 자사의 기술의 소화·흡수·응용 능력(5점 척도 기준)은 산업 전체 평균적으로 3.58점으로 나타났으며, 산업 부문별로는 전자 부문(3.82점)이, 제품유형별로는 최종산업재(3.70점)가 각각 상대적으로 가장 높게 나타났다.

4) 작동 · 운영 · 유지 · 보수 능력

자사의 작동 · 운영 · 유지 · 보수 능력에 대해 산업 전체 평균적으로 48.3%가 높은 편이라고 인식하고 있으며, 산업 부문별로는 전자 부문 (63.3%)이, 제품유형별로는 최종산업재(56.6%)가 각각 상대적으로 높게 나타났다.

경쟁사와 비교한 자사의 작동 · 운영 · 유지 · 보수 능력(5점 척도 기준)은 산업 전체 평균적으로 3.54점으로 나타났으며, 산업 부문별로는 전자 부문(3.78점)이, 제품유형별로는 최종산업재(3.66점)가 각각 가장 높게 나타났다.

<그림 부록A. 2-12> 작동 · 운영 · 유지 · 보수 능력

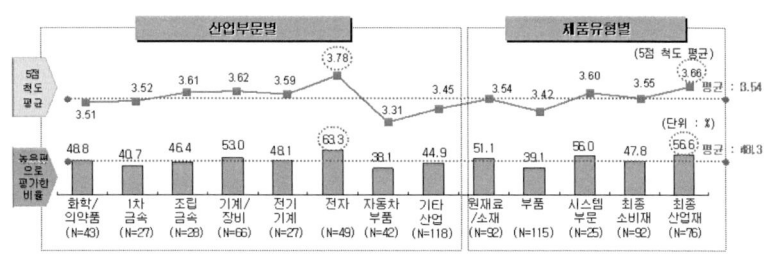

주: 1) 높은 편으로 평가한 비율: 자사의 운영기술 능력이 높은 편(5점 척도 기준으로 4점, 5점)이라고 평가한 비율.
　　2) 사용변수 V103(운영기술 능력: 작동, 운영 및 유지보수 능력 수준).

5) 기술도입의 선택 · 설치 · 시운전 능력

자사의 기술도입의 선택 · 설치 · 시운전 능력에 대해 산업 전체 평균적으로 48.3%가 높은 편이라고 인식하고 있으며, 산업 부문별로는 전자 부문(61.2%)이, 제품유형별로는 원재료 및 소재(50.0%)가 각각 상대적으로 높게 나타났다.

경쟁사와 비교한 자사의 기술도입의 선택·설치·시운전 능력(5점 척도 기준)은 산업 전체 평균적으로 3.48점으로 나타났으며, 산업 부문별로는 전자 부문(3.61점)이, 제품유형별로는 부품(3.49점)이 각각 가장 높게 나타났다.

〈그림 부록A. 2-13〉 기술도입의 선택·설치·시운전 능력

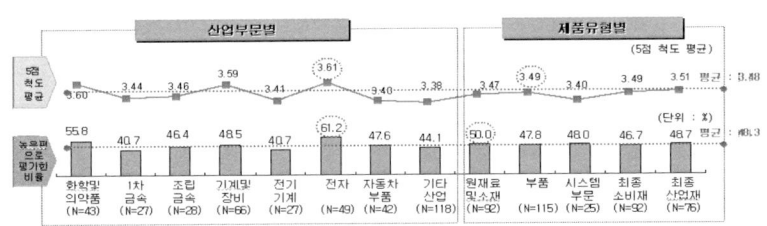

주: 1) 높은 편으로 평가한 비율: 자사의 기술도입 능력이 상대적으로 높은 편(5점 척도 기준으로 4점, 5점)이라고 평가한 비율.
　　2) 사용변수 V102(기술도입 능력: 도입할 기술의 선택, 설치 및 시운전 능력 수준).

6) 기술제휴 업체의 기술 및 제품 개발력

〈그림 부록A. 2-14〉 기술제휴 업체의 기술 및 제품 개발력

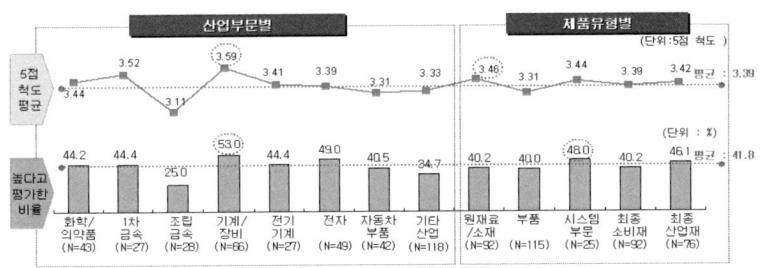

주: 1) 높다고 평가한 비율: 경쟁사와 비교하여 자사의 기술적 목표 달성도가 상대적으로 높은 편(5점 척도 기준으로 4점, 5점)이라고 평가한 비율.
　　2) 사용변수 V106(기술제휴 업체의 기술 및 제품 개발력 수준).

기술제휴 업체의 기술 및 제품 개발력이 '높은 편'으로 평가한 비율

은 산업 전체 평균적으로 41.8%로 나타났으며, 산업 부문별로는 기계 및 장비 부문(53.0%)이, 제품유형별로는 시스템(48.0%)이 각각 상대적으로 가장 높게 나타났다.

경쟁사 대비 자사의 기술제휴 업체의 기술 및 제품 개발력 수준(5점 척도)은 산업 전체 평균적으로 3.39점으로 높은 편으로 나타났으며, 산업 부문별로는 기계 및 장비(3.59점)가, 제품유형별로는 원재료 및 소재(3.46점)가 각각 상대적으로 가장 높게 나타났다.

2-3. 신제품 개발력 수준

1) 신제품 개발 건수

자사의 신제품 개발 건수 수준이 '높은 편'으로 평가한 비율에 대해 산업 전체 평균적으로 29.8%가 높은 것으로 응답했다. 산업 부문별로는 전기기계 부문(44.4%)이, 제품유형별로는 부품(34.8%)이 각각 상대적으로 가장 높게 나타났다.

경쟁사 대비 자사의 신제품 개발 건수 수준(5점 척도 기준)은 산업 전체 평균적으로 3.12점으로 나타났으며, 산업 부문별로는 전기기계 부문(3.37점)이, 제품유형별로는 최종소비재(3.24점)가 각각 상대적으로 가장 높게 나타났다.

<그림 부록A. 2 - 15> 신제품 개발 건수

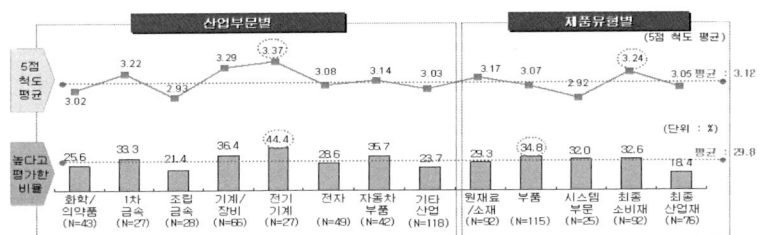

주: 1) 높다고 평가한 비율: 경쟁사와 비교하여 자사의 신제품 개발 건수가 높은 편(5점 척도 기준으로
4점, 5점)이라고 평가한 비율.
2) 사용변수 V107(신제품 개발 건수 수준).

2) 신제품 매출액 비중

신제품 매출 비율은 산업 전체 평균적으로 18.5%로 나타났다. 산업
부문별로는 자동차부품 부문(51.1%)이, 제품유형별로는 부품 유형
(31.4%)이 각각 가장 높게 나타났다.

경쟁사와 비교한 자사의 신제품 매출액 비중 수준에 대해 산업 전체
평균적으로 3.12점으로 나타났으며, 산업 부문별로는 전기기계 부문(3.33
점), 제품유형별로는 최종소비재 유형(3.18점)이 각각 가장 높게 나타났다.

<그림 부록A. 2 - 16> 신제품 매출액 비중

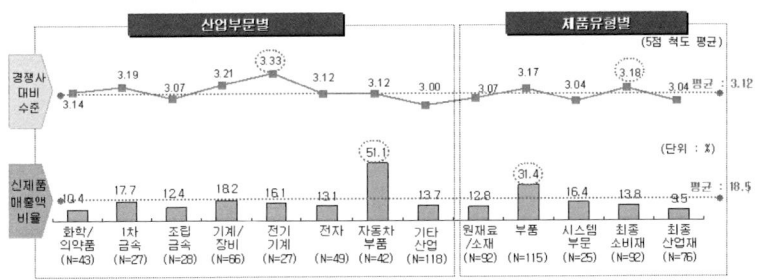

주: 1) 신제품 매출액 비율=[신제품 매출액(V82)/전체 매출액(V54)].
2) 사용변수: V54(2002년 전체 매출액), V82(신제품 매출액), V108(신제품 매출 비중 수).준).

3) 신제품 개발 리드타임

신제품 개발 리드타임은 산업 전체 평균적으로 1.1년 걸리는 것으로 나타났다. 산업 부문별로는 화학 및 의약품 부문(0.8년), 제품유형별로는 최종소비재(1년), 최종산업재(1년) 유형이 각각 가장 짧은 것으로 나타났다.

경쟁사와 비교한 자사의 개발 리드타임의 경쟁력 수준(5점 척도 기준)은 산업 전체 평균적으로 3.27점으로 나타났으며, 산업 부문별로는 전기기계 부문(3.41점), 제품유형별로는 부품 유형(3.41점)이 각각 가장 상대적으로 높게 나타났다.

〈그림 부록A. 2-17〉 신제품 개발 리드타임

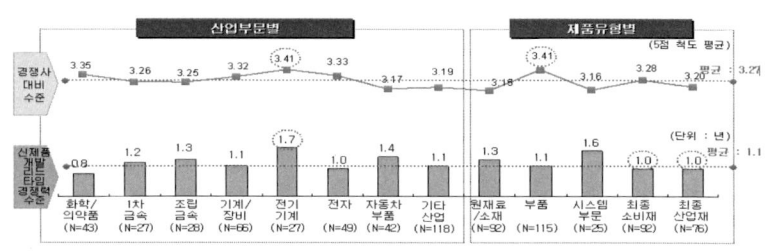

주: 1) 개발 리드타임: 개발시작부터 시장출시까지 평균적으로 소요되는 시간(년 단위).
    2) 사용변수 V78(신제품개발 리드타임: 년), V114(신제품 개발 리드타임 경쟁력 수준).

4) 신제품 출시 주기

신기술의 사업화 능력의 평가지표로 선정된 신제품 출시 주기는 산업 전체 평균적으로 9.7개월로 나타났다. 산업 부문별로는 전기기계 부문(6개월)이, 제품유형별로는 최종소비재(8.1개월)가 각각 가장 짧은 것으로 나타났다.

경쟁사와 비교한 신기술의 사업화 능력 수준(5점 척도 기준)을 보면 산업 전체 평균적으로 3.26점으로 나타났으며, 산업 부문 중에서는 전기기계 부문(3.48점)이, 제품유형별로는 시스템 부문(3.32점)이 각각 상대적으로 높게 나타났다.

〈그림 부록A. 2-18〉 신제품 출시 주기

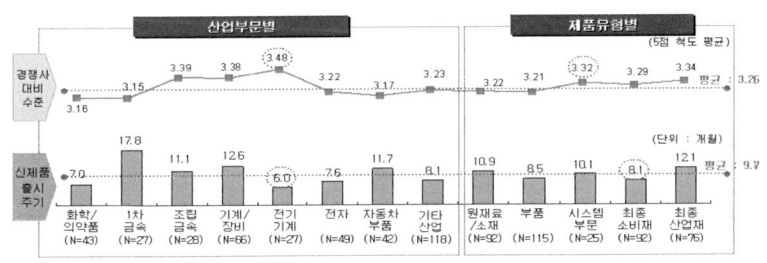

주: 사용변수 V83(평균 신제품 출시 주기), V116(신기술 사업화 능력).

5) 신제품 개발 납기 준수율

신제품 개발 납기 준수율(개발 목표 기간에 개발이 완료되는 비율)은 산업 전체 평균적으로 82.4%로 나타났으며, 산업 부문별로는 자동차부품 부문(89.9%)이 가장 높고, 제품유형별로는 시스템 부문(89.4%)이 각각 가장 높게 나타났다.

5점 척도 기준에서 산업 부문별로는 조립금속 부문(3.57점), 제품유형별로는 부품 유형(3.43점) 경쟁사와 비교하여 볼 때, 신제품 개발 납기 준수율이 각각 가장 높은 것으로 나타났다.

244

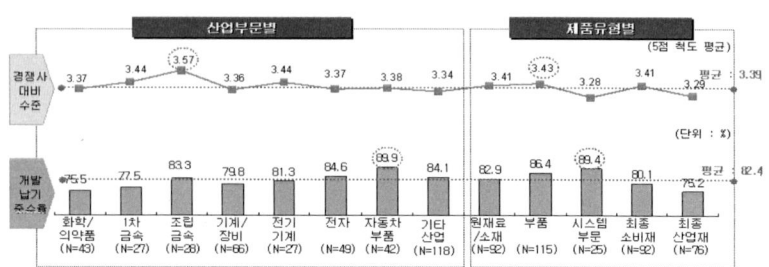

〈그림 부록A. 2-19〉 신제품 개발 납기 준수율

주: 1) 개발 납기 준수율: 개발 목표 기간에 개발이 완료되는 비율.
    2) 사용변수: V77(신제품 개발 납기 준수율), V115(신제품 개발 납기 준수율).

3. 제조 경쟁력

3-1. 제조원가

대표적인 원가 지표로서 제조원가율을 들 수 있다. 신제품 개발 프로세스의 성과지표로서는 신제품 재료비 절감액, 개발비용 효율성을 들 수 있다.

1) 제조원가의 동향

2001년~2002년 기간 동안에, 산업 전체 평균적으로 재료비는 20.5% 증가했으며, 노무비는 40.2% 증가한 것으로 나타났다. 산업 부문별로는 화학 및 의약품 부문이 가장 높은 재고비 증가율과 노무비 증가율을 보였으며, 제품유형별로 최종산업재 유형에서 가장 높은 재료비 증가율을 나타내었고, 부품 유형에서 가장 높은 노무비 증가율을 나타내었다.

〈그림 부록A. 3-1〉 제조원가의 동향

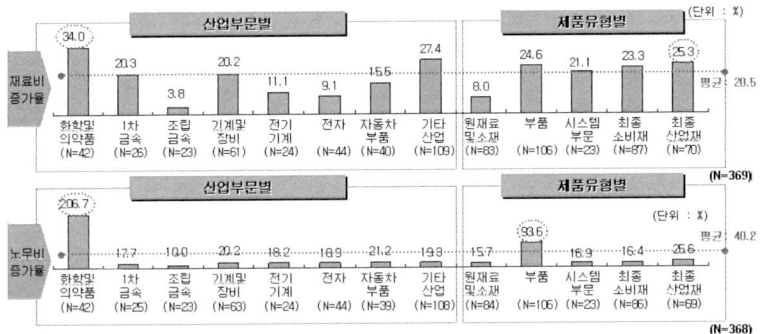

주: 1) 재료비 증가율=[금년 재료비(V56)−전년 재료비(V55)/전년 재료비(V55)].
   2) 노무비 증가율=[금년 노무비(V58)−전년 노무비(V57)/전년 노무비(V57)].
   3) 사용변수: V55~V58.

2) 재료비 비중 및 절감률

산업 전체 평균적으로 재료비는 매출액 대비 약 2% 정도인 것으로 나타났다. 산업 부문별로는 화학 및 의약품(4.3%), 조립금속(4.3%)의 재료비 절감률이 가장 크며, 제품유형별로는 부품 유형(2.5%)이 각각 가장 높게 나타났다.

자사 제품의 재료비 비중 수준이 '높은 편'으로 평가하는 비율은 산업 전체 평균적으로 22.5%로 나타났으며, 산업 부문별로는 전기기계 부문(14.8%), 제품유형별로는 최종소비재 유형(15.2%)이 각각 상대적으로 가장 낮게 나타났다.

경쟁사 대비 제품의 재료비 비중 수준(5점 척도 기준)은 산업 전체 평균적으로 3.12점으로 나타났으며, 산업 부문별로는 화학 및 의약품 부문(2.95점), 제품유형별로는 최종소비재 유형(3.01점)이 각각 상대적으로 가장 낮게 나타났다.

〈그림 부록A. 3-2〉 재료비 절감률

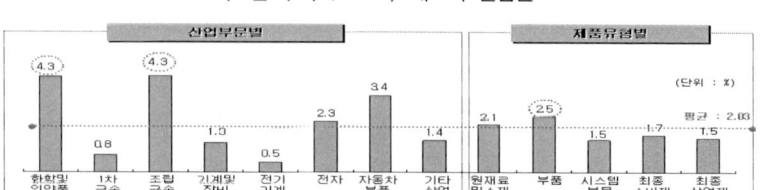

주: 1) 재료비 절감 비율=[전년 대비 재료비 절감액(V75)/매출액(V54)].
    2) 사용변수: V75(전년 대비 재료비 절감액), V54(2002년 매출액).

〈그림 부록A. 3-3〉 제품의 재료비 비중

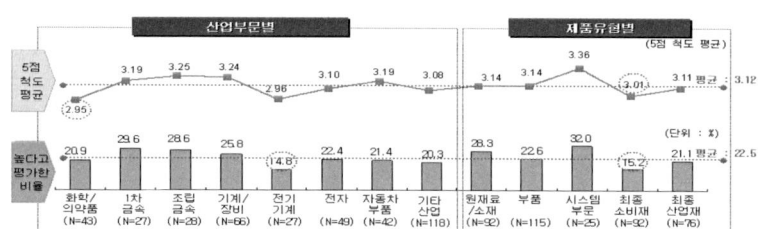

주: 1) 높다고 평가한 비율: 제품의 재료비 비중이 상대적으로 높다(5점 척도 기준으로 4점, 5점)고 평가
       한 비율.
    2) 사용변수: V110(제품의 재료비 비중).

3) 제조원가율

제조원가율(총 제조원가/매출액)은 산업 전체 평균적으로 약 68% 정도로 나타났으며, 산업 부문별로는 화학 및 의약품 부문(60.5%), 제품유형별로는 최종소비재 유형(63.5%)에서 각각 가장 낮게 나타났다.

경쟁사와 비교하여 제조원가 경쟁력이 있다고 인식하고 있는 정도 (5점 척도 기준)는 산업 전체 평균적으로 3.25점으로 나타났으며, 산업 부문별로는 전기기계 부문(3.37점), 제품유형별로는 부품 유형(3.32점)에서 각각 가장 높게 나타났다.

<그림 부록A. 3-4> 제조원가율

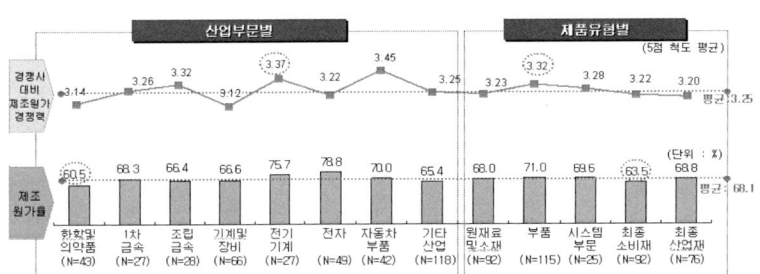

주: 1) 제조원가율＝총 제조원가(V60)/매출액(V54).
  2) 사용변수: V146(제조원가 경쟁력), V60(2002년 총 제조원가), V54(매출액).

3-2. 생산능력 수준

1) 일일 생산 제품 수

<그림 부록A. 3-5> 일일 생산 제품 수(파생모델 수준의 완제품 기준)

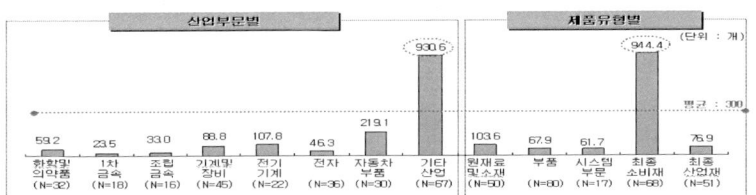

주: 사용변수: V137(일일 생산 제품 수).

생산능력(일일 생산 제품 수)은 산업 전체 평균적으로 300개로 나타났으며, 산업 부문별로는 기타 산업(930.6개) 부문, 제품유형별로는 최종소비재(944.4개)가 각각 상대적으로 가장 높은 일일 생산 제품 수를 기록하였다.

2) 완제품 생산라인 수(다품종 생산능력)

다품종 생산능력의 평가지표로 선정된 완제품 생산라인 수는 산업 전체 평균적으로 9.95개로 나타났다. 산업 부문별로는 자동차부품 부문(17.6개), 제품유형별로는 최종산업재 유형(27.7개)에서 각각 가장 높게 나타났다.

경쟁사 대비 다품종 생산능력 수준은 산업 전체 평균적으로 3.71점으로 나타났으며, 산업 부문별로는 자동차부품 부문(3.95점)에서 제품유형별로는 시스템 부문 유형(3.92점) 제품에서 각각 높게 인식되고 있는 것으로 나타났다.

<그림 부록A. 3-6> 완제품 생산라인 수(다품종 생산능력)

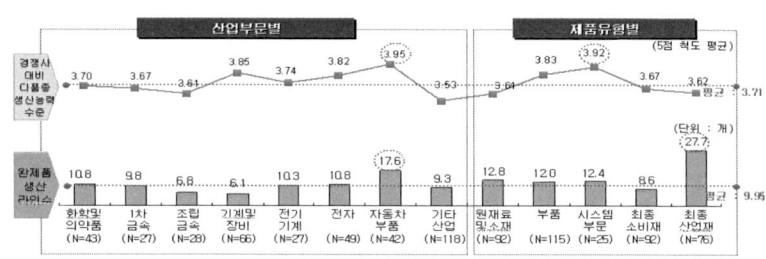

주: 1) 경쟁사 대비 수준: 경쟁사와 비교한 자사 다품종 생산능력의 상대적 수준.
   2) 사용변수: V138(완제품 생산라인 수 또는 작업장 수), V150(다품종 생산능력 수준).

3) 생산리드타임

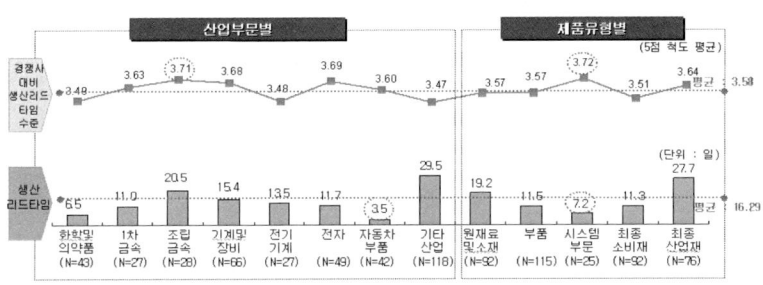

〈그림 부록A. 3-7〉 생산리드타임

주: 1) 경쟁사 대비 생산리드타임 경쟁력 수준: 경쟁사와 비교한 자사 생산리드타임의 상대적 경쟁력 수준.
　　2) 생산리드타임=생산 개시 후 출고까지 걸리는 시간(일).
　　3) 사용변수 V149(생산리드타임 경쟁력 수준), V135(생산리드타임/일).

생산리드타임(생산 개시 후 출고까지 걸리는 시간)은 산업 전체 평균적으로 16.29일로 나타났으며, 산업 부문별로는 자동차부품 부문(3.5일), 제품유형별로는 시스템 부문 유형(7.2일)에서 각각 상대적으로 가장 낮게 나타났다.

경쟁사와 대비한 생산리드타임 경쟁력 수준은 산업 전체 평균적으로 3.58점으로 높은 편이며 산업 부문별로는 조립금속 부문(3.71점), 제품유형별로는 시스템 부문 유형(3.72점)이 상대적으로 가장 높게 나타났다.

4) 납기 준수율

생산제품의 납기 준수율 수준은 산업 전체 평균적으로 3.82점으로 높게 나타났으며, 산업 부문별로는 1차금속(4.00점), 제품유형별로는 시스템 부문(4.00점)으로 각각 상대적으로 높게 나타났다.

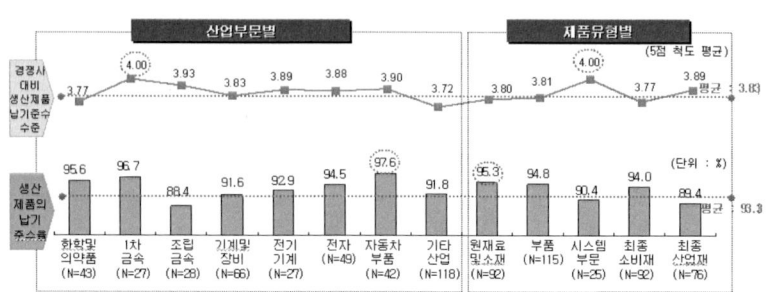

〈그림 부록A. 3-8〉 납기 준수율

주: 1) 경쟁사 대비 수준: 경쟁사와 비교한 자사 생산제품 납기 준수율의 상대적 수준.
2) 생산제품의 납기 준수율＝생산제품의 납기 준수 건수/생산제품의 총 주문 건수.
3) 사용변수 V148(생산제품의 납기 준수율 수준), V134(생산제품의 납기 준수율).

생산제품의 납기 준수율(납기 준수 건수/총 주문 건수)은 산업 전체 평균적으로 93.3%로 매우 높은 것으로 나타났으며, 산업 부문별로는 자동차부품(97.6%), 제품유형별로는 원재료 및 소재 유형(95.3%)에서 각각 상대적으로 가장 높게 나타났다.

4. 시장 경쟁력

4-1. 제품의 가격경쟁력

경쟁사 대비 자사 제품의 가격경쟁력은 산업 전체 평균적으로 39.8%로 나타났다. 산업 부문 중에서는 기계 및 장비 부문(53.0%), 제품유형 중에서는 최종산업재 유형(47.4%)이 각각 상대적으로 가장 높게 나타났다.

경쟁사 대비 자사 제품의 가격경쟁력 수준(5점 척도 기준)은 산업 전체 평균적으로 3.35점으로 '보통' 수준으로 나타났다. 산업 부문별로는 전기기계 부문(3.52점), 제품유형별로는 최종산업재(3.39점) 유형이 각각 가장 높게 나타났다.

〈그림 부록A. 4-1〉 자사 제품의 가격 경쟁력

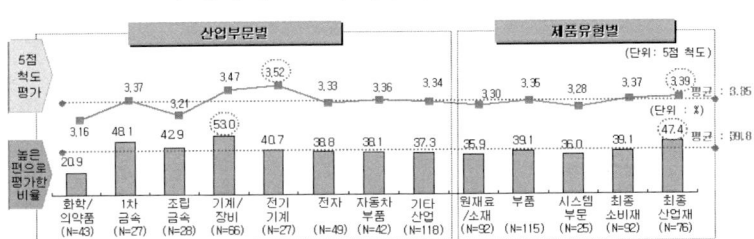

주: 1) 높은 편으로 평가한 비율: 자사의 제품가격 경쟁력이 상대적으로 높은 편(5점 척도 기준으로 4
　　　점, 5점)이라고 평가.
　　2) 사용변수: V31(자사 제품의 가격 경쟁력 수준).

4-2. 반품률

산업 전체 평균적으로, 연간 총 생산되는 공장 출하량의 2.2% 정도
가 반품되는 것으로 나타났으며, 산업 부문 중에서는 자동차부품 부문
(1.0%), 제품유형 중에서는 시스템 부문(0.8%) 유형이 각각 상대적으
로 가장 낮게 나타났다.

〈그림 부록A. 4-2〉 반품률

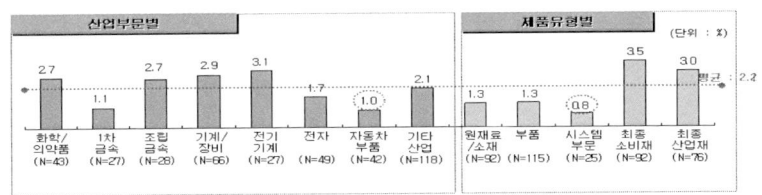

주: 1) 반품률=연간 반품 수/연간 총 공장출하량.
　　2) 사용변수: V40(반품률).

4-3. 판매 제품의 모델 수

경쟁사 대비 판매하는 제품 모델 수의 수준은 산업 전체 평균적으로 50.0%가 '높은 편'으로 평가했다. 산업 부문 중에서는 전기기계 부문(70.4%), 제품유형 중에서는 시스템 부문(56.0%) 유형이 각각 상대적으로 가장 높게 평가하고 있는 것으로 나타났다.

경쟁사 대비 판매하는 제품 모델 수의 수준(5점 척도 기준)은 산업 전체 평균적으로 3.56점으로 나타났다. 산업 부문별로는 전기기계 부문(3.85점), 제품유형별로는 부품 유형(3.65점)이 각각 가장 높게 나타났다.

〈그림 부록A. 4-3〉 판매 제품의 모델 수

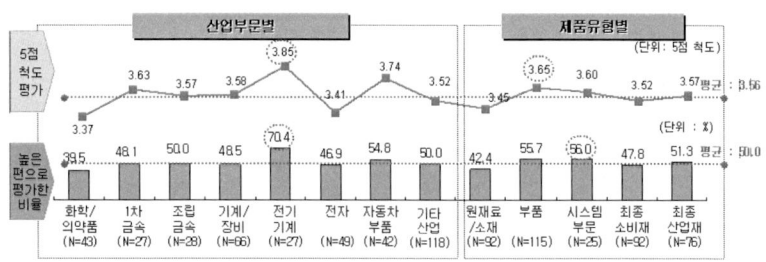

주: 1) 높은 편으로 평가한 비율: 자사의 능력이 상대적으로 높은 편(5점 척도 기준으로 4점, 5점)이라고
　　　평가한 비율.
　　2) 사용변수: V36(판매 제품 모델 수의 수준).

4-4. 자사 신제품의 출시 빈도

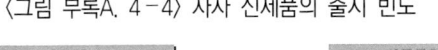

〈그림 부록A. 4-4〉 자사 신제품의 출시 빈도

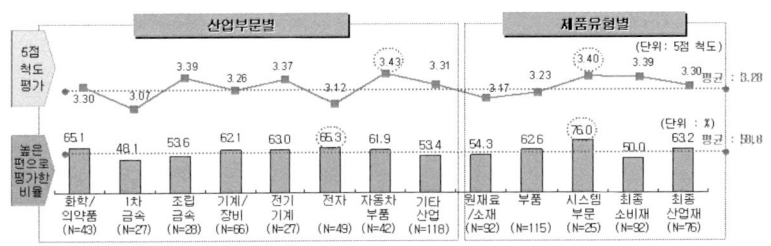

주: 1) 높은 편으로 평가한 비율: 자사의 신제품 출시 빈도가 상대적으로 높은 편(5점 척도 기준으로 4
점, 5점)이라고 평가한 비율.
2) 사용변수: V33(자사의 신제품 출시 빈도 수준).

자사의 신제품 출시 빈도 평가는 산업 전체 평균적으로 58.8%로 나
타났다. 산업 부문 중에서는 전자 부문(65.3%), 제품유형 중에서는 시
스템 부문(76.0%) 유형이 각각 상대적으로 가장 높게 평가하고 있는
것으로 나타났다.

경쟁사 대비 자사의 신제품 출시 빈도 수준(5점 척도 기준)은 산업
전체 평균적으로 3.28점으로 나타났다. 산업 부문별로는 자동차부품
부문(3.43점), 제품유형별로는 시스템 부문(3.40점) 유형이 각각 가장
높게 나타났다.

4-5. 최초의 혁신적인 신제품 출시 능력

자사의 최초의 혁신적인 신제품 출시하는 능력 수준이 '높은 편'이
라고 평가하는 비율이 산업 전체 평균적으로 39.3%로 나타났다. 산업
부문 중에서는 조립금속 부문(46.4%), 제품유형 중에서는 시스템 부
문(52.0%) 유형이 각각 상대적으로 가장 높게 평가하는 것으로 나타

났다.

경쟁사 대비 자사의 최초의 혁신적인 신제품 출시 능력 수준(5점 척도 기준)은 산업 전체 평균적으로 3.30점으로 나타났다. 산업 부문별로는 전기기계 부문(3.48점), 제품유형별로는 최종산업재(3.51점) 유형이 각각 가장 높게 나타났다.

〈그림 부록 4-5〉 최초의 혁신적 신제품 출시 능력

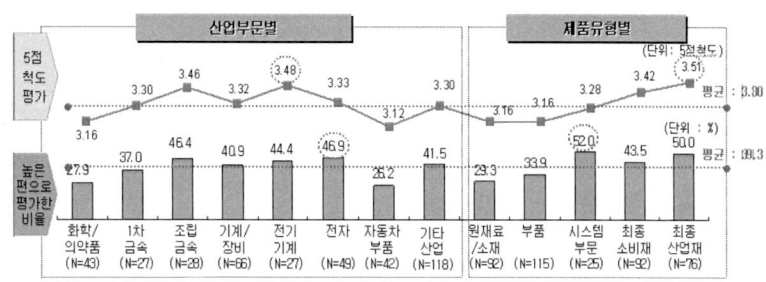

주: 1) 높은 편으로 평가한 비율: 자사의 혁신적인 신제품 출시 능력 수준이 상대적으로 높은 편(5점 척도 기준으로 4점, 5점)이라고 평가한 비율.
2) 사용변수: V34(시장 최초의 혁신적인 신제품 출시 능력 수준).

4-6. 고객 리드타임 경쟁력

자사 제품의 고객 리드타임 경쟁력 수준을 보면 산업 전체 평균적으로, 국내의 경우 18일로, 국외의 경우 38일로 각각 나타났다.

국내 리드타임 경쟁력 수준의 경우 산업 부문 중에서는 화학 및 의약품 부문(6일), 제품유형 중에서는 원재료 및 소재(11일) 유형이 각각 상대적으로 가장 짧은 것으로 나타났다. 한편 국외 리드타임 경쟁력은 산업 부문별로는 전자 부문(20일)이, 제품유형별로는 원재료 및 소재(22일) 유형이 가장 짧은 것으로 나타났다.

〈그림 부록A. 4-6〉 국내·외 고객 리드타임 경쟁력

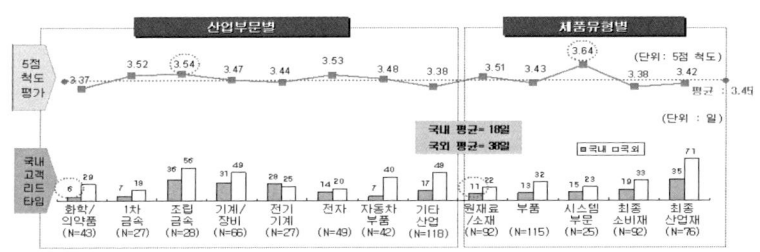

주: 1) 고객 리드타임: 주문을 받아 제품을 인도하기까지 걸리는 시간. 해외는 선적 시까지만을 의미함.
   2) 사용변수: V35(고객 리드타임 경쟁력 수준), V41(고객 리드타임: 국내/일), V42(고객 리드타임: 국외/일).

4-7. 고객서비스 수준

경쟁사 자사의 고객서비스(고객응대, A/S 등)의 수준은 산업 전체 평균적으로 33.3시간으로 나타났다. 산업 부문 중에서는 자동차부품 부문(19.5시간), 제품유형 중에서는 시스템 부문(18.9시간) 유형이 각각 상대적으로 가장 짧게 나타났다.

경쟁사 대비 자사의 고객서비스 수준(5점 척도 기준)은 산업 전체 평균적으로 3.69점으로 나타났다. 산업 부문별로는 전기기계 부문(3.93점), 제품유형별로는 최종산업재(3.80점) 유형이 각각 가장 높게 나타났다.

〈그림 부록A. 4-7〉 고객서비스 수준

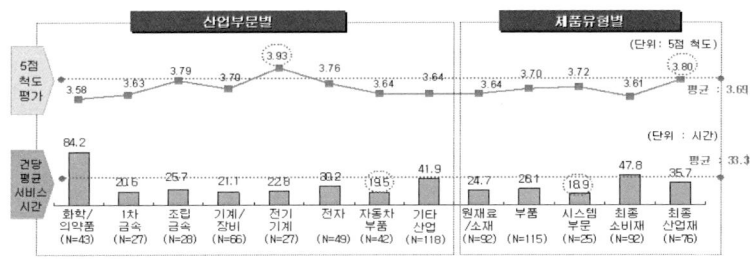

주: 1) 고객서비스 수준: 고객 응대 및 A/S 수준을 의미함.
   2) 평균 서비스 시간: 건당 고객의 수리 요청에서 수리 완료까지 걸리는 시간.
   3) 사용변수: V37(고객서비스 수준), V44(건당 평균 서비스 시간).

4-8. 제품의 시장품질 수준

경쟁사 대비 자사 제품의 시장품질 수준이 '높은 편'이라고 평가하는 비율이 산업 전체 평균적으로 39.8%로 나타났다. 산업 부문 중에서는 1차금속(81.5%), 제품유형 중에서는 최종소비재(77.2%) 유형이 각각 상대적으로 가장 높게 평가하는 것으로 나타났다.

경쟁사 대비 자사 제품의 시장품질 수준(5점 척도 기준)은 산업 전체 평균적으로 3.89점으로 '높은' 수준으로 나타났다. 산업 부문별로는 1차금속 부문(4.11점), 제품유형별로는 최종산업재 유형(3.97점)이 각각 가장 높게 나타났다.

〈그림 부록A. 4-8〉 자사 제품의 시장품질 수준

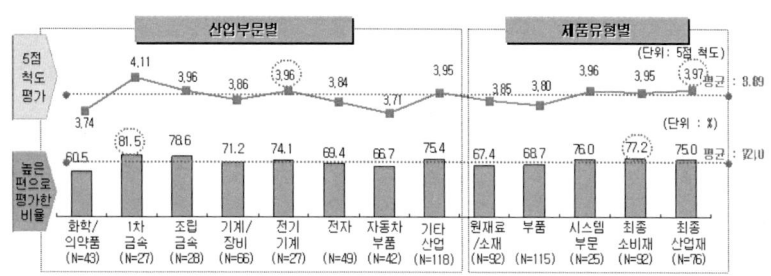

주: 1) 높은 편으로 평가한 비율: 자사 제품의 시장품질 수준이 경쟁사 제품에 비하여 상대적으로 높은 편(5점 척도 기준으로 4점, 5점)이라고 평가한 비율.
   2) 사용변수: V32(자사 제품의 시장품질 수준).

5. 고객성과

5-1. 고객충성도

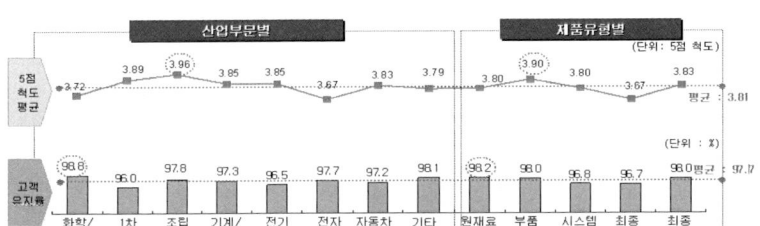

〈그림 부록A. 5-1〉 고객충성도

주: 1) 고객유지율(전년도 고객 중. 계속 남아 있는 고객의 비율)＝100-기존고객 이탈률(V43).
　　2) 사용변수: V38(기존 고객 유지율), V43(기존 고객 이탈률).

　자사의 고객 유지율(전년도 고객 중 계속 남아 있는 고객의 비율)
은 산업 전체 평균적으로 97.7% 정도인 것으로 나타났으며, 산업 부
문 중에서는 화학 및 의약품 부문(98.8%), 제품유형 중에서는 원재료
및 소재(98.2) 유형에서 각각 상대적으로 높게 나타났다.

　경쟁사 대비 자사의 고객 유지율 수준(5점 척도 기준)은 산업 전체 평
균적으로 3.81점으로 나타났으며, 산업 부문별로 조립금속 부문(3.96점),
제품유형별로는 부품 유형(3.90점)이 각각 상대적으로 높게 나타났다.

5-2. 고객만족도

　경쟁사와 비교하여 자사 제품의 고객만족도가 높은 편이라고 인식
하고 있는 비율은 산업 전체 평균적으로 60.0%로 나타났으며, 산업
부문 중에서는 전기기계 부문(70.4%), 제품유형 중에서는 시스템 부
문(72.0%) 유형에서 각각 상대적으로 가장 높게 나타났다.

경쟁사 대비 고객만족도 수준은 산업 전체 평균적으로 3.68점으로
'높게' 나타났으며, 산업 부문별로는 전기기계(3.81점), 제품유형별로는
시스템 부문(3.76점)에서 각각 상대적으로 가장 높게 나타났다.

<그림 부록A. 5-2> 고객만족도

주: 1) 높은 편으로 평가한 비율: 자사의 능력이 상대적으로 높은 편(5점 척도 기준으로 4점, 5점)이
　　　라고 평가한 비율.
　　2) 사용변수: V39(고객만족도).

6. 재무성과

6-1. 기업의 성장성

1) 매출액 증가율

<그림 부록A. 6-1> 기업의 성장성: 매출액 증가율

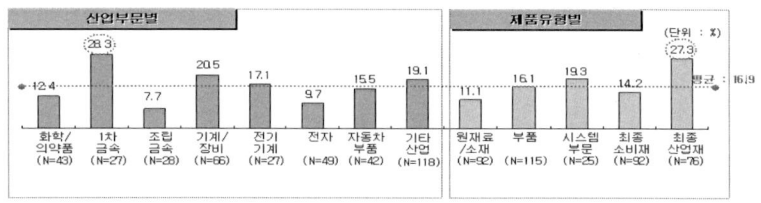

주: 1) 매출액 증가율: (당기 매출액(V54)-전기 매출액(V53))/전기 매출액(V53).
　　2) 사용변수: V53(2001년 매출액), V54(2002년 매출액).

　기업의 성장성(매출액 증가율)은 산업 전체 평균적으로 16.9%로 나타났으며, 산업 부문별로는 1차금속 부문(28.3%), 제품유형별로는 최종산업재 유형(27.3%)이 각각 상대적으로 가장 높은 성장성을 나타냈고, 이와 반면에 조립금속(7.7%)과 원재료 및 소재(11.1) 유형은 가장 낮은 성장성을 보였다.

2) 영업이익 증가율

〈그림 부록A. 6-2〉 기업의 성장성: 영업이익 증가율

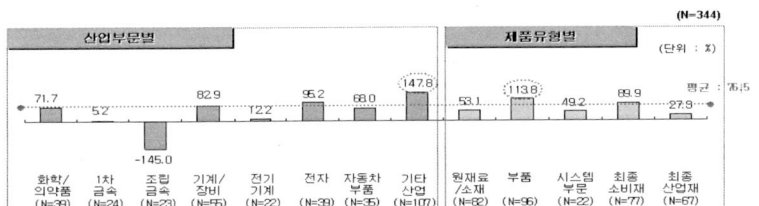

주: 1) 영업이익 증가율: (당기 영업이익(V66)-전기 영업이익(V65))/전기 매출액(V65).
　　2) 사용변수: V65(2001년 영업이익), V66(2002년 영업이익).

　기업의 영업이익 증가율은 산업 전체 평균적으로 76.5%로 나타났으며, 산업 부문별로는 기타 산업 부문(147.8%), 제품유형별로는 부품 유형(113.8%)이 각각 상대적으로 가장 높은 성장성을 나타냈다. 이와 반면에 산업 부문에서 조립금속(-145.0%)은 마이너스 증가율을 보였다.

3) 총 자산 증가율

　기업의 총 자산 증가율은 산업 전체 평균적으로 10.4%로 나타났으며, 산업 부문별로는 전기 및 기계 부문(18.1%), 제품유형별로는 최종산업재 유형(13.7%)이 각각 상대적으로 가장 높은 성장성을 나타났다.

〈그림 부록A. 6-3〉 기업의 성장성: 총 자산 증가율

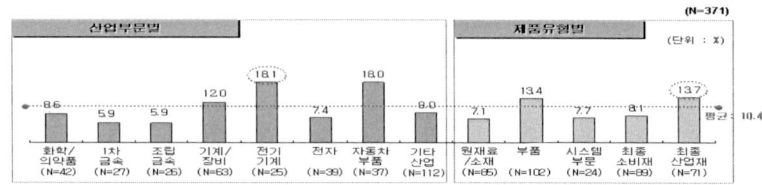

주: 1) 총 자산 증가율: (당기 총 자산(V64)-전기 총 자산(V63))/전기 총 자산(V63). 2) 사용변수:
     V63(2001년 총 자산), V64(2002년 총 자산).

6-2. 기업의 수익성

1) 2001년 기준

2001년도의 기업의 수익성(매출액 대비 영업이익의 비율)은 산업
전체 평균적으로 13.7%로 나타났으며, 산업 부문별로는 자동차부품
부문(26.9%), 제품유형별로는 부품 유형(23.0%)이 각각 상대적으로
가장 높게 나타났다.

〈그림 부록A. 6-4〉 기업의 수익성: 2001년

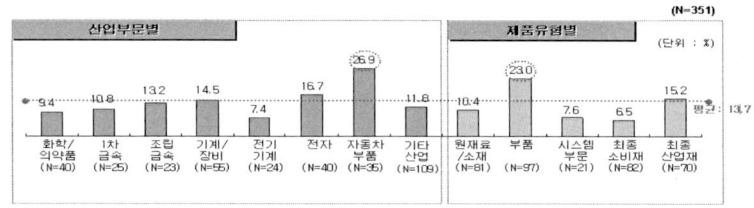

주: 1) 기업의 수익성=영업이익(V65)/매출액(V53).
     2) 사용변수: V53(2001년 매출액), V65(2001년 영업이익).

2) 2002년 기준

〈그림 부록A. 6-5〉 기업의 수익성: 2002년

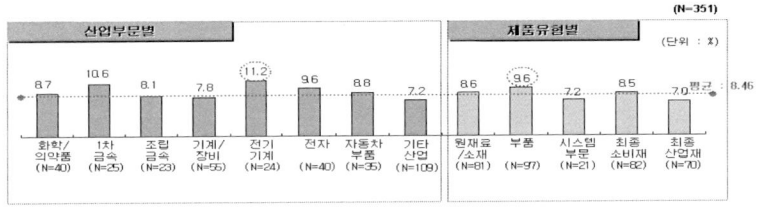

주: 1) 기업의 수익성＝영업이익(V66)/매출액(V54).
    2) 사용변수: V54(2002년 매출액), V66(2002년 영업이익).

2002년도 기업의 수익성(매출액 대비 영업이익의 비율)은 산업 전체 평균적으로 8.46%로 나타났으며, 산업 부문별로는 전기기계 부문(11.2%), 제품유형별로는 부품 유형(9.6%)이 각각 상대적으로 가장 높게 나타났다. 이와 반면에, 기타 산업 부문(7.2%)과 최종산업재 유형(7.0%)이 각각 상대적으로 가장 낮게 나타났다.

6-3. 기업의 안정성

1) 2001년 기준

기업의 안정성(유동비율)은 산업 전체 평균적으로 153.0%로 나타났으며, 산업 부문별로는 기타 산업 부문(179.2%), 제품유형별로는 최종산업재 유형(187.3%)이 각각 상대적으로 가장 높은 안정성을 나타냈고, 이와 반면에 1차금속 부문(112.7%)과 시스템 부문(137.1%)이 가장 낮은 안정성(유동비율)을 나타냈다.

262

〈그림 부록A. 6-6〉 기업의 안정성(유동비율): 2001년

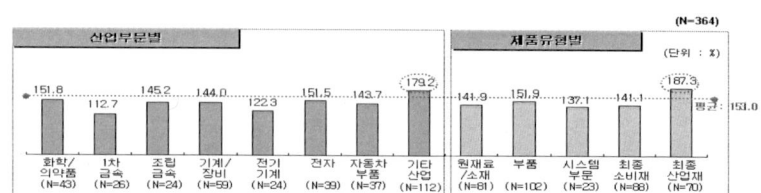

주: 1) 기업의 안정성(유동비율)=유동자산(V67)/유동부채(V69).
   2) 사용변수: V67(2001년 유동자산), V69(2001년 유동부채).

2) 2002년 기준

기업의 안정성(유동비율)은 산업 전체 평균적으로 153.4%로 나타났으며, 산업 부문별로는 화학 및 의약품 부문(159.7%), 제품유형별로는 최종산업재 유형(205.4%)이 각각 상대적으로 가장 높은 안정성을 나타냈고, 이와 반면에 1차금속 부문(107.3%)과 시스템 부문(132.2%)이 가장 낮은 안정성(유동비율)을 나타냈다.

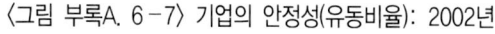

〈그림 부록A. 6-7〉 기업의 안정성(유동비율): 2002년

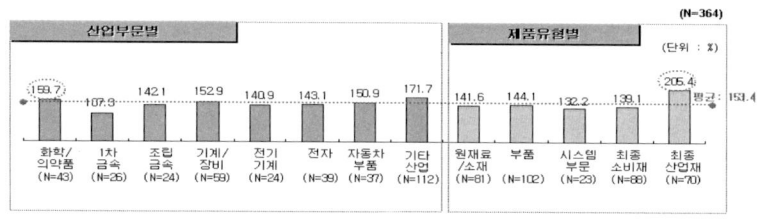

주: 1) 기업의 안정성(유동비율)=유동자산(V68)/유동부채(V70).
   2) 사용변수: V68(2002년 유동자산), V70(2002년 유동부채).

부록 B.

한국 제조업의 품질 현황에 대한 설문조사 결과

1. 설계제품 품질 현황

1-1. 제품의 기능성

경쟁사와 비교하여 자사 제품의 기능성 수준이 '높은 편'이라고 인식하고 있는 비율은 제조업 전체 평균적으로 52.0%로 추정되었다. 산업 부문별로는 기계 및 장비 부문(63.6%)이, 제품유형별로는 시스템(64.0%)이 각각 상대적으로 가장 높게 인식하고 있는 것으로 나타났다.

한편 경쟁사 대비 자사 제품 기능성 수준(5점 척도 기준)은 제조업 전체 평균적으로 3.62점으로 평가되었으며, 산업 부문별로는 기계 및 장비와 자동차부품(3.76점)이, 제품유형별로는 시스템(3.72점)이 각각 상대적으로 가장 높게 나타났다.

〈그림 부록B. 1-1〉 제품의 기능성

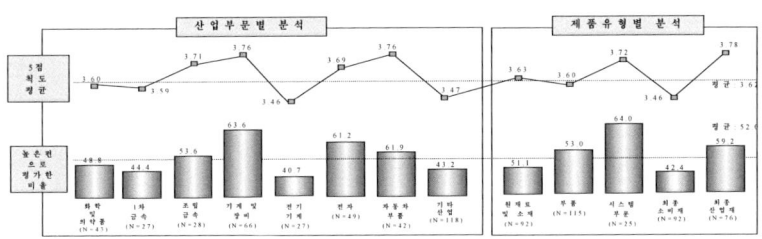

주: 1) 높은 편으로 평가한 비율: 자사의 제품 기능성이 상대적으로 높은 편(5점 척도 기준으로 4점 및 5점)이라고 평가한 비율.
2) 사용변수: V123(제품의 기능성 수준).

1-2. 제품의 기본 성능

경쟁사 대비 자사 제품의 기본 성능(TV의 화질, 차량용 에어컨의
출력, 냉각 속도 등) 수준이 '높은 편'이라고 인식하고 있는 비율은 제
조업 전체 평균적으로 58.8%로 추정되었다. 산업 부문별로는 전자부
품 및 영상(65.3%)이, 제품유형별로는 시스템(76.0%)이 각각 상대적
으로 가장 높게 평가한 것으로 나타났다. 상기의 분석결과는 경쟁사와
비교한 상대적 평가(5점 척도 기준)에서도 일관성 있게 나타났다.

〈그림 부록B. 1-2〉 제품의 기본 성능

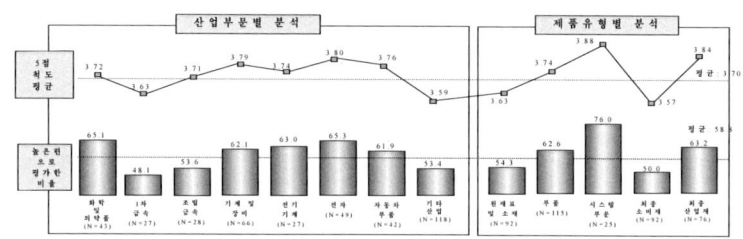

주: 1) 기본 성능은 TV의 화질, 차량용 에어컨의 출력, 냉각 속도 등을 의미함.
   2) 높은 편으로 평가한 비율: 자사 제품의 기본 성능이 상대적으로 높은 편(5점 척도 기준으로
      4점, 5점)이라고 평가한 비율.
   3) 사용변수: V122(제품의 기본 성능 수준).

1-3. 제품성능의 기술적 성과

〈그림 부록B. 1-3〉 제품성능의 기술적 성과

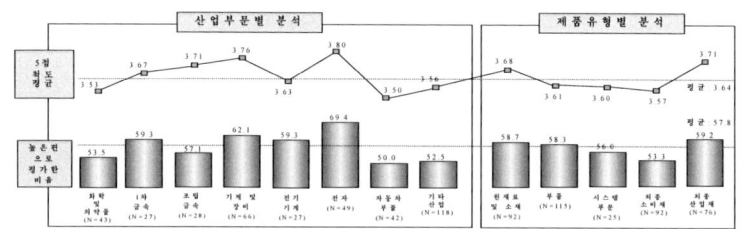

주: 1) 높다고 평가한 비율: 경쟁사와 비교하여 제품성능의 기술적 성과가 상대적으로 높은 편(5점
      척도 기준으로 4점, 5점)이라고 평가한 비율.
   2) 사용변수: V117(제품성능의 기술적 성과 수준).

제품성능의 기술적 성과 수준에 대해 제조업 전체 평균적으로 57.3%가 '높은 편'이라고 응답했다. 산업 부문별로는 전자부품 및 영상(69.4%)이, 제품유형별로는 최종산업재(59.2%)가 각각 상대적으로 가장 높게 나타났다. 경쟁사 대비 자사의 제품성능의 기술적 성과 수준(5점 척도 기준)도 이와 유사하게 나타났다.

1-4. 제품의 사용 편의성

경쟁사와 비교하여 자사 제품의 사용 편의성 수준이 '높은 편'이라고 인식하고 있는 비율은 제조업 전체 평균적으로 45.8%로 평가되었다. 산업 부문별로 전자부품 및 영상(63.3%)이, 제품유형별로 시스템(52.0%)이 각각 상대적으로 가장 높게 인식하고 있는 것으로 나타났다.

한편 경쟁사 대비 사용 편의성 수준의 상대적 평가 점수(5점 척도 기준)는 제조업 전체 평균적으로 3.52점으로 평가되었다. 산업 부문별로는 전자부품 및 영상(3.69점)이, 제품유형별로는 최종산업재 유형(3.62점)이 각각 가장 높게 나타났다.

〈그림 부록B. 1-4〉 제품의 사용 편의성

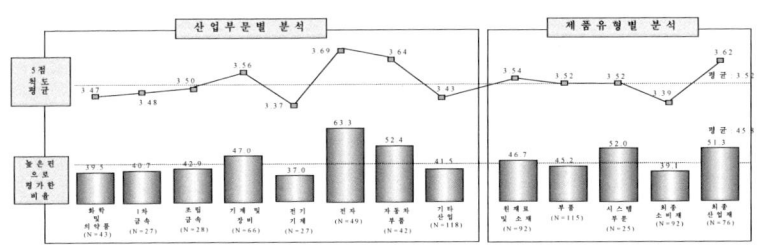

주: 1) 높은 편으로 평가한 비율: 자사 제품 사용편의성이 상대적으로 높은 편(5점 척도 기준으로 4점, 5점)이라고 평가한 비율.
　　2) 사용변수: V126(사용 편의성 수준).

1-5. 제품수명(내구성)

경쟁사와 비교하여 자사 제품의 수명(내구성) 수준이 '높은 편'이라고
인식하고 있는 비율은 제조업 전체 평균적으로 53.0%로 추정되었다. 산
업 부문별로 조립금속 부문(64.3%)이, 제품유형별로 시스템(64.0%)이
각각 상대적으로 가장 높게 인식하고 있는 것으로 나타났다.

한편 경쟁사 대비 제품수명(내구성) 수준의 상대적 평가 점수(5점
척도 기준)는 제조업 전체 평균적으로 3.63점으로 평가되었다. 산업
부문별로는 조립금속 부문(3.82점)에서 제품유형별로는 최종산업재
(3.79점)에서 각각 상대적으로 가장 높게 나타났다.

〈그림 부록B. 1-5〉 제품수명(내구성)

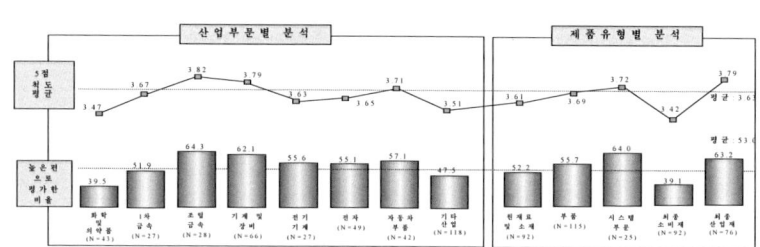

주: 1) 높은 편으로 평가한 비율: 자사 제품수명(내구성)이 상대적으로 높은 편(5점 척도 기준으로 4점,
5점)이라고 평가한 비율.
2) 사용변수: V125(제품수명 수준).

1-6. 제품의 신뢰성(수명시험 시 고장률)

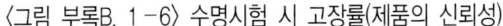

〈그림 부록B. 1-6〉 수명시험 시 고장률(제품의 신뢰성)

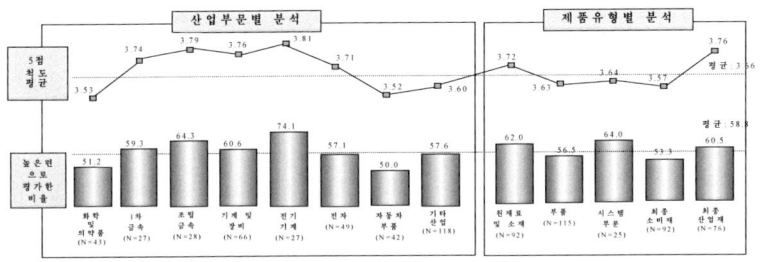

주: 1) 높다고 평가한 비율: 경쟁사와 비교하여 자사 제품의 신뢰성 수준이 상대적으로 높은 편(5점
　　 척도 기준으로 4점, 5점)이라고 평가한 비율.
　 2) 사용변수: V118(제품의 신뢰성).

　제품의 신뢰성 수준의 측정지표로 선정된 수명시험 시 고장률에 대해
제조업 전체 평균적으로 58.3%가 높은 것으로 응답했다. 산업 부문별로
는 전기기계/변환장치(74.1%)가, 제품유형별로는 시스템(64.0%)이 각
각 상대적으로 가장 높게 평가한 것으로 나타났다.

　한편 경쟁사 대비 자사 제품의 신뢰성 수준(5점 척도 기준)은 제조
업 전체 평균적으로 3.66점으로 평가되었으며, 산업 부문별로는 전기
기계/변환장치(3.81점)에서 제품유형별로는 시스템(3.64점)에서 각각
상대적으로 가장 높게 나타났다.

1-7. 제품의 핵심요소 기술력

　제품의 핵심요소 기술력 수준에 대해 제조업 전체 평균적으로 52.0%
가 '높은 편'이라고 응답했다. 산업 부문별로는 전기기계/변환장치
(59.0%)가, 제품유형별로는 원재료 및 소재(58.7%)가 각각 상대적으로
가장 높게 평가한 것으로 나타났다.

한편 경쟁사 대비 자사의 핵심요소의 기술력 수준(5점 척도 기준)은 제조업 전체 평균적으로 3.57점으로 평가되었으며, 산업 부문별로는 기계 및 장비(3.68점)에서 제품유형별로는 원재료 및 소재(3.64점)에서 각각 상대적으로 가장 높게 나타났다.

〈그림 부록B. 1-7〉 제품의 핵심요소 기술력

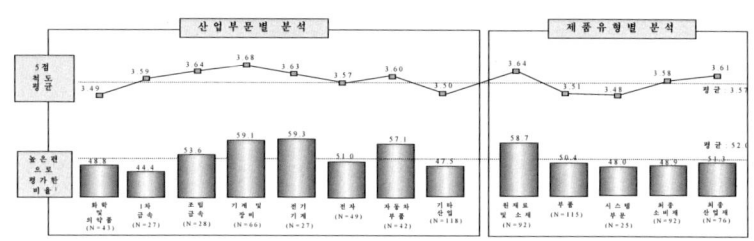

주: 1) 높다고 평가한 비율: 경쟁사와 비교하여 자사의 핵심요소 기술력 수준이 상대적으로 높은 편 (5점 척도 기준으로 4점, 5점)이라고 평가한 비율.
  2) 사용변수: V119(제품의 핵심요소 기술력).

1-8. 제품의 서비스 용이성

경쟁사와 비교한 자사 제품의 서비스 용이성 수준(5점 척도 기준)은 제조업 전체 평균적으로 3.47점으로 평가되었다. 산업 부문별로는 전자부품 및 영상(3.57점)이, 제품유형별로는 최종산업재(3.58점)가 각각 상대적으로 가장 높게 나타났다.

〈그림 부록B. 1-8〉 제품의 서비스 용이성(분해 및 수리)

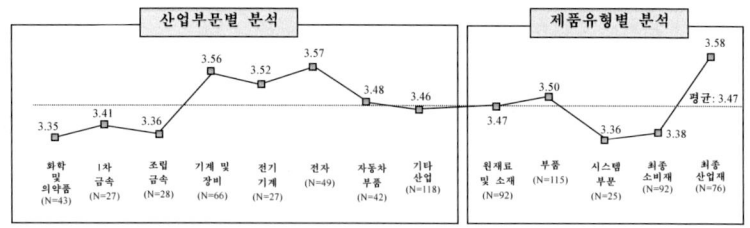

주: 사용변수 V121(제품의 서비스 용이성).

1-9. 제품의 생산 용이성

제품의 생산 용이성에 대한 상대적 평가점수(5점 척도 기준)는 제
조업 전체 평균적으로 3.66점으로 평가되었다. 산업 부문별로는 자동
차부품(3.69점)이, 제품유형별로는 부품(3.58점)이 각각 상대적으로 높
게 나타났다.

〈그림 부록B. 1-9〉 제품의 생산 용이성(가공, 조립 용이성)

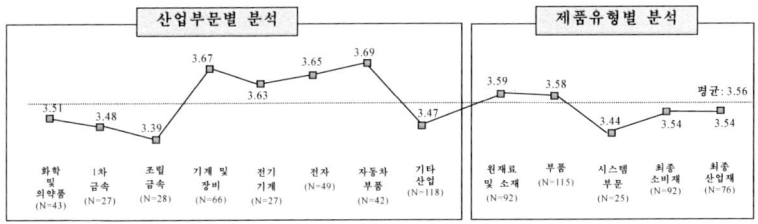

주: 사용변수 V120(제품의 생산 용이성).

1-10. 제품디자인

경쟁사와 비교하여 자사 제품의 디자인이 '우수한 편'이라고 인식하
고 있는 비율은 제조업 전체 평균적으로 41.8%로 추정되었다. 산업
부문별로 자동차부품(54.8%)이, 제품유형별로 원재료 및 소재(45.7%)
가 각각 상대적으로 가장 높게 평가하는 것으로 나타났다.

〈그림 부록B. 1-10〉 제품디자인

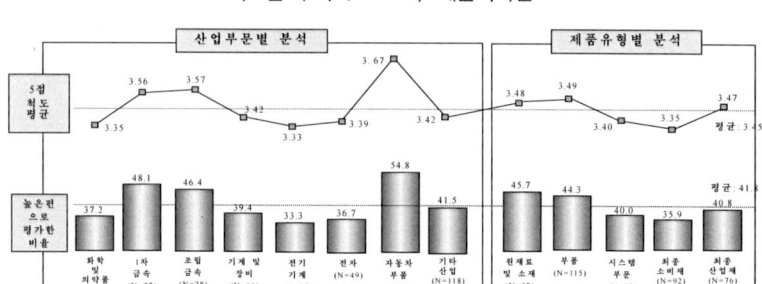

주: 1) 높은 편으로 평가한 비율: 자사의 제품 외형 디자인이 상대적으로 높은 편(5점 척도 기준으로 4
점 및 5점)이라고 평가한 비율.
　　2) 사용변수: V124(디자인).

한편 경쟁사 대비 제품디자인의 상대적 평가(5점 척도 기준)를 보
면 제조업 전체 평균적으로 3.45점으로 평가되었다. 산업 부문별로 자
동차부품(3.67점)이, 제품유형 중에서는 부품(3.49점)이 각각 상대적으
로 가장 높게 나타났다.

2. 설계공정의 품질 현황

2-1. 설계 변경 또는 시방 변경 건수

설계 변경 건수 또는 시방 변경 건수(연간)는 산업 전체 평균적으
로 약 60건 정도인 것으로 나타났다. 산업 부문별로 보면 자동차부품
부문이 78.9건으로 가장 높은 것으로 나타났으며, 그다음으로는 기계
및 장비(78.5건), 전자 부문(64.3건) 순으로 나타났다. 제품유형별로는
부품 유형이 83.4건으로 가장 높게 나타났으며, 그다음으로는 최종산
업재(79.6건), 원재료 및 소재(46.9건) 유형 순으로 나타났다.

〈그림 부록B. 2-1〉 설계 변경 또는 시방 변경 건수

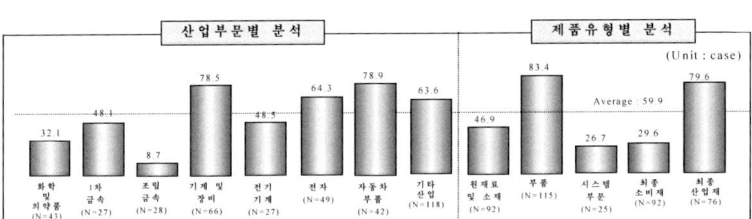

주: 사용변수 V76(설계변경 건수 또는 시방변경 건수).

2-2. 양산 후, 품질안정화 능력 수준

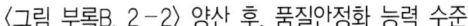

〈그림 부록B. 2-2〉 양산 후, 품질안정화 능력 수준

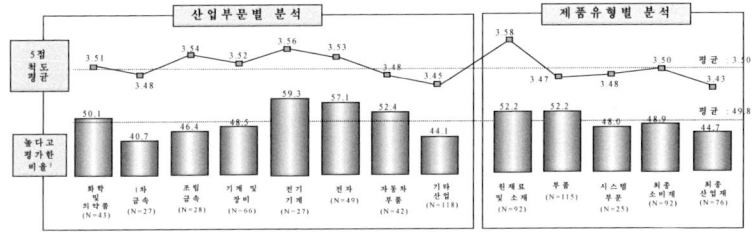

주: 1) 높다고 평가한 비율: 경쟁사와 비교하여 양산 후 품질안정화 능력 수준이 상대적으로 높은 편
    (5점 척도 기준으로 4점, 5점)이라고 평가한 비율.
   2) 사용변수: V111(양산 후, 품질안정화 능력 수준).

　　양산 후, 품질 안정화 능력 수준에 대하여 '높은 편'이라고 평가한
비율은 산업 전체 평균적으로 49.8%로 나타났으며, 산업 부문별로는
전기기계 부문(59.3%)이, 제품유형별로는 원재료 및 소재와 부품(각
각 52.2%)이 각각 상대적으로 가장 높게 평가한 것으로 나타났다.
　　경쟁사와 비교하여 양산 후, 품질 안정화 능력 수준(5점 척도 기준)
에 대한 평가 점수는 산업 전체 평균적으로 3.50점으로 나타났으며,
산업 부문별로는 전기기계 부문(3.56점)이, 제품유형별로는 최종소비

재(3.58점)가 각각 상대적으로 가장 높게 나타났다.

2-3. 공정불량률

공정품질 수준은 산업 전체 평균적으로 3.69점으로 높은 것으로 나타났으며, 산업 부문별로는 전기기계(3.81점), 제품유형별로는 시스템부문(3.88점)에서 각각 상대적으로 가장 높게 나타났다.

경쟁사와 비교할 경우, 공정불량률(공정 중 총 불량 수/생산제품 수)이 산업 부문별로는 자동차부품(2.0%) 부문이 가장 낮고, 제품유형별로는 원재료 및 소재와 최종산업재(각 3.5%)에서 상대적으로 가장 낮았다.

<그림 부록B. 2-3> 공정불량률

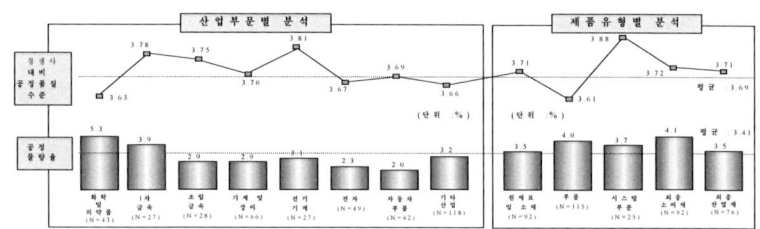

주: 1) 높다고 평가한 비율: 경쟁사와 비교하여 양산 후 품질안정화 능력 수준이 상대적으로 높은 편
    (5점 척도 기준으로 4점, 5점)이라고 평가한 비율.
   2) 사용변수: V132(공정불량률=공정 중 총 불량 수/생산제품 수).

부록 C.

한국 제조업의 디자인 경쟁력 수준에 대한
설문조사 결과

1. 제품디자인의 성과 지수

한국 제조기업의 제품디자인의 성과 지수를 산업 부문별 및 제품유형별로 비교분석하면 〈표 부록C. 1 -1〉와 같다.

〈표 부록C. 1 -1〉 한국 제조기업의 제품디자인의 성과 지수

제조업 전체	산업 부문	화학 및 의약품	1차 금속	조립 금속	기계 및 장비	전기 기계	전자	자동차 부품
		3.35	3.56	3.57	3.42	3.33	3.39	3.67
3.45	제품 유형	원재료 및 소재		부품	시스템	최종소비재		최종산업재
		3.49		3.49	3.40	3.35		3.47

제조업 전체의 경우, 동 성과 지수는 3.45로 평가되었다. 7개 산업 부문의 동 성과 지수는 3.33~3.67 사이에 밀집되어 있으며, 5개 제품유형의 동 성과 지수는 3.35~3.49 사이에 더욱 밀집되어 있다. 산업 부문별로는 자동차부품(3.67)이, 제품유형별로는 부품(3.49)이 각각 가장 높은 동 성과 지수를 보였다.

따라서 한국 제조기업의 제품디자인 성과 지수가 자동차부품에서 가장 높게 나타났다는 것은 완성차 제조업체의 국내·외 판매 촉진을 위한 강력한 디자인 마인드의 반영이라고 해석할 수 있을 것이다.

2. 디자인 경쟁력 수준

이제, 본 연구는 상기의 분석결과를 산업자원부의 최근 설문조사 결과와 연계하여 한국의 디자인 경쟁력 수준을 평가하고자 한다.

2-1. 주요 경쟁 상대국 상품의 디자인 경쟁력에 대한 상대적 수준

산업자원부가 조사 및 발표한 '고유 브랜드 수출동향과 브랜드 경쟁력 모델 개발 연구'(2003. 5)에 의하면, 주요 국가의 상품 디자인 경쟁력 수준은 다음과 같다(〈표 부록C. 2-1〉 참조). 세계시장에서 한국 상품의 디자인 경쟁력 수준을 4점으로 가정했을 때, 유럽, 미국, 일본, 중국, 대만, 싱가포르 그리고 홍콩 상품의 디자인 경쟁력 수준이 한국 상품과 비교하여 어느 정도라고 생각하는지를 묻는 질문에 대하여, 일본 상품이 평균점수 5.56점으로 가장 높게 평가되었으며, 그다음으로는 유럽 상품이 평균점수 5.51점으로 높게 나왔고, 미국 상품이 평균점수 5.08점으로 뒤를 이었다. 이와 반면에, 중국(2.53), 대만(3.09), 싱가포르(3.69), 홍콩(3.84)의 상품 디자인 경쟁력 수준은 전반적으로 한국(4점)의 그것과 비교하여 낮게 평가되었다.

〈표 부록C. 2-1〉 한국 상품과 비교 시, 주요 경쟁상대국 상품의
디자인 경쟁력 수준

	아주 낮음	낮음	낮은 편	보통	높은 편	높음	아주 높음	합계	평균
유럽	NA	4 (1.3%)	13 (4.3%)	31 (10.3%)	88 (29.3%)	105 (35.0%)	59 (19.7%)	300 (100%)	5.51
미국	NA	5 (1.7%)	15 (5.0%)	50 (16.7%)	139 (46.3%)	62 (20.7%)	29 (9.7%)	300 (100%)	5.08
일본	1 (0.3%)	4 (1.3%)	9 (3.0%)	20 (6.7%)	103 (34.3%)	107 (35.7%)	56 (18.7%)	300 (100%)	5.55
중국	44 (14.7%)	117 (39.0%)	97 (32.3%)	23 (7.7%)	16 (5.3%)	2 (0.7%)	1 (0.3%)	300 (100%)	2.53
대만	27 (9.0%)	59 (19.7%)	107 (35.7%)	80 (26.7%)	20 (6.7%)	7 (2.3%)	NA	300 (100%)	3.09
싱가포르	10 (3.3%)	18 (6.0%)	63 (21.0%)	177 (59.0%)	29 (9.7%)	3 (1.0%)	NA	300 (100%)	3.69
홍콩	7 (2.3%)	11 (3.7%)	66 (22.0%)	161 (53.7%)	50 (16.7%)	5 (1.7%)	NA	300 (100%)	3.84
전체	89명	218명	370명	542명	445명	291명	145명	2,100명	4.18

주: 7점 아주 높음; 1점 아주 낮음.
자료: 산업자원부, 고유브랜드 수출동향과 브랜드 경쟁력 모델 개발 연구, 2003. 5.

한편 주요 경쟁상대국과 대비한 한국 대기업 및 중소기업의 전반적인 디자인 수준이 어느 정도인지를 묻는 질문에 대하여, 미국 기업의 그것에 비하여 한국 기업의 디자인 수준이 약 80% 정도라고 응답한 응답자가 74명(24.7%)으로 가장 많이 나타났으며, 일본과 비교 시에도 약 80% 정도 수준이라고 응답한 응답자가 76명(25.3%)으로 가장 많이 나타났다. 이와 반면에, 대만 및 중국과 비교 시에는 각각 110%(68명)와 130%(81명)로 한국 디자인 수준이 이들 국가들보다는 높게 평가되었다(〈표 부록C. 2-2〉 참조).

〈표 부록C. 2-2〉 주요 경쟁상대국과 대비한 한국 대기업 및 중소기업의 전반적인
디자인 수준

	50% 이하	60%	70%	80%	90%	100%
미국	35(11.7%)	26(8.7%)	48(16%)	74(24.7%)	58(19.3%)	38(12.7%)
일본	48(16.0%)	44(14.7%)	71(23.7%)	76(25.3%)	36(12.0%)	14(4.7%)
유럽	52(17.3%)	50(16.7%)	69(23.0%)	61(20.3%)	38(12.7%)	22(7.3%)
중국	1(0.3%)	2(0.7%)	3(1.0%)	3(1.0%)	3(1.0%)	20(6.7%)
대만	NA	4(1.3%)	3(1.0%)	1(0.3%)	9(3.0%)	53(17.7%)
전체	136명	126명	194명	215명	144명	147명

	110%	120%	130%	140%	150% 이상	합계	평균
미국	10(3.3%)	5(1.7%)	2(0.7%)	1(0.3%)	3(1.0%)	300(100%)	4.05
일본	4(1.3%)	1(0.3%)	2(0.7%)	NA	4(1.3%)	300(100%)	3.38
유럽	2(0.7%)	1(0.3%)	2(0.7%)	NA	3(1.0%)	300(100%)	3.33
중국	45(15.0%)	67(22.3%)	81(27.0%)	33(11.0%)	42(14.0%)	300(100%)	8.44
대만	68(22.7%)	49(16.3%)	61(20.3%)	26(8.7%)	26(8.7%)	300(100%)	7.82
전체	129명	123명	148명	60명	78명	1,500명	5.40

주: 11점 150% 이상/6점 100%(동등)/1점 50% 이하.
자료: 산업자원부, 고유브랜드 수출동향과 브랜드 경쟁력 모델 개발 연구, 2003. 5.

2-2. 주요 제품의 디자인 경쟁력에 대한 상대적 수준

현재 한국 기업의 생산품목 중에서 디자인 선진국 제품과 비교 시,
디자인 경쟁력이 가장 높다고 판단되는 품목으로서 전체 응답자 294
명 중 122명(41.5%)이 정보/통신기기 제품을 선택하였으며, 다음으
로는 116명(39.5%)이 전기/전자제품을 지적하였다(〈표 부록C. 2-3〉
참조).

〈표 부록C. 2-3〉 소속구분에 따른 국내기업의 생산품목 중, 디자인 선진국 제품과
비교 시, 디자인 경쟁력이 높은 품목 1순위

(단위: %)

	전기/ 전자제품	정보/통신 기기 제품	기계/ 운송제품	신발/ 완구제품	섬유 제품	의복/ 모피제품	기타
대기업	46.9	42.9	NA	NA	2.0	6.1	2.0
중소기업	40.4	34.3	1.0	9.1	5.1	10.1	NA
디자인대학	51.0	32.7	2.0	12.2	NA	2.0	NA
디자인전문회사	28.9	52.6	2.1	5.2	4.1	6.2	1.0
합계 (N=294, 100%)	116 (39.5%)	122 (41.5%)	4 (1.4%)	20 (6.8%)	10 (3.4%)	20 (6.8%)	2 (0.7%)

자료: 산업자원부·한국디자인진흥원, 디자인산업 현황 및 인식조사 보고서, 2001. 11. 21.

또한 현재 국내기업 또는 일부 품목 중에서 디자인이 선진국 수준
으로 진입되었다고 생각되는 품목으로는 전체 응답자 294명 중 82명
이 삼성 휴대폰을 가장 많이 선택하였다. 삼성전자(60명), LG전자(59
명), 현대자동차(30명), 삼성노트북(16명)이 그 뒤를 이었다. 기타 응
답내용으로는 LG PDP, 삼성 MP3 등이 선택되었다.

〈표 부록C. 2-4〉은 설문응답자의 전문 분야에 따른 국내기업의 제
품 중, 선진국 제품과 비교 시 디자인 경쟁력이 높은 1순위 품목을 나
타낸다. 설문 응답자의 전문 분야가 제품디자인과 시각/포장디자인 경
우에는 정보/통신기기 제품이, 기타 전문디자인 경우에는 전기/전자
제품이 디자인경쟁력이 높은 1순위 품목으로 각각 나타났다.

〈표 부록C. 2-4〉 전문 분야에 따른 국내기업의 생산품목 중, 디자인 선진국
제품과 비교 시, 디자인경쟁력이 높은 1순위 품목

(단위: %)

	전기/전자제품	정보/통신기기	기계/운송제품	신발/완구제품	섬유제품	의복/모피제품	기타
제품디자인	40.2	43.4	1.6	5.8	3.7	4.8	0.5
시각/포장디자인	36.5	37.6	1.2	8.2	3.5	11.8	1.2
기타	45.0	40.0	NA	10.0	NA	5.0	NA
합계 (N=294, 100%)	116 (39.5%)	122 (41.5%)	4 (1.4%)	20 (6.8%)	10 (3.4%)	20 (6.8%)	2 (0.7%)

자료: 산업자원부·한국디자인진흥원, 디자인산업 현황 및 인식조사 보고서, 2001. 11. 21.

3. 디자인 의식 및 디자인 경영활동 수준

현재 한국 기업의 디자인 의식 및 디자인 경영활동이 어느 정도 수
준이라고 생각하는지를 묻는 질문에는 전체적으로 7점 만점에 설문응
답자 300명의 평균점수가 4.34점으로 보통 수준인 4점보다 약간 높게
조사되었다. 응답자 소속구분에 따른 분석결과 디자인 관련 교수들의
경우는 낮은 3.96점으로 평가하였다(〈표 부록C. 3-1〉 참조).

〈표 부록C. 3-1〉 소속구분에 따른 현재 한국기업의 디자인 의식 및
디자인 경영활동의 수준

(단위: %)

	아주 낮음	낮음	낮은 편	보통	높은 편	높음	아주 높음	평균
대기업	NA	2.0	22.0	36.0	32.0	6.0	2.0	4.24
중소기업	NA	5.0	9.0	28.0	37.0	14.0	7.0	4.67
디자인대학	2.0		30.0	38.0	28.0	2.0	NA	3.96
디자인 전문회사	NA	1.0	15.0	50.0	28.0	5.0	1.0	4.24
합계 (N=300, 100%)	1 (0.3%)	7 (2.3%)	50 (16.7%)	115 (38.3%)	95 (31.7%)	23 (7.7%)	9 (3.0%)	4.34

주: 7점 아주 높음; 1점 아주 낮음.
자료: 산업자원부·한국디자인진흥원, 디자인산업 현황 및 인식조사 보고서, 2001. 11. 21.

전문 분야에 따른 한국기업의 디자인에 대한 의식 및 디자인 경영 활동수준에 대한 결과로 제품디자인 전문가의 경우가 4.46으로 가장 높은 점수를 나타냈다(〈표 부록C. 3-2〉 참조).

〈표 부록C. 3-2〉 전문 분야에 따른 현재 한국기업의 디자인 의식 및 디자인 경영활동의 수준

(단위: %)

	아주 낮음	낮음	낮은 편	보통	높은 편	높음	아주 높음	평균
제품디자인	NA	1.6	16.1	35.4	32.8	9.9	4.2	4.46
시각/포장디자인	NA	4.5	15.9	43.2	31.8	3.4	1.1	4.17
기타	5.0	NA	25.0	45.0	20.0	5.0	NA	3.90
합계 (N=300, 100%)	1 (0.3%)	7 (2.3%)	50 (16.7%)	115 (38.3%)	95 (31.7%)	23 (7.7%)	9 (3.0%)	4.34

주: 7점 아주 높음: 1점 아주 낮음.
자료: 산업자원부 · 한국디자인진흥원. 디자인산업 현황 및 인식조사 보고서. 2001. 11. 21.

4. 디자인 경쟁력의 제고 방향

〈표 부록C. 4-1〉 소속구분에 따른 디자인 경쟁력 확보를 위해 시급히 해결해야 할 사항 1순위

(단위: %)

응답자 \ 사항	경영자 디자인 마인드 제고	전문 인력 양성	디자인 전문 회사 활성화	디자인 기술 수준 향상
대기업	56.0	18.0	6.0	8.0
중소기업	46.0	22.0	12.0	7.0
디자인대학	46.0	24.0	6.0	6.0
디자인 전문회사	40.0	23.0	17.0	4.0
합계 (N=300, 100%)	137 (45.7%)	66 (22.0%)	35 (11.7%)	18 (6.0%)

사항 응답자	R & D 투자 확대	디자인 정보 인프라 구축	시설 및 기자재 확충	기타
대기업	2.0	8.0	2.0	NA
중소기업	5.0	5.0	2.0	1.0
디자인대학	NA	12.0	6.0	NA
디자인 전문회사	3.0	13.0	NA	NA
합계 (N=300, 100%)	9 (3.0%)	28 (9.3%)	6 (2.0%)	1 (0.3%)

자료: 산업자원부·한국디자인진흥원, 디자인 산업 현황 및 인식조사 보고서, 2001. 11. 21.

〈표 부록C. 4-2〉 전문 분야에 따른 디자인 경쟁력 확보를 위해 시급히 해결해야
할 사항 1순위

(단위: %)

	경영자 디자인 마인드 제고	전문 인력 양성	디자인 전문회사 활성화	디자인 기술수준 향상	R & D 투자확대	디자인 정보인프 라 구축	시설 및 기자재 확충	기타
제품디자인	44.3	18.2	13.0	7.3	4.7	10.9	1.0	0.5
시각/포장디자인	45.5	29.5	10.2	4.5	NA	6.8	3.4	NA
기타	60.0	25.0	5.0	NA	NA	5.0	5.0	NA
합계 (N=300, 100%)	137 (45.7%)	66 (22.0%)	35 (11.7%)	18 (6.0%)	9 (3.0%)	28 (9.3%)	6 (2.0%)	1 (0.3%)

자료: 산업자원부·한국디자인진흥원, 디자인 산업 현황 및 인식조사 보고서, 2001. 11. 21.

디자인 경쟁력 및 품질경쟁력을 높여 종합경쟁력을 제고하기 위해
서는, 우선 디자인 경영 마인드를 고취시켜야 할 것이다. 이 주장은
다음과 같은 설문조사 결과로서도 뒷받침될 수 있다. 즉 전체 응답자
300명을 대상으로 현재 한국 기업의 디자인 경쟁력을 확보하기 위해
서 가장 시급히 해결해야 할 사항이 무엇인지에 대한 조사 결과(산업
자원부/한국디자인진흥원, 디자인 산업 현황 및 인식조사보고서, 2001.
11. 21.), 기업체 경영자의 디자인에 대한 마인드를 제고해야 한다는

의견이 137명(45.7%)으로 가장 높게 나타났으며, 다음으로 디자인 전
문 인력을 양성해야 한다는 의견이 66명(22.0%)으로 나타났다(〈표 부
록C. 4-1〉 및 〈표 부록C. 4-2〉 참조).

한편 세계 시장에서 한국 기업의 브랜드 가치를 높이기 위해 정부가
역점을 두어야 할 정책방향이 무엇인지에 대한 설문 결과는 마케팅 홍
보 강화 및 활성화가 전체 응답자 251명 중 114명(45.4%)으로 가장 높
은 응답을 보였으며, 다음으로 디자인 기술 개발의 강화가 두 번째로
높은 108명(43.0%)의 응답비율을 보였다(〈표 부록C. 4-3〉 참조).

〈표 부록C. 4-3〉 소속구분에 따른 세계시장에서 한국 기업의 브랜드 가치를
높이기 위한 정부의 정책방향

(단위: %)

	마케팅 홍보강화/ 활성화	정부의정책 및 자금지원	제품의 기술력 향상 및 강화	디자인 기술개발 및 역점	전문 인력 양성교육 지원강화	기타
대기업	65.9	9.1	6.8	43.2	2.3	4.5
중소기업	37.2	29.5	1.3	32.1	12.8	1.3
디자인대학	60.5	18.6	20.9	44.2	7.0	7.0
디자인 전문회사	34.9	16.3	19.8	52.3	1.2	1.2
합계	114 (45.4%)	49 (19.5%)	30 (12.0%)	108 (43.0%)	15 (6.0%)	7 (2.8%)

자료: 산업자원부·한국디자인진흥원, 디자인 산업 현황 및 인식조사 보고서, 2001. 11. 21.

한편 제품디자인 전문가는 정부의 마케팅 홍보강화 및 활성화(44%)
와 디자인기술 개발 및 강화(44%)에 높은 비율의 응답을 보였다. 시각
/포장디자인 전문가도 정부의 마케팅 홍보강화/활성화(45.9%)와 디자
인 기술 개발 및 강화(39.2%)에 정부가 역점을 두어야 한국 기업의 브
랜드 가치가 높아질 것으로 응답하였다(〈표 부록C. 4-4〉 참조).

〈표 부록C. 4-4〉 응답자의 전문 분야에 따른 세계시장에서 한국 기업의 브랜드
가치를 높이기 위한 정부의 정책방향

(단위: %)

	마케팅 홍보강화/ 활성화	정부의 정책 및 자금지원	제품의 기술력 향상 및 강화	디자인 기술개발 및 강화	전문 인력 양성교육 지원 강화	기타
제품디자인	44.0	17.0	14.5	44.0	5.7	0.6
시각/포장디자인	45.9	25.7	5.4	39.2	6.8	5.4
기타	55.6	16.7	16.7	50.0	5.6	11.1
합계	114 (45.4%)	49 (19.5%)	30 (12.0%)	108 (43.0%)	15 (6.0%)	7 (2.8%)

자료: 산업자원부·한국디자인진흥원, 디자인 산업 현황 및 인식조사 보고서, 2001. 11. 21.

설문응답자를 대상으로 디자인 관련 학과의 대학교육이 실제 업무
에 기여하는 바가 어느 정도인지를 묻는 질문에 대하여, 대기업의 경
우 평균 2.64로서 보통인 3점보다 낮게 나타났으며, 중소기업의 경우
2.71로서 비교적 낮은 평균점수를 보이는 반면, 디자인 대학의 경우
3.54점으로 보통보다는 높은 점수를 보이고 있음을 알 수 있다.

〈표 부록C. 4-5〉 소속구분에 따른 디자인학과 대학교육의 실무 기여도

(단위: %)

	아주 낮다	낮다	보통	높다	아주 높다	평균
대기업	8.0	36.0	42.0	12.0	2.0	2.64
중소기업	3.0	37.0	49.0	8.0	3.0	2.71
디자인대학		10.0	28.0	60.0	2.0	3.54
디자인 전문회사	6.0	29.0	48.0	15.0	2.0	2.78
합계 (N=300, 100%)	13 (4.3%)	89 (29.7%)	132 (44%)	59 (19.7%)	7 (2.3%)	2.86

주: 5점 아주 높다; 1점 아주 낮다.
자료: 산업자원부·한국디자인진흥원, 디자인 산업 현황 및 인식조사 보고서, 2001. 11. 21.

응답자의 전문 분야에 따른 디자인학과 대학교육의 실무 기여도는
제품디자인 전문가의 경우 2.83점으로, 시각/포장디자인 전문가의 경우
는 2.73점으로 각각 조사되었다. 전체적으로는 디자인학과의 대학교육
이 실제 업무에 기여하는 정도는 보통 점수 3점보다 낮게 조사되었다.

〈표 부록C. 4-6〉 전문 분야에 따른 디자인학과 대학교육의 실무 기여도

(단위: %)

	아주 낮다	낮다	보통	높다	아주 높다	평균
제품디자인	5.2	29.7	45.3	16.7	3.1	2.83
시각/포장디자인	3.4	35.2	47.7	12.5	1.1	2.73
기타	NA	5.0	15.0	80.0	NA	3.75
합계 (N=300, 100%)	13 (4.3%)	89 (29.7%)	132 (44%)	59 (19.7%)	7 (2.3%)	2.86

주: 5점 아주 높다: 1점 아주 낮다.
자료: 산업자원부·한국디자인진흥원, 디자인 산업 현황 및 인식조사 보고서, 2001. 11. 21.

〈표 부록C. 4-7〉 소속구분에 따른 디자인 교육 중 시급히
보강되어야 할 사항

(단위: %)

	디자인 현장업무를 통한 교육	창의력 증진 교육	기획 및 마케팅 능력교육	컴퓨터 관련 기술 교육	기타
대기업	30.0	26.0	40.0	4.0	NA
중소기업	43.0	28.0	23.0	3.0	3.0
디자인대학	42.0	40.0	12.0	6.0	NA
디자인 전문회사	43.0	38.0	17.0	NA	2.0
합계 (N=300, 100%)	122 (40.7%)	99 (33.0%)	66 (22.0%)	8 (2.7%)	5 (1.7%)

자료: 산업자원부·한국디자인진흥원, 디자인 산업 현황 및 인식조사 보고서, 2001. 11. 21.

〈표 부록C. 4-8〉 전문 분야에 따른 디자인 교육 중 시급히
보강되어야 할 사항

(단위: %)

	디자인 현장업무를 통한 교육	창의력 증진 교육	기획 및 마케팅 능력교육	컴퓨터 관련 기술 교육	기타
제품디자인	42.7	29.7	24.0	2.6	1.0
시각디자인	36.4	35.2	21.6	3.4	3.4
기타	40.0	55.0	5.0	NA	NA
합계 (N=300, 100%)	122 (40.7%)	99 (33.0%)	66 (22.0%)	8 (2.7%)	5 (1.7%)

자료: 산업자원부·한국디자인진흥원, 디자인 산업 현황 및 인식조사 보고서, 2001. 11. 21.

현재 디자인 교육 중에서 가장 시급히 보강되어야 할 사항에 대한
조사결과 우선 디자인 현장업무를 통한 교육이 보강되어야 한다고 응
답한 빈도수가 122명(40.7%)으로 가장 많았으며, 다음으로 창의력 증
진 교육이 보다 강화되어야 한다는 의견이 99명(33.0%)으로 두 번째
로 높게 나왔다(〈표 부록C. 4-7〉 및 〈표 부록C. 4-8〉 참조).

참고로, Cardozo et al.(2002)는 신제품디자인과 사업 개발을 위한
교육 프로그램(교과과정 목적, 강의 계획서, 연구 프로젝트, 재정 지원
자, 교수진, 학생, 교무행정 포함)을 제시하였다. 그러나 이에 관한 논
의는 본 연구의 분석 범위에서 벗어나므로 향후 연구과제로 남겨두고
자 한다.

• 저자 •

임채숙
(林采淑)

•학력 및 경력•

연세대학교 밀레니엄환경디자인연구소 연구교수(2008년 3월~현재)
연세대학교 박사후전문연구원 과정(2007년 3월~2008년 2월)
서울디지털대학교 멀티미디어학부 강의전임교수(2005년 1월~2007년 2월)
한양대학교 대학원 박사학위 취득(2006년 8월)
미국 Georgia Tech(조지아 공과대학) 건축공학 석사학위 취득(2002년 5월)

•주요논문•

「A Theory of Design Management and Its Empirical Estimation: Case of Korea」, The International Institute for Advanced Studies in Systems Research and Cybernetics in Baden-Baden, 2008.7.30.
「제품디자인의 파급효과와 품질경쟁력에 대한 제품디자인의 역할에 관한 연구」, 한국디자인학회, Vol. 18, no. 4, 통권 제62호, 2005. 11.
「An Empirical Study on Corporate 'Comprehensive' Competitiveness Evaluation Model: Korean Manufacturing Sector」, The PICMET'04 Conference on Management of Engineering and Technology Innovation Management in the Technology Driven World in Korea, 2004.8.1.
「품질경쟁력 인과모형 하에서 산업 디자인의 기능적 역할에 관한 실증적 분석: 한국 제조업 부문을 중심으로」, 한국디자인학회, Vol. 17, no. 3, 통권 제57호, 2004. 8.
「종합경쟁력 평가모형의 개발 및 측정에 관한 연구: 한국 제조업부문을 중심으로」, 기술혁신연구, 12권 1호, 2004. 6.

•국내외 저서•

『고령친화혁신디자인 2』, 연세대학교 출판부, 2007년 10월
『브랜드 경영 이론』, 도서출판국제, 2007년 1월
『세계의 디자인과 기술: 기념주화•은행권•우표•훈장』, 도서출판국제, 2006년 3월

제품디자인이 기업경쟁력에 미치는 영향

• 초판 인쇄	2008년 8월 14일
• 초판 발행	2008년 8월 14일
• 지 은 이	임채숙
• 펴 낸 이	채종준
• 펴 낸 곳	한국학술정보㈜
	경기도 파주시 교하읍 문발리 526−2
	파주출판문화정보산업단지
	전화 031) 908−3181(대표) · 팩스 031) 908−3189
	홈페이지 http://www.kstudy.com
	e−mail(출판사업부) publish@kstudy.com
• 등 록	제일산−115호(2000. 6. 19)
• 가 격	29,000원

ISBN 978-89-534-9709-2 93320 (Paper Book)
978-89-534-9710-8 98320 (e−Book)